《国语》与春秋时期语体文学研究

〈Guo Yu〉and Literary Study of Language in Chunqiu Times

吴建国　著

导师　傅道彬

中国社会科学出版社

图书在版编目(CIP)数据

《国语》与春秋时期语体文学研究/吴建国著. —北京：中国社会科学出版社，2020.9
（中国社会科学博士论文文库）
ISBN 978-7-5203-7158-2

Ⅰ.①国… Ⅱ.①吴… Ⅲ.①中国历史—春秋时代—史籍 ②《国语》—研究 Ⅳ.①K225.04

中国版本图书馆 CIP 数据核字(2020)第 169054 号

出 版 人	赵剑英
责任编辑	郭晓鸿
特约编辑	骆 珊
责任校对	师敏革
责任印制	李寡寡

出　　版	中国社会科学出版社
社　　址	北京鼓楼西大街甲 158 号
邮　　编	100720
网　　址	http://www.csspw.cn
发 行 部	010-84083685
门 市 部	010-84029450
经　　销	新华书店及其他书店
印　　刷	北京明恒达印务有限公司
装　　订	廊坊市广阳区广增装订厂
版　　次	2020 年 9 月第 1 版
印　　次	2020 年 9 月第 1 次印刷
开　　本	710×1000　1/16
印　　张	16.5
插　　页	2
字　　数	275 千字
定　　价	98.00 元

凡购买中国社会科学出版社图书，如有质量问题请与本社营销中心联系调换
电话：010-84083683
版权所有　侵权必究

《中国社会科学博士论文文库》
编辑委员会

主　　任：李铁映
副 主 任：汝　信　江蓝生　陈佳贵
委　　员：（按姓氏笔画为序）
　　　　　王洛林　王家福　王缉思
　　　　　冯广裕　任继愈　江蓝生
　　　　　汝　信　刘庆柱　刘树成
　　　　　李茂生　李铁映　杨　义
　　　　　何秉孟　邹东涛　余永定
　　　　　沈家煊　张树相　陈佳贵
　　　　　陈祖武　武　寅　郝时远
　　　　　信春鹰　黄宝生　黄浩涛
总 编 辑：赵剑英
学术秘书：冯广裕

总　序

在胡绳同志倡导和主持下，中国社会科学院组成编委会，从全国每年毕业并通过答辩的社会科学博士论文中遴选优秀者纳入《中国社会科学博士论文文库》，由中国社会科学出版社正式出版，这项工作已持续了12年。这12年所出版的论文，代表了这一时期中国社会科学各学科博士学位论文水平，较好地实现了本文库编辑出版的初衷。

编辑出版博士文库，既是培养社会科学各学科学术带头人的有效举措，又是一种重要的文化积累，很有意义。在到中国社会科学院之前，我就曾饶有兴趣地看过文库中的部分论文，到社科院以后，也一直关注和支持文库的出版。新旧世纪之交，原编委会主任胡绳同志仙逝，社科院希望我主持文库编委会的工作，我同意了。社会科学博士都是青年社会科学研究人员，青年是国家的未来，青年社科学者是我们社会科学的未来，我们有责任支持他们更快地成长。

每一个时代总有属于它们自己的问题，"问题就是时代的声音"（马克思语）。坚持理论联系实际，注意研究带全局性的战略问题，是我们党的优良传统。我希望包括博士在内的青年社会科学工作者继承和发扬这一优良传统，密切关注、深入研究21世纪初中国面临的重大时代问题。离开了时代性，脱离了社会潮流，社会科学研究的价值就要受到影响。我是鼓励青年人成名成家的，这是党的需要，国家的需要，人民的需要。但问题在于，什么是名呢？名，就是他的价值得到了社会的承认。如果没有得到社会、人民的承认，他的价值又表现在哪里呢？所以说，价值就在于对社会重大问题的回答和解决。一旦回答了时代性的重大问题，就必然会对社会产生巨大而深刻的影响，你也因此而实现了你的价值。在这方面年轻的博士有很大的优势：精力旺盛，思想敏捷，勤于学习，勇于创新。但青年学者要多向老一辈学者学习，博士尤其要很好地向导师学习，在导师的指导下，发挥自己的优势，研究重大问题，就有可能出好的成果，实现自己的价值。过去12年入选文库的论文，也说明了这一点。

什么是当前时代的重大问题呢？纵观当今世界，无外乎两种社会制度，一种是资本主义制度，一种是社会主义制度。所有的世界观问题、政治问题、理论问题都离不开对这两大制度的基本看法。对于社会主义，马克思主义者和资本主义世界的学者都有很多的研究和论述；对于资本主义，马克思主义者和资本主义世界的学者也有过很多研究和论述。面对这些众说纷纭的思潮和学说，我们应该如何认识？从基本倾向看，资本主义国家的学者、政治家论证的是资本主义的合理性和长期存在的"必然性"；中国的马克思主义者，中国的社会科学工作者，当然要向世界、向社会讲清楚，中国坚持走自己的路一定能实现现代化，中华民族一定能通过社会主义来实现全面的振兴。中国的问题只能由中国人用自己的理论来解决，让外国人来解决中国的问题，是行不通的。也许有的同志会说，马克思主义也是外来的。但是，要知道，马克思主义只是在中国化了以后才解决中国问题的。如果没有马克思主义的普遍原理与中国革命和建设的实际相结合而形成的毛泽东思想、邓小平理论，马克思主义同样不能解决中国的问题。教条主义是不行的，东教条不行，西教条也不行，什么教条都不行。把学问、理论当教条，本身就是反科学的。

在21世纪，人类所面对的最重大的问题仍然是两大制度问题：这两大制度的前途、命运如何？资本主义会如何变化？社会主义怎么发展？中国特色的社会主义怎么发展？中国学者无论是研究资本主义，还是研究社会主义，最终总是要落脚到解决中国的现实与未来问题。我看中国的未来就是如何保持长期的稳定和发展。只要能长期稳定，就能长期发展；只要能长期发展，中国的社会主义现代化就能实现。

什么是21世纪的重大理论问题？我看还是马克思主义的发展问

摘　　要

本文共六章，旨在确立春秋时期语体文学现象的存在，揭示其来源和发展演变及艺术特色。第一章首先探讨春秋时期语体文学来源包括宗教神谕等四个方面。其次介绍了春秋时期人们对语言的信仰和形成的理论。第二章介绍春秋时期语体文学繁荣的时代背景，揭示春秋时期城邦社会的特点，民本环境，思想背景，尚文风气，及城邦时代语言意义的凸显，以及当时哲学、历史、文学、科技方面的发展情况。语体文学繁荣的表现为语体分类体式的确立，主要有事语、辩语、论语、对语、寓言。第三章介绍《国语》的编辑和语体文学的示范意义，揭示其编纂目的，分析文本中语体类型，以及对后代语体文学示范意义。第四章主要研究《国语》论说的知识背景和春秋时期士人的心态问题。从《国语》论辩中分析当时人的知识背景和著名思想家思想性格、心理动态。第五章，研究《国语》语言的思想力量和论说艺术。第六章研究《论语》与语体文学的哲学化倾向，主要是对"仁""礼""忠""恕"等思想问题的关注。以《春秋事语》为研究对象，结合《左传》、《晏子春秋》、《韩诗外传》等资料来揭示历史叙述中的语言意义。探讨诸子文学时代与语体文学的转型，由即兴的语录体到自觉的深刻的理论创造，由简单演变为复杂。

关键词：《国语》；春秋；语体文学

Abstract

This dissertation consists of six chapters, aiming to establish the existence of style of writing literature phenomenon, and announce origin, development and artistic characteristics of style of writing literature phenomenon in the Spring and Autumn period. The chapter one studies the origin of style of writing literature, including religious oracle, discipline from prince, quotation from saint, speech from antiquity, and introduces people's belief and theory of language in the Spring and Autumn period. The chapter two introduces background of the flourishing of Literature, and the features of city-state society, democratic environment, ideological background, literature preference, language meaning in the city-state and development of philosophy, history, literature, technology in Spring and Autumn period. The flourishing of style of writing literature is embodied in the classification establishment of style of writing literature, mainly include speech of narrating, speech of debating, speech of argumentation and speech of allegory. The chapter three introduces editing of GuoYu and demonstration significance of style of writing, reveals the purpose of compilation, analyzes the style of writing in the text and demonstrative significance for future generations. The chapter four studies that knowledge background of GuoYu comment and scholar's psychological problems in the Spring and Autumn period. Analyze the knowledge background of the people at that time and the ideological character and psychodynamic of famous thinkers from the argument of "GuoYu". The chapter five studies the ideological power and speaking arts of "GuoYu". The chapter six studies the philosophical tendency of style of writing literature and *Confucian Analects*, mainly focusing on the ideological issues of "benevolence", "manners", "loyalty" and "forgiveness". This article studies Chunqiu Shiyu with *The Ch'un ts'ew* (*Spring and Autumn Annals*), *Tso chue* (*Commentary of Zuo*), *Yan Zi Chun qiu*, (*Yanzi Spring and Autumn Annals*) *Han shi wai zhuan* to reveal the language significance in historical narration. This article discusses transformation in the age of Zhuzi literary that from impromptu quotations to conscious profound theoretical creation, from simple to complex.

Key Words: "Guo Yu"; The Spring and Autumn Period; Style of Writing Literature

目 录

绪论 …………………………………………………………（1）
    一　本文的写作方法 ………………………………………（2）
    二　创新之处 ………………………………………………（3）
    三　文章思路 ………………………………………………（4）
    四　研究综述 ………………………………………………（4）

第一章　从语丛文献到语体文学 ……………………………（8）
  第一节　语体文学形式的建立 ……………………………（8）
    一　只言片语的警句 ……………………………………（10）
    二　以议论和对话为主的文学形式 ……………………（16）
  第二节　语的来源 …………………………………………（30）
    一　宗教神谕 ……………………………………………（32）
    二　君主训话 ……………………………………………（36）
    三　圣贤语录 ……………………………………………（44）
    四　古人有言 ……………………………………………（47）
  第三节　春秋时期语言的信仰和语言的理论 ……………（54）
    一　春秋时期语言的信仰 ………………………………（54）
    二　春秋时期言的理论 …………………………………（63）

第二章　春秋时期的历史转折与语体文学繁荣 ……………（67）
  第一节　历史背景 …………………………………………（67）
    一　城邦时代 ……………………………………………（67）
    二　民主环境 ……………………………………………（71）

三　思想背景 …………………………………………………… (73)
　　　四　尚文风气 …………………………………………………… (74)
　　　五　城邦时代语言的意义被凸显 …………………………… (77)
　第二节　学术背景 ……………………………………………………… (79)
　　　一　哲学讨论：春秋时期的理性之光 ……………………… (79)
　　　二　历史讨论 …………………………………………………… (83)
　　　三　文学讨论 …………………………………………………… (91)
　　　四　科学讨论 …………………………………………………… (94)
　第三节　语体文学的全面繁荣 ………………………………………… (97)
　　　一　事语 ………………………………………………………… (100)
　　　二　辩语 ………………………………………………………… (100)
　　　三　论语 ………………………………………………………… (102)
　　　四　对语 ………………………………………………………… (103)
　　　五　寓言 ………………………………………………………… (104)

第三章　《国语》的编辑与语体文学的示范意义 …………………… (108)
　第一节　《国语》编纂目的——使明其德 …………………………… (108)
　　　一　《国语》的忧患意识 ……………………………………… (114)
　　　二　《国语》的事君教育 ……………………………………… (115)
　　　三　《国语》的立场和对历史的阐释 ………………………… (116)
　　　四　《国语》的阐释方式和目的达成 ………………………… (118)
　　　五　《国语》教育内容和经验总结 …………………………… (121)
　第二节　文本语体类型分析 …………………………………………… (123)
　第三节　典型的示范意义 ……………………………………………… (130)

第四章　《国语》论说的知识背景与春秋士人心态 ………………… (136)
　第一节　知识背景 ……………………………………………………… (136)
　　　一　《春秋》 …………………………………………………… (137)
　　　二　世 …………………………………………………………… (139)
　　　三　《诗》 ……………………………………………………… (140)
　　　四　乐 …………………………………………………………… (141)

五　令 ……………………………………………………… (143)
　　六　语 ……………………………………………………… (143)
　　七　故志 …………………………………………………… (145)
　　八　训典 …………………………………………………… (145)
　　九　礼 ……………………………………………………… (146)
　第二节　《国语》中思想家性格特征和心理动态 …………… (146)

第五章　《国语》语言的思想力量和论说艺术 ……………… (159)
　第一节　《国语》语言的思想力量 …………………………… (159)
　第二节　《国语》的论说艺术 ………………………………… (161)
　　一　修辞丰富 ……………………………………………… (161)
　　二　生动幽默 ……………………………………………… (163)
　　三　富于哲理 ……………………………………………… (163)
　　四　旁征博引 ……………………………………………… (164)
　　五　多用虚词 ……………………………………………… (166)
　　六　循环模式 ……………………………………………… (168)
　　七　通俗易懂 ……………………………………………… (171)
　　八　散韵结合 ……………………………………………… (174)

第六章　语体文学的发展演变 ………………………………… (179)
　第一节　《论语》与语体文学的哲学化倾向 ………………… (179)
　　一　对仁的思考 …………………………………………… (184)
　　二　对礼的思考 …………………………………………… (192)
　　三　对忠的思考 …………………………………………… (195)
　　四　对恕的思考 …………………………………………… (196)
　第二节　《春秋事语》：历史叙述中的语言意义 …………… (197)
　　一　《左传》中的语言在褒贬、叙事、写人的作用 ……… (201)
　　二　评断——以《晏子春秋》为例 ……………………… (211)
　　三　立义——以《韩诗外传》为例 ……………………… (212)
　第三节　诸子文学时代与语体文学的转型 ………………… (213)
　　一　由即兴的语录体到自觉深刻的理论创造 …………… (217)

二　诸子文本化倾向与体系性构成 …………………………（219）
　　三　形式和手法上由简单演变为复杂 ………………………（222）

参考文献 ……………………………………………………………（232）
索引 …………………………………………………………………（240）
后记 …………………………………………………………………（242）

Contents

Introduction ·· (1)
    1. Writing Method ·· (2)
    2. Innovation ·· (3)
    3. Article Ideas ·· (4)
    4. Review ··· (4)

Chapter 1   From Document to Style of Writing Literature ·········· (8)
    Section 1   Establishment of the Style of Writing Literature ············ (8)
        1. Aphorism ··· (10)
        2. Literary form Based on Discussion and Dialogue ················ (16)
    Section 2   Source of Language ·· (30)
        1. Religious Oracle ·· (32)
        2. Prince's Instruction ·· (36)
        3. Sayings from Sage ·· (44)
        4. Ancients's Words ·· (47)
    Section 3   Language Belief and Theory in the Spring and
                     Autumn Period ·· (54)
        1. Belief of Language in Spring and Autumn Period ·············· (54)
        2. Theory of Language in the Spring and Autumn Period ········· (63)

**Chapter 2   Historical Change in Spring and Autumn Period and
                   the Prosperity of Style Writing Literature** ·············· (67)
    Section 1   History Background ·· (67)
        1. City-state ·· (67)

2. Democratic Environment …………………………………… (71)
　　3. Ideological Background ……………………………………… (73)
　　4. Literature Preference ………………………………………… (74)
　　5. The Significance of Language in the City-state
　　　　Era is Highlighted ………………………………………… (77)
　Section 2　Academic Background ……………………………… (79)
　　1. Philosophical Discussion: The Light of Reason in the Spring
　　　　and Autumn Period ………………………………………… (79)
　　2. Historical Discussion ………………………………………… (83)
　　3. Literary Discussion …………………………………………… (91)
　　4. Scientific Discussion ………………………………………… (94)
　Section 3　The overall prosperity of style of writing literature ……… (97)
　　1. Speech of Narrating ………………………………………… (100)
　　2. Speech of Debating ………………………………………… (100)
　　3. Argumentation ……………………………………………… (102)
　　4. Dialogue …………………………………………………… (103)
　　5. Allegory …………………………………………………… (104)

**Chapter 3　The Editing of "Guoyu" and the Demonstrative
　　　　　　Significance of Stylistic Literature** ……………… (108)
　Section 1　The Purpose of Compiling "Guoyu" -Make it clear ……… (108)
　　1. The Awareness of Suffering in "Guoyu" ……………………… (114)
　　2. The Education of Courtiers Towards Monarchs in "Guoyu" …… (115)
　　3. The Position of "Guo Yu" and its Interpretation of History …… (116)
　　4. Interpretation Method and Achievement of "Guoyu" ………… (118)
　　5. "Guoyu" Educational Content and Experience Summary ……… (121)
　Section 2　Analysis of Text Style ………………………………… (123)
　Section 3　Typical Model Meaning ……………………………… (130)

**Chapter 4　The Knowledge Background and the Mentality of Scholars
　　　　　　in the Spring and Autumn Period** ………………… (136)
　Section 1　Knowledge Background ……………………………… (136)

绪　　论

《国语》是先秦时期的一部重要经典，它不仅是一部国别体史书，也是一部重要的语体类文学经典。春秋时期《国语》类文献很多，对诸子文学及后世的文学创作产生了很大影响。语是上层贵族的必备素养，在上层社会很有影响，汉代贵族也喜欢读《语》，马王堆汉墓出土的《春秋事语》就是墓主人经常阅读的书，三国孙权向吕蒙推荐阅读的书就有《国语》，钟会小时候就背诵《国语》。

《国语·楚语上》记载春秋时期语是一种"艺"。刘知几说《国语》"实与经艺并陈，非特诸子之伦也"，① 乃是"五经之流，三传之亚"，段玉裁主张于"十三经"外，加《国语》等书成"二十一经"，他认为这些典籍，皆是《周礼》保氏书数之遗意。② 王念孙父子、汪中、俞樾、王先谦等也把它当作经典。章学诚认为十三经应该增《大戴礼记》《国语》，把十五经分为五个部分，③ 廖平将《大戴礼记》和《国语》升格为"经"，把《礼记》的《王制》《大学》《中庸》独立出来，合成"十八经"。黄侃给青年所列书目，经学十五书，包括《十三经》加《大戴礼记》、《国语》。④ 徐树铮把《国语》《国策》并入十三经合成十五经。《国语》于《汉书·艺文志》中属经部"春秋类"，汉人也称其为春秋《国语》，认为是"春秋外传"，这在经学对社会产生重大影响的时代，客观上提高了其地位，也无疑是对其价值的一种肯定。这是从经学角度来谈

---

① 章学诚：《史通·六家》，上海古籍出版社2008年版，第661页。
② 段玉裁：《韵经楼集》卷九，上海古籍出版社2008年版，第236页。
③ 章学诚：《文史通义·易教下》，浙江古籍出版社2005年版，第202页。
④ 黄侃的弟子徐复《师门忆语》，程千帆、唐文编《量守庐学记》，生活·读书·新知三联书店1985年版，第149—150页。黄侃：《黄侃国学讲义录》，中华书局2006年版，第43页。

的，而《国语》的文学价值，柳宗元、黄省曾、王世贞①等也给予了很高的评价。

"语"的研究是当前一个学术热点，地下出土了不少"语"的文献，人们开始重新审视之前已经存在的"语"的文献，发现之前忽略了从这个角度来研究古书的发展。在先秦时期就有语的称法，战国时期官学下移语书流散，散见于各类篇籍，有的仿其形制而创作，但没有固定的称呼，或以流传方式称"传"或"记"，② 或以类别而称"语"。傅斯年认为狭义先秦文学最重要是《诗经》《国语》《楚辞》三部书，而春秋时期只有《国语》一部。最近几年《国语》研究逐渐成为热点，但相对来说研究还很薄弱。《国语》里面记载的内容，对于今人很有借鉴意义，值得我们学习。从语体的角度来研究古书能更好地了解古书内容和成书，也对文体的产生和发展过程有更加清晰和深刻的认识。这些古书从文体流变的角度来看也很有启发性。以前我们一说到文体，就是诗歌、散文、小说、戏剧等形式，而且认为戏曲和小说产生得还很晚，现在看来有一些问题。在先秦时期文学作品主要是话语形态，后来才记录于文本流传下来，在文本上呈现出鲜明的话语特点，但还有一定的规则和模式。这些"语"在当时重言思想的影响下，有很高的思想性和艺术性。所以说，可以从语的发展流变的角度来看待先秦的文学现象。关于《国语》还有许多问题，需要学者进一步解决。《国语》虽然是一本重要的古书，汉代以后长期没有得到应有的重视，有的学者甚至认为其是《左传》割裂的"残剩"，对于该书的性质长期认识不清，作者问题与《左传》的关系问题、成书问题等已经成为学者长期争论的学术公案，总之，对于它还有深入研究的必要，尤其对其文学性研究。

一 本文的写作方法

本书主要从经典文献出发，从地下新出土的文献来思考和解决问题。在方法上，主要运用二重证据法。早在晋代魏襄王汲冢墓出土《国语》

---

① 朱彝尊：《经义考》卷二〇九引，中华书局1998年版，第1072页。
② 汉以上注解或说明古籍的书，也称为"记"。解释《礼经》的文字，便称《礼记》。《礼记》到汉代已有一百几十篇。《汉书·艺文志》称为"七十子后学者所记"，多半是汉以前学者和汉代学者的写作。《古籍论丛》，福建人民出版社1982年版，第109页；谢国桢、张舜徽：《郑学丛著》，齐鲁书社1984年版，第22页。

皓，以忤旨诛死。《吴志》避晋讳，作韦曜。"经过魏晋思想大解放之后，人们对《国语》有不少新的认识。这一时期的《国语》研究观点和视角上多标新立异之处，具有很强的批判意识。宋人治学飘逸灵动，不像清人敦朴勤奋，在学术上多新思想。元代学术受到了很大的破坏，明代经历了一个很长的恢复时期，到了中晚期学术大盛。对于《国语》的研究由传统的经学、史学逐渐向文学演进，更为关注文学性和篇章的特色批判。明末清初时期，经学逐渐兴盛起来，这时候的学者提倡朴学，重视小学基础和考据实证的方法，产生了不少《国语》研究成果，主要是对《国语》注疏章句。如洪亮吉《国语韦昭注疏》①、汪远孙《国语校注本三种》、吴增祺《国语韦注辩证》、董增龄《国语正义》等。20世纪的《国语》研究在清代研究基础上进一步发展，一些方面继承了清代的朴学传统，主要还是文字训诂，如徐元诰、张以仁，但于《国语》潜心研究之学者较少。

从20世纪70年代开始，随着语类文献的出土增多，日益注重《国语》的语体性质研究。张政烺先生根据《春秋事语》侧重记言略于记事的特点提出"语"是春秋时期一种固定体裁，内容主要是嘉言善语，是教育国子之用②。李零教授在其著作中对语的问题比较关注，其研究出土文献中语类文献的产生、分类，揭示了语的学术意义。上博简有二十多种事语书。李零教授认为当时像《国语》这样的古书很多，非常流行，数量很大。其学生张铁硕士学位论文《语类古书研究》把先秦时期的语作为一个研究对象进行研究，认为所谓语书是指先秦时代专为谈话游说所编撰的资料集，可以分为讲历史掌故的"事"，记录名言警句的"语"和记事记言的"事语"三类。他称呼其为艺，不单纯是指文本层面，文本只是附属的产品。当然从现代的学术分科我们可以称之为一种文体，但在当时更主要的是传授的过程和方式。

俞志慧教授《古"语"有之——先秦思想的一种背景与资源》从文学角度提出语是一种文类，并对体类功能、存在形式，揭示了语的学术史意义和思想价值③。还发表了《语：一种古老的文类——以言类之语为

---

① 郭万青著《唐代类书引〈国语〉研究》有专篇考证洪氏未作此书。
② 张政烺：《〈春秋事语〉解题》，《文物》1977年第1期。
③ 参见俞志慧《古"语"有之——先秦思想的一种背景与资源》，华东师范大学出版社2010年版。

例》等多篇重要语类研究的论文,取得了丰硕的研究成果。廖群教授通过考索传世典籍和出土文献,推断语是先秦时曾存在的一种以讲述故事为主旨的叙事文。[①] 黄丽丽教授根据近二三十年来出土的简帛文献,提出要重新思考认识《国语》的性质和价值。[②] 此外还有不少学者在这方面取得不小的成绩。王青认为,"语"是先秦时期常见的一种文体,它出于实录,最早出自史官的"记言",是早于"六经"而出现的。[③] 夏德靠认为,语类文献是上古时期载录"善言"的文体,因产生于不同的历史时期使其生成方式存在不同。[④] 上古语类文献的生成方式是多元的,其中乐语传统起着非常重要的作用。此外,乐师在语类文献的整理、传播过程中深刻地影响语类文献的形态和流传。[⑤] 他还对语的类型进行了划分,[⑥] 认为先秦时期的语类文献是在重言、记言传统的背景之下形成的。[⑦]《国语》文体源于先秦的"语"文献,其史料包括"国语"和"家语"文献。[⑧] 朱学良认为,"语"和"志"是西周到春秋时期在社会上的两种重要文献,它们先是经过口耳相传,然后才"书于竹帛",是先秦重要的"语"类文献。[⑨] 傅刚教授引述和依据先秦典籍中关于语体和语书的记载,通过对语的本义、语体的发展和语书体的变化展开讨论,并对先秦时期语体文献的性质、特点、表现形态等做深入分析,使得人们对先秦时曾被广泛引用的"语"这一文体的面貌,有了一个清楚的认知。[⑩] 过常宝认为史官载

[①] 廖群:《"说"、"传"、"语":先秦"说体"考索》,《文学遗产》2006年第6期。

[②] 黄丽丽:《〈国语〉的性质与价值——由出土文献引起的思考》,《江苏大学学报》(社会科学版) 2006 年第 1 期。

[③] 王青:《古代"语"文体的起源与发展——上博简〈曹沫之陈〉篇题的启示》,《史学集刊》2010 年第 2 期。

[④] 夏德靠:《上古语类文献的生成方式及其文化意义》,《吉首大学学报》(社会科学版) 2010 年第 4 期。

[⑤] 夏德靠:《从乐语传统看上古语类文献的生成、传播及文化意义》,《河北科技大学学报》(社会科学版) 2010 年第 2 期。

[⑥] 夏德靠:《论上古语类文献的类型及其文化意蕴》,《西南交通大学学报》(社会科学版) 2010 年第 6 期。

[⑦] 夏德靠:《论先秦语类文献形态的演变及其文体意义》,《学术界》2011 年第 3 期。

[⑧] 夏德靠:《〈国语〉文体的还原阐释》,《中南民族大学学报》(人文社会科学版) 2012 年第 1 期。

[⑨] 朱学良:《春秋"志"、"语"及其文化意蕴》,《殷都学刊》2013 年第 2 期。

[⑩] 傅刚:《略说先秦的语体与语书》,《中山大学学报》(社会科学版) 2013 年第 5 期。

录的"嘉言善语",使其成为新的话语资源,这类文献被称为"语"。①陈桐生对话体散文和格言体的渊源进行了梳理②。博士学论文有许科《上博简春秋战国故事类文献研究》,赵苑夙《上博简楚王语类文献研究》,曹方向《上博简所见楚国故事类文献校释与研究》,主要是从文献角度对语类文献进行研究。

---

① 过常宝:《先秦文体与话语方式研究中》,中华书局2016年版,第2页。
② 陈桐生:《先秦格言体源流》,《学术研究》2015年第2期。

第一章

从语丛文献到语体文学

近些年出土了不少语丛文献，这些语丛文献与语体文学作品呈现出一定的关联性。出土的春秋时期语体文学作品中以上博简出土语书最多，与《论语》、《晏子春秋》及《春秋事语》、《韩诗外传》、《韩非子》部分内容一起共同呈现了春秋时期的语体文学的特色。巴赫金在《言语体裁问题》一文中强调："每一单个的表述，无疑是个人的，但使用语言的每一领域却锤炼出相对稳定的表述风格，我们称之为言语体裁。"[1] 春秋时期的语体文学作品已经形成了一种相对稳定的表述类型。张舜徽先生说："读书而不弄清楚古代书籍的体例，必然对于某些问题在总的看法上会很模糊。每每会拿今日著述界的一般现象去衡量古人，因而引起许多不必要的怀疑和假设。不但抓不住书籍中所载内容的真相，同时也离开了书籍本身的原来面貌。"[2] 语体文学经历了从言语的零碎的警句形式，向综合的体系化的文学形式发展的历程。

第一节 语体文学形式的建立

先秦时期的只言片语往往蕴含丰富的内涵，这些只言片语是古人在社会实践中积累、沉淀而形成的，它们虽然精练简洁，却充盈着诗性的智慧，蕴含着古人对人性、社会的深刻思考，体现出古人深入与探索世界的思辨性思维。不必讳言，古人在认知层面的局限性使其在探索与表述世界时具有了更多的可能性，在这一过程中，先秦古人表现出了他们独特的想象力与感知力。

---

[1] 巴赫金：《文本对话与人文》，河北教育出版社1998年版，第140页。
[2] 转引自曹聚仁《中国学术思想史随笔》，生活·读书·新知三联书店1996年版，第57页。

第一章　从语丛文献到语体文学

春秋时期语体文学主要是以议论和对话为主体，直至战国时期，这种体式还在继续，但是相较于春秋时期的语体文学，战国时期的语体文体具有更为自由的表现形式，在形式上显得博大驳杂，它打破了春秋时期相对固定的文体形式，在语言风格、论述方式上亦有所变化。一个语基本在五个类型之中，或小有不同，而战国时期的语体文学作品在语言风格上、论述方式上有所变化。出土文献中从文言的使用情况和话语风格也可看出来其为春秋时期的作品。清华简经碳14检测，确认抄写于战国时代的文物遗存竹简，时间为公元305年—30年，[①] 虽然是出土在战国中期的墓葬，但这些文献成书还要更早。洪迈《容斋随笔》记载："《檀弓》上下篇，皆孔门高第弟子在战国之前所论次。其文章雄健精工，虽楚、汉间诸人不能及也。"[②] 庞朴认为最迟战国已经有《礼记》："在郭店竹简中，除去《缁衣》以外，至少还有十几处出自《礼记》的《檀弓》、《乐记》等篇。冯友兰先生说它是秦汉之际的文献，当时主要有几种考虑，其中之一就是觉得古人的思想不可能这样复杂，文字也不可能这样成熟。有了这样一个总的印象，再去找一些'铁证'，所以就把《礼记》时期认定的很晚。现在郭店竹简里出了一篇完整的《缁衣》，几乎与通行本没有区别。"[③] 李学勤《语丛与论语》讨论《论语》年代说："《论语》一书，传为孔子门人所编纂。"《汉书·艺文志》记载："《论语》者，孔子应答弟子、时人，及弟子相与言而接闻于夫子之语也。"《经典释文》依据郑玄说认为是"仲弓、子夏等所撰定"。出自战国中期晚段墓的《语丛三》引述《论语》，更确证该书之早。[④] 陈伟指出《语丛一》第三一简和第九七简应连读，释读为："礼，因人之情而为之即虡者也。"并引廖名春先生说，认为出自《礼记·坊记》。[⑤]《语丛》采录《坊记》，说明《坊记》早于战国中期。崔述认为"战国之文恣横"，和春秋时期"文平易简直"的风格不

[①] 李学勤：《初识清华简》，中西书局2013年版，第10页。

[②] （宋）洪迈：《容斋随笔》第五编六，大象出版社2012年版，第166页。

[③] 庞朴：《震惊世界学术界的地下文献——关于郭店竹简的对话》，载《跨文化对话》第2期；亦载于庞朴《文化一隅》，中州古籍出版社2005年版，第65—79页。

[④] 李学勤：《中国古代文明研究》，华东师范大学出版社2005年版，第295页；原载于廖明春《清华大学思想文化研究所集刊·第二辑》，清华大学出版社2002年版，第6—7页。

[⑤] 武汉大学中国文化研究院编：《郭店楚简国际学术研讨会论文集》，湖北人民出版社2000年版，第7页。

同。"此必定、哀之时,纪载之书行于世者尚少故尔。然则作书之时,上距定、哀未远,亦不得以为战国后人也。"①《汲冢琐语》记太丁时事,目为"夏殷春秋",刘知几言其和《尚书》所作同时。杨伯峻认为题目为后人所加。② 杨伯峻《春秋左传注》说:"《汉书·艺文志》春秋古经十二篇。经十一篇。班固于'经十一卷'下自注'公羊、穀梁二家'那么春秋古经就是左氏传的经,因为它原来都是古代文字写的,所以称呼他为古经。"③ 王充《论衡·按书》曰:"《春秋左氏传》者,盖出孔子壁中。孝武皇帝时,鲁恭王坏孔子教授堂以为宫,得佚《春秋》三十篇,《左氏传》也。"关于书籍的著作年代,我们往往比较谨慎,所提出的多是其成书时代的最晚时间,如我们说很多书籍成书在战国、汉代初期到中期两个时间段,其实这两个时期还主要是文献的整理时期,而不一定是文献的著作时期,先秦著作有很多是把前代书籍作重新整理,很少完全自主发挥。朱熹《朱子语类》说《家语》"虽记得不纯,却是当时书"。春秋时期《国语》《论语》就已经产生和流传,尤其《国语》是官学的产物,其产生和流传应该和官学大体一致,当时有很多语,但主要是在贵族阶层流传。

一　只言片语的警句

《国语》论述的话语是由语丛发展而来。郭店简有《语丛》四篇主体内容为格言短语。其他出土文献中出土了不少格言警句的语丛文献,其中还包括一些记录人物故事中话语的文献。郭店楚简《语丛》采用话语格言连编形式,那时候的文学作品不是一开始就成篇成章,而是经过了一个发展过程,当时也有很丰富语的资源,有搜集整理语的客观需求,是一个语言被信仰和崇拜的时代。李零认为语丛是语的摘录,④ 郭店竹简《语丛》也是人物言论精彩部分的抄录,⑤ 它们不是某种内容上自成一体的"著作",其文字多摘自各家著作,因此有学者认为其可能也是"教学所用的一种选编"。⑥《语丛》

---

① 崔述:《洙泗考信录余录》卷三"左子条",上海古籍出版社1983年版,第394页。
② 杨伯峻:《春秋左传注》第一册,中华书局1990年版,第2页。
③ 同上书,第22页。
④ 李零:《丧家狗——我读〈论语〉》,生活·读书·新知三联书店2007年版,第37页。
⑤ 文史哲编辑部编:《"疑古"与"走出疑古"》,商务印书馆2010年版,第393页。
⑥ 李学勤:《〈语丛〉与〈论语〉》,见《中国古代文明研究》,华东师范大学出版社2009年版,第223页。

内容有一些可以明显看出是引《论语》和《礼记·坊记》等书。

现在出土的语丛文献主要有：《郭店·语丛》四篇、《礼记·缁衣》（上博简、郭店简本），上博简《天子建周》甲、乙，《从政》甲、乙，《慎子曰恭简》、《用曰》、《凡物流形》、《昔者君老》，河北定县八角廊《论语》，海昏侯《齐论语》①，睡虎地秦简《为吏之道》②，岳麓书院《为吏治官及黔首》，③北大简《从政之经》，④马王堆汉墓帛书《黄帝书》的《称》篇⑤，银雀山汉简《守法守令》十三篇的《要言》。其实这类语丛文献在传世的书籍中还有很多，如《论语》，《国语》的《周语》、《鲁语》、《郑语》、《齐语》、《楚语》，《逸周书》的《皇门》⑥、《武称》、《王佩》、《周祝》，《管子·小称》，《老子》，《墨子》的《墨经》（《墨辩》六篇）、《墨语》五篇，《说苑·谈丛》⑦，《礼记·表记》、《礼记·坊记》、《礼记·缁衣》、《礼记·中庸》、《礼记·檀弓》、《礼记·曲礼》，《孝经》，《文子》的《符言》《上德》，《管子》的《枢言》《四称》《戒》，《汲冢琐语》，《大戴礼记》的《曾子制言（上、中、下）》、《武王践阼》，《新书·修政语》，《淮南子·说林》。看得出来，原来完全的语丛形式变得越来越故事化，人物情节逐渐丰富起来，逐渐发展为复杂的语体文学作品，但语丛还是处于其核心地位，而且这些语丛的存在是一个长期的历史过程。

河北定县八角廊汉墓出土了《儒家者言》，云梦睡虎地出土了《语书》，

---

① 见《南昌城、市西汉海昏侯墓》，《考古》2016 年第 7 期。

② 林素清综合诸家之说，将 1—4 栏所书主体部分分作八段，第五栏所书看作附录，分为成相辞，魏律杂抄，谚语杂抄。于通俗性、功能性、思想性教育一体。见陈伟《秦简牍合集》壹上，武汉大学出版社 2015 年版，第 320 页。

③ 陈松长：《岳麓书院锁仓秦简综述》，《文物》2009 年第 3 期。"讲的都是有关为官的格言，其中有些文句虽也见于睡虎地秦简中，但那是分栏抄写的，在形制上完全不一样。""尽管现在的简序尚未排托，但内容因为与《为吏之道》大致相同。"

④ 朱凤瀚：《北大藏秦简从政之经述要》，《文物》2012 年第 6 期。

⑤ 李学勤《称篇与周祝》一文认为《逸周书·周祝》一篇在体裁上与马王堆帛书称相近。见李学勤《简帛佚籍与学术史》，江西教育出版社 2001 年版，第 301 页。

⑥ 裘锡圭、刘娇：《言公与剿说：以出土简帛比对古籍相似内容现象研究》认为《皇门》是"原始格言"的范本，《周书序》云："周公会群臣于闳门，以辅主之格言，作《皇门》。"

⑦ 谈丛就像是《说苑》一书的缩影，是早期材料（格言、谚语）累积而成的文本。徐建委：《说苑研究——以战国秦汉之间的文献累积与学术史为中心》，北京大学出版社 2011 年版，第 286 页。

"多系为人处世、为官从政的方法、格言"。①《为吏之道》内容主要是关于处世做官的规矩。《语书》和《国语》有一些相似，不过更加重实用。这些语丛是语的浓缩和精华，是长期流传发展的结果。还有一些体制上与《国语》类似的文献，如上博简《容成氏》，只不过和《国语》相比没有前后叙事和人物，只有最主要的论述部分，这一类也不少，儒家的一些文献也是如此。饶宗颐先生以为《庄子》"天下""寓言"等篇中所说的"重言"即是，"其原出于前古一耆艾之重言，孔子、老、庄均有所沿袭也"②。

子思的作品多是语丛。后代书不少还延续语丛的体式。对话是由语丛结构成篇，传世文献中往往征引话语格言，所以事语文献中有大量语丛。语丛各篇都抄写在长度最短的简上，内容都是类似格言的文句。郭店竹简《尊德义》把德义的话语归在一起，③《性自命出》也整理的比较齐整。《六德》是专门为学习这些言论编纂的学习范本。《缁衣》是儒家的论语丛编，先说孔子的观点，然后引用《诗》《书》论证。《穷以达时》记载孔子困于陈蔡时和子路对话，竹简形制及简文书体与《鲁穆公问子思》全同，谓之四二解释结构和《国语》诠释的方式类似，《忠信之道》也类似《国语》的解释。《成之闻之》与《国语》《左传》某些对话很像，《国语》中不少话语是"闻之"的形式，还有"有言曰"和圣贤话语。《孔子诗论》也是按照这种方式组成。

郭店竹简《语丛》四篇，其中前三篇比较类似，书写风格上前三者不是楚国常用，《语丛四》则是为楚国常用，思想上前三者倾向于道家。《语丛四》不是格言汇编性质，而是成篇文章的缀联。庞朴《语丛臆说》认为《语丛四》在形式上和内容上都与其他三篇不同。从形式说《语丛四》虽与《语丛二》长度相同，但每简的字数却多出一倍，《语丛四》每简约十六字，而《语丛二》以及《语丛一》、《语丛三》都只有八字。另外，《语丛四》简仅有两道编线，《语丛一》《语丛二》《语丛三》有三道编线。④

---

① 黄盛璋：《云梦秦简辨证》，《考古学报》1979年第1期。张金光说："《语书》是关于为吏方面的训语书录，可称为训吏明德语录教本之类。"陈伟：《秦简牍合集》壹上，武汉大学出版社2015年版，第29页。
② 魏启鹏：《楚简〈老子〉柬释》"饶序"，台湾万卷楼图书有限公司1999年版。
③ 荆门市博物馆：《郭店楚墓竹简》，文物出版社1998年版，第39页。
④ 庞朴：《语丛臆说》，载姜广辉主编《郭店楚简研究》（《中国哲学》第二十辑），辽宁教育出版社1999年版，第327页。

在先秦时期圣贤的语录主要是短篇，而弟子们发挥和阐释的文章比较宏大。《语丛三》第六十简"亡意亡固亡物不物"，《论语·子罕》"毋意，毋必，毋固，毋我"。《墨经·经说》也是语丛，是《墨经》的《经》的部分，也像《语丛三》的双栏简那样，分上、下栏书写，旁行接读。《墨经》的故事给了我们一个启发，现在《语丛三》的那些双栏简，有无可能也是某种"经"？① 庞朴先生说，带着这样想法重读《语丛三》最后九枚简，觉得它们本来是残"经"。"亡意亡固亡我亡必"固不待言，"名二物三""生为贵""亡亡由也者""亡物不物，皆至焉""有性有生"这些句子，都颇有点"经"味。② 语的诸体式以语丛最为重要，如《论语》《墨经》《老子》《礼记·表记》《礼记·坊记》，都是圣贤语录，是圣贤的思想精华，是整个学派的精神内核。李学勤先生曾经说："迄今所见战国到汉初简帛古籍，都是传抄本，还没有能证明是原稿本的。"③ 可以看出来，出土文献一些作品的语体架构并不完整，但最重要的话语部分始终被保留。李学勤《语丛与论语》考释了郭店竹简《语丛三》中第五〇、五一简的文字，指出此段文字即是《论语·述而》。李学勤先生发现《语丛三》两支简是第五〇、五一简。前一简有八个字，后一简仅四个字，连起来隶定为：志于衍库于惠顾于态进于辄，这段话就是《论语·述而》篇中常被后世引用的一章：子曰："志于道，据于德，依于仁，游于艺。"④《语丛一》七七、八二、七九以及残简八所复原的简文，与《礼记·表记》略同。⑤ 通过这些语丛我们可以知道先秦时期著作的内容。我们可以根据语丛文献和语体文学的这种对应关系来还原他们的内容。随着语丛的积累，在实践中文辞的手法容量在不断发展，形成了语体文学繁荣局面。语丛产生受到当时的口传时代背景影响，经过长期口传实践给人们留下了大量宝贵语资源，其语丛形制小巧，文字简洁，意蕴深刻，语体形制也渐渐受到其

---

① 庞朴、刘贻群：《庞朴文集·第2卷·古墓新知》，山东大学出版社2005年版，第26页。
② 原载《中国哲学》1999年第20辑。
③ 李学勤：《新出简帛与学术史》，载李学勤《简帛佚籍与学术史》，江西教育出版社2001年版，第5页。
④ 廖名春：《清华大学思想文化研究所集刊》第2辑，清华大学出版社2002年版，第1页；李学勤：《语丛与论语》，华东师范大学出版社2005年版，第3—4页。
⑤ 廖名春：《荆门郭店楚简与先秦儒学》，载姜广辉主编《郭店楚简研究》(《中国哲学》第二十辑)，辽宁教育出版社1999年版，第37—42页。

影响而变得更加简练和集约化，当时很多出土文献是话语丛编的模式。

语体文学作品在形式上的特点是分句分节，采用问对的形式。上博简《慎子曰恭俭》记载的都是人物话语，类似《国语》人物言论部分。《慎子曰恭俭》文中提出了"恭俭以立身，坚强以立志""均分而广施"等思想。《用曰》文由"民之初生"说起，主要谈及民生国政大事。文中多警世话语，如："唇亡齿寒""莫众而迷"等。《天子建州》甲、乙两本所记多关于礼制的内容，其中有些在今本大、小戴《礼记》中能见到相似记载，从其内容和篇章结构分析，属"礼家杂记"。《凡物流形》全篇多以"问之曰"起首，有问无答，"自天地山川""次及人事"。

郭店竹简《语丛一》说"礼因人情而为节文者也"，《礼记·坊记》记载："礼者，因人之情而为之文。"《礼记·檀弓下》子游说："礼有微情者，有以故兴物者"，《礼记·礼运》《礼记·礼器》《礼记·曾子问》《礼记·祭义》《礼记·乐记》《礼记·丧服四制》等语体文学作品也都对礼和情的关系进行了阐释和论述。其他的语丛也多存在这种情况。《语丛三》说"天刑成，人与物斯理"，《国语·周语下》记载"上非天刑，下非地德，中非民则方非时动而作之者，必不节矣"。《国语·鲁语下》记载"少采夕月，与大史司载纠虔天刑"，韦昭注"刑，法也"。[①] 上博简《从政》甲、乙，《从政》甲叙述从政之难，还有执政者需要注意的"五德""君子不宽则无以容百姓，不恭则无以出辱，不惠则无以聚民，不仁则无以行政，不敬则事无成"。《礼记·缁衣》称"闻之曰"，出土简帛称为"子曰"，采用"闻之曰"连用的模式。在出土文献和传世文献中存在一些语丛和语体文学对应关系。《性情论》、《性自命出》与《语丛二》对应。《性自命出》《语丛二》说"情出于性"，也见于语丛而且更为细致的分析，这些论述的方向都可以单独形成语体文学作品。《语丛二》认为"爱""欲""智""子""恶""喜""愠""惧""强""弱"皆生于性，"亲生于爱，虑生于欲，卯生于智，易生于子，怒生于恶，乐生于喜，忧生于愠，监生于惧，立生于强，疑生于弱"。[②]《论语》和上博简部分篇章存在对应，如《礼记·仲弓》，《礼记》和《论语》对应，如《礼记·孔子闲居》与《论语》都有"过犹不及"的说法。语丛和语体

[①] 韦昭：《国语》，上海古籍出版社2008年版，第95页。
[②] 陈来：《竹帛〈五行〉与简帛研究》，生活·读书·新知三联书店2009年版，第23页。

文学存在对应关系。《语丛二》说"亲生于爱",《礼记·哀公问》说"弗爱不亲",《礼记·祭义》说"立爱自亲始"。《仲弓》和《论语》很多内容相通。例如《仲弓》记载"政者,正也",《论语》也有此语,也记载了季桓子任命其为宰的话语。此外《孟子》是语录和语体结合。儒家亡佚的语体文学还有很多。

《列子·天瑞》记载:"黄帝书曰:'谷神不死,是谓玄牝。玄牝之门,是谓天地之根。绵绵若存,用之不勤。'"《老子》第六章也有此记载,马王堆《老子》附于《黄帝书》之后。郭店竹简《语丛四》《太一生水》作品都体现了其成书的这个特征。从《老子》"早期传本"的结构演变过程中,我们还可以对古书的流传与形成有新的认识。① 不断强化对蝉联和对偶两种修辞方法的运用——当然蝉联和对偶,在《老子》文本的编辑活动过程中,不仅仅表现为修辞作用而已。② 《老子》原文本应是"语"的一种辑本,可能采自前代各种"语"文献。《逸周书·周祝》《老子》都是史职以语箴戒诸侯的文献,在话语方式上与《国语》类似。③

《左传·成公十四年》君子曰:"《春秋》之称,微而显,志而晦,婉而成章,尽而不污,惩恶而劝善,非圣人谁能修之。"杨伯峻注解:"称,言也,说也。"④《汉书·艺文志序》记载:"圣上喟然而称曰:'朕甚闵焉!'"称,可称道的嘉言善语。称,《尔雅》解释为"好也",闻一多有比较详细的论述。⑤《称》汇集了很多类似格言的话。⑥ 谭家健先生指出,与《称》篇文体相似的古代文献,还有《逸周书》中的《周祝》,祝是古代神职人员,掌文辞和宗教礼仪。⑦《说文》说:"祝,祭主赞同者。"《周祝》又为韵语,纯系说教。在帛书《称》之前,有《武称》《小称》等不少语丛文献,杂录熟辞文体一脉相承,并直接影响到后世类书。语丛刚开始是点滴的积累,后代还有记录语丛的风尚。⑧

---

① 宁镇疆:《〈老子〉"早期传本"结构及其流变研究》,学林出版社2006年版,第8—9页。
② 同上书,第229页。
③ 过常宝:《先秦文体与话语方式研究》,中华书局2016年版,第4页。
④ 杨伯峻:《春秋左传注》第二册,中华书局1990年版,第870页。
⑤ 闻一多:《古典新义·尔雅新义》,上海古籍出版社1956年版,第216—217页。
⑥ 马王堆汉墓帛书整理小组:《马王堆帛书》(一),文物出版社1980年版,第2页。
⑦ 转引自连劭名《马王堆帛书〈称〉和古代的祝》,《文献》1996年第2期。
⑧ 刘信芳:《帛书〈称〉之文体及其流变》,《文献》2008年第4期。

上博简《用曰》引用的属于引以为戒或足以致用的嘉言。如《用曰》云:"唇亡齿沧。"《左传·僖公五年》说"辅车相依,唇亡齿寒"。《穀梁传·僖公二年》作"语曰",类似的文例也经常见到,《管子·形势解》说:"解惰简慢,以之事主则不忠,以之事父母则不孝,以之起事则不成,故曰:'怠倦者不及也。'"所以说,"用曰"云者,与"故谚曰""古语曰""故曰"的作用近似。

早期的议论文只是话语的连接,如《老子》《孔子诗论》,语丛的痕迹还是比较明显。《荀子·大略》(有些话语见于《礼记》)是荀子语录,以后五篇是后学的研究资料,《荀子·宥坐》是孔子和弟子的语录,《子道》有孔子和哀公和弟子的问对,《荀子·法刑》是孔子和曾子语录以及孔子的对话。《荀子·哀公》是哀公和定公问于孔子的对话,《荀子·尧问》记载尧问舜、魏武侯问吴起、周公问伯禽、子贡问孔子等对话。在《荀子》篇幅内就可以看出来一个从语丛文献到语体文学的渐进的过程。

二　以议论和对话为主的文学形式

近年出土了不少内容丰富的古籍文献,这些书在形式上有一定的规律和体式,有的记载人物话语语丛,有的记载人物问对,有的记载事件中人物话语,有的记载人们就某个问题进行观点论述,有的是讲一个寓言故事。当然有些篇章并不完整,如有的论语并没有记载说话人和事的因果,而只记载了人物的论话部分,只保留最重要、最有特色的语的部分。

《礼记》内容上不少是经过儒家老师和弟子整理的官学文献遗存。其中语丛类《礼记·坊记》《礼记·中庸》《礼记·表记》几篇长短不同,体现了由短到长的发展过程,也有一些儒家的话语记录。《礼记·曾子问》记载曾子和孔子对礼仪制度内容的问答,《礼记·礼运》是记载孔子和子游的对话,此外还有《礼记·礼器》《礼记·哀公问》《礼记·仲尼燕居》《礼记·孔子闲居》《礼记·问丧》《礼记·服问》《礼记·三年问》《礼记·儒行》《礼记·哀公问》《礼记·孔子儒服》。不少题目就叫作"···问",针对某一问题进行问对的体式在当时比较多。《礼记·檀弓》是事件中问对和对话,有孔子的评论话语也有语丛,句式整齐,其模式是事+问对+评论,或者事+对话+评论,也可以无评论,前后的叙事也有长短不同,可以在话语之后有叙事,也有无对话的纯叙事,还有概括的话语；其中论断的话语，以及问对和对话可重叠增加，主要是孔子和弟子言论。《经典释文》说："《礼记·坊记》记六艺之义。《祭义》，郑云：名祭义者，以其记斋戒荐羞之义。《乐记》，郑云：名《乐记》者，以其记乐之义。"语的内容要体现道德义理。

语丛的一种发展演变是纵向延长，如《老子》和道家的一些作品。它们由语丛演化来，因为原来是语丛，所以思想并不连贯。一种是在语丛基础上丰富内容，如儒家语体文学作品，这类语丛演变成了长篇问对和事语。事语是在语丛的基础上前后简要交代叙事以及因果，其中语被修饰得比较整齐。《国语·晋语》比较接近这类，但各卷的差异要大一些，开头三卷形制类似篇幅也较长，后面变得简短。一个人的话语变成了两个人的对话，但一般还是能看出主次，主要那个就是作者着意的语丛。后又在此基础上加了一些圣贤的评判话语。

上古时期的文学作品是通过话语表达，往往是在典礼仪式、外交周旋、日常生活的对话之中，有一些后来记录于竹帛或是成为创作的素材。但从语的角度来看，对文本的形成也产生一定影响。这时候的论语结构主要是顺序的，没有与前文呼应和重合，思维上平行但不相交。与道家相比，儒家论语要显得相对短小精练。

钱穆《西周书文体辨》记载："《春秋》为体，始重记事。"记言发展在前，记事发展在后。而记言者，亦仅摘要记述当时某人对某事所言之大旨。似乎在史官载笔者之心中，尚未有如后世缀文造论之意想，必将所记之言，修剪熔铸，前后贯串，独立为篇，自成一文，必曰如是为诰，如是为誓，体裁各别。而其先固不如是，记言则仅是记言。"① 曾枣庄《中国古代文体学》说："《论语》的文体源自史官文献中以'王若曰'、'君子曰'为特点的语体，不过改为'子曰'而已，成为后世一种流行的语录体文体。"语本就指的是言说，后来渐渐变成散文的一种。《国语·周语》、《国语·楚语》以论语为主，《国语·晋语》《国语·吴语》、《国语·越语》记事性很强，《国语·齐语》和《国语·郑语》是问对谋议。《国语·鲁语》比较零散，侧重义理教化，故事性比较强，体制近于《国语·晋语》，思想上存在一定的差异，比较接近儒家思想。原本语的规模

---

① 钱穆：《西周书文体辨》，钱穆：《中国学术思想史论丛》卷一，安徽教育出版社2004年版，第223—243页。

结构应该很大，如《国语·齐语》、《国语·郑语》、《国语·吴语》、《国语·越语》，以及《晋语》中的重耳流亡、骊姬之乱等故事。《国语·晋语》晚期变成了家语，最长的是《周语》的论语。

《大戴礼记》中不少曾子语录，《曾子立事》《曾子本孝》《曾子立孝》是曾子的语录和引发的议论，《曾子大孝》记载弟子与曾子问对，《曾子事父》是曾子的问对，几个篇幅形式题材各不相同，体现了从语录到语体文学演进的趋势。可以看出有明显体式划分。语录、语录和议论集合的语，还有一些历史类故事，在子书类会有引用。《大戴礼记·曾子制言》上篇是几种语基本题材组成的一种复合形态，语论+论语+问对+论辩（驳难），《墨子》重要的几个论文都是这样的模式，只不过有时中间和尾部再以语录申论和总结。《大戴礼记·曾子制言》中篇和下篇是类似《国语》的论语篇章，前面加一个曾子语录。子学作品和官学之语不同，子学注重家学渊源。《大戴礼记·曾子疾病》记载曾子论语，明显特征是"语如"表示要开始论述。《大戴礼记·曾子天圆》是问对加上论语（单纯论语）由"吾语汝"领起。论语有两种，一种是单体的一个人论语，气脉连贯，一气呵成，有的是正反多种角度论述，常有"夫""是故""昔"等旁征博引，最后就事论理、联系实际。《礼记正义·曾子问》说："曾子，孔子弟子曾参也，以其所问多明于礼，故着姓名以显之。"[①] 结尾有"子夏曰"一段，与整篇曾子问曰不同。《礼记·文王世子》是古代典故的记载，"瞽宗秋学礼，执礼者诏之"。[②]《礼记·檀弓》是话语加上简单叙事组成的一个小论述，语录是最基本构成要素，论语是语体文学的一种高级形态，官学有丰富的语录和传闻可供采取，诸子必须依靠自己的语录和文献收集和整理。从《春秋事语》来看，这种小论语发展成为《国语·周语》《韩非子》《墨子》那种大论语，而后到一定的程度又有简化的趋势，《春秋事语》在语录基础上加以评判，以话语评话语实现语的整合。由故事变成一个意蕴丰富的词语，而后意蕴不断的弱化形成一个循环。《大戴礼记》曾子八篇和《孝经》《小戴礼记》中的部分篇章都是曾子学派作品。古文《孝经》，常用"子曰""曾子曰"两种语录模式，有的是小形制论语，和《礼

---

① 吕友仁：《礼记正义》，上海古籍出版社 2008 年版，第 749 页。
② 同上书，第 833 页。

记》中的《檀弓》《坊记》类同。《大戴礼记》是曾子后学的语体文学作品,还有一些世系文献典故,以及《周书》《月令》等文献,是语的内容和材料。《大戴礼记》比《小戴礼记》粗糙古朴,内容更为狭窄,文笔也不如《小戴礼记》,后者的原创性比前者好。春秋时期语体文学主要是史官事语和儒家话语。康有为《康有为全集·教学通义·言语》说:"文章至孔子后而成矣。古者唯重言语,其言语皆有定体,有定名。其欲为言者,皆有学也。四科有言语。惠施、公孙龙陈坚白,论马指,皆以言语。宋钘,墨翟游说人国以言语,今考其辞气,皆可按也。"[1]出土文献中很多文学作品都有一定的体式,但是用现在的文体难以分类。其实,这些被应用于礼仪典礼上的文章在创作之初并未成体,而是在成文之后被固定为某种体式。[2] 先秦时期话语为文章的体式打下了基础。上博简《昔者君老》《礼记》"君子曰"的模式讲述礼仪,"于是乎始语天地人民之道"[3],《容成氏》事语是以人物世系加上治国话语和文献的汇编,其中记事和议论较多。

维科《新科学》说诗人们必然是各民族最初的历史学家,最初的历史必然是诗性的历史。人类早期的文化是一种诗性文化,这种文化具有混一性,哲学、宗教等意识形态,还没有从诗中分离出来。因此,维科说"诗"是历史。《语》是如何产生?语的积累也应该有一个从少到多的积累过程。这与人的思维有关,人对事物认识总是由简单到复杂,仰韶和马厂上陶器早期的纹饰要少得多,图文是如此,语言也是如此,都是人思维的反映,体现人对世界的认识。刘勰《文心雕龙·章句》记载:"夫人之立言,因字而生句,积句而成章,积章而成篇。"[4] 文字的积累也需要一个过程,文学的发展也不是一蹴而就,不是一开篇就出现体类清晰、文辞成熟的优秀完整作品。而是在此之前已经有了很长时期的积累过程,这些优秀的作品,到了战国才著之于竹帛,至于之前那些过程中的作品,则湮没在历史的尘埃中。虽然是只言片语样式的语丛集合,但我们不能忽略其重要性,后代的长篇都是在此基础上发展起来。这些语丛很有生命力,在

---

[1] 康有为:《康有为全集·教学通义·言语》,上海古籍出版社1992年版,第155页。
[2] 楚斌杰:《中国古代文体概论》,北京大学出版社1990年版,第256页。
[3] 张岩:《春秋战国文体源流考略——兼谈〈国语〉的史料来源和成书情况》,生活·读书·新知三联书店2004年版,第256页。
[4] (南朝梁)刘勰撰,范文澜注:《文心雕龙注》,人民文学出版社2000年版,第570页。

先秦文献中也很多，对后代影响也很大。先秦鸿篇巨著的创作经历了一个是由小到大的过程。开始是简单的话语记录和整理，现在我们看到的古文献，多是在汉代才大体固定下来，采用战国时期文献的顺序。这是语丛编纂过程的体现，语丛整理最初级阶段就是简单汇合，只是内容上有联系，然后发展到逻辑上连贯，而在初级阶段语丛内部单元无序。语类文献极为丰富，在一个我们从先秦文献的篇章安排上也看得出来。黄毅民《国学丛论（上册）》记载曰："什么是语体文学？不用说，我们一望而知为言文一致的文学。然而我们所以冠义语体二字的用意，却有个缘故。我们知道，当文学刚和世人相见的时候，它是表白大众的真情实况的。胡适说：'韵文是抒情的，歌唱的，所以小百姓的歌哭哀怨，都是这里发泄出来。所以民间的韵文发达的最早。'后来逐渐向上层传播，'所以离开平民生活越远，所以渐渐僵化了，变死了'。这时，白话文学与古典文学干脆分成两事了。胡适以为'战国时文体与语体已分开'，似乎语体是起于战国。而哪知远在战国以前早已有了民歌呢？哪知《诗经》时代，言文就有了分裂的破绽。"[1] 张岩从《左传》、《国语》、《战国策》、《晏子春秋》及《春秋事语》等书和出土文献中，析出四种"典型文体"，即讥语文体、劝谏文体、赞语文体、问答文体。[2] 正如李零先生所说，在当时语是非常活跃的一种书。[3]

古代先贤通过话语来传达他们的思想，希腊是如此，中国也是如此。语也就是话语，不同的场合有不同的需求，于是产生了很多分类。到了战国时期都被记录下来，概况的称呼为"传""记""书"等，而逐渐又以语体对其进行分类，但这时候的体式，主要还是由语体的发展变化所决定，如赋的出现和发展，逐渐变成了纯粹的文化，到了魏晋时期出现一些文论著作，正式把他们定为文体。

出土文献中有大量春秋时期的语体文学作品，主要是春秋时期的事语类文献和儒门对话两类。李零说《曹沫之阵》是一篇亡佚已久的鲁国兵

---

[1] 黄毅民：《国学丛论》上册，民国燕友学社刊本1936年版，第195页。
[2] 曹顺庆主编：《迈向比较文学新阶段——中国比较文学学会第六届年会暨国际学术研讨会论文选》，四川人民出版社2000年版；张岩：《战国文体源流考略——兼谈〈国语〉的史料来源和成书情况》，见《新原道》第二辑，又见其《从部落文明到礼乐制度》，生活·读书·新知三联书店2004年版。
[3] 李零：《简帛古书与学术源流》，生活·读书·新知三联书店2004年版，第476页。

书，而在形式上属于语录体散文，与《国语》的体制类似。① 其实不一定是专门的兵书，语的内容很丰富，也可包含军事内容，此处前部分论政，后部分论兵。《从政》分为甲、乙两篇，提出从政应致力于"敦五德，固三誓，除十怨"，并作了具体解释。《三德》简文内容多言天地与刑德之关系。两者比较特殊，和《国语》类似。

虽然同样都是记言，但有的比较重视记事，一般没有大段的论述，只是简单的对话，但是对话和叙事紧密结合。事语是客观展现事件和人物对话，以人物的评价来体现义理，如郑伯克段于鄢和周郑交质。上博简有《昭王毁室》《昭王与龚之脾》，前者比较完整，叙述昭王新建成宫室后与大夫饮酒，有一位穿着丧服的人"廷而入"并诉说他父母尸骨就埋葬在新宫阶前，新宫建成后他就无法祭祀夫老，于是昭王令毁室。后者叙述昭王为瑶宝的事，大尹遇见龚之脾，由其衣着疑是脾为之，并告知昭王，于是昭王不愿见龚之脾，而大尹了解真情后又告知昭王，昭王遂见龚之脾。《柬大王泊旱》记载战国早期楚简王的两个逸事：大王病疠和楚国大旱。《相邦之道》记载孔子与子贡的问答。上博简五《竞建内之》隰朋、鲍叔牙与齐桓公的对话，二大夫向齐桓公进言，如日食虽是星事，借喻齐国要有兵祸之灾，而大夫以为要行先王之法，并劝谏桓公"废古行古作"，只有从善才能渡过祸患。《鲍叔牙与隰朋之谏》记述鲍叔牙和隰朋二大夫向齐桓公直谏，指出夏为殷所代、殷为周所代的原因，又指出对待百姓要有善心，对老弱不能用刑，处处要从国家利益出发，否则齐国会处于疲惫的状态。起用竖刁和易牙等人，"不以邦家为事，从公之所欲"，是国之灾难。《孔子见于季桓子》记载孔子和季桓子关于二道和兴鲁的讨论，是重要的儒家佚文，与儒家事语类似。《庄王既成》记载庄王与尹的对话，《申公臣灵王》记载王子回和申公的对话，《平王问郑寿》记载楚平王因国祸败事问于郑寿，《竞建内之》记述西彭、鲍叔牙与岐黄的对话，《鲍叔牙与隰朋之谏》记述了鲍叔牙与隰朋向齐桓公所行的直谏。还有马王堆帛书《春秋事语》《战国纵横家书》。清华简七有《子犯子余》《晋文公入于晋》《赵简子》《越公其事》几篇春秋事语。从马王堆帛书《春秋事语》出土到上博楚简发现，使人们意识到类似"事语"这样古书在春秋战国时代数量并不

---

① 王青：《论上博简〈曹沫之陈〉的性质——兼论先秦时期"语"文体的起源与发展》，《学术月刊》2008年第2期。

少。春秋战国时期语类或事语类古书非常流行，数量也很大，同一人物、事件故事版本有好多种。湖南慈利战国楚墓出土《国语·吴语》"基本见于今本者，所见史事包括黄池之盟和吴越争霸等"。① 西晋时曾在魏襄王墓中发现了大量写在竹简上的古书，其中就有《国语》三篇。阜阳汉简《春秋事语》章题以及与《春秋事语》章题相关的部分竹简。其中阜阳汉简1号木牍正、背存篇题47条，如《子曰北方有兽》《卫人醢子路》等，多与孔子及门人有关。2号木牍正、背存篇题20余条，如《晋平公使叔向聘于吴》《吴人入郢》等，多为春秋、战国故事。② 《容成氏》记载了中国远古时期的帝王二十余人，并述三代前后禅让、争位之风的故事。《良臣》主要记述黄帝以至春秋著名君主的良臣。英藏敦煌写本有《孔子家语》和《春秋后语》。

对语主要是人物之间的问对和应答。先秦时期国家大事的决策，君主要咨谋于重要的大臣。《国语·鲁语上》记载曹刿问战，《国语·晋语二》记载献公问卜偃，《国语·晋语四》记载文公问箕郑救饥何以，文公问元帅于赵衰，郭偃对文公问治国难易，文公问胥臣傅谨之效，《国语·晋语九》记载赵简子问贤，《国语·楚语下》子常问蓄货聚马斗。也有一些学术性质的讨论和问答，《国语·鲁语下》记载季桓子问仲尼穿井而获狗，《礼记·曾子问》主要是曾子和孔子的问对礼仪制度，还有部分子夏问答，上博简《仲弓》记载季桓子任命仲弓为宰，他向孔子请教如何治理的问对话语。《崔东壁遗书》记载："仲弓问政，孔子问答弟子问政多矣，而答仲弓的语为最精要。"③ "子贡问政，其次则莫若答子贡问政。孔子答君大夫之问，《论语》前十篇文体之异。"④《论语》前十篇记孔子答定公、哀公的问对，皆变文而称"孔子对曰"者，朱子所谓尊君是也。君大夫问于孔子，《论语》前十篇记君大夫之问皆但言"问"不言"问于孔子"。还有郭店简《鲁穆公问子思》《论语·宪问》《荀子·尧问》《礼记·曾子问》《礼记·哀公问》马王堆《二三子问》。上博简《孔子闲居》《缁衣》《武王践阼》、《曾子立孝》主

---

① 张春荣：《慈利楚简概述摘要》，《古代文明研究通讯》2000年第6期。
② 阜阳汉简整理组：《阜阳汉简简介》，《文物》1983年第2期。
③ 崔述：《崔东壁遗书》，上海古籍出版社1983年版，第610—611页。
④ 同上书，第616页。

要是记载问对、论辩言论。上博简五《弟子问》，上博简六《平王问郑寿》是儒家问对语录，《君子为礼》孔门弟子与孔子的问答，颜渊、子贡和孔子的问答，《弟子问》也是孔子与宰我、颜回，颜渊与子由，子羽与子贡的问答。《大戴礼记·四代》类似《礼记》无对话如训语。《融师有成氏》记载上古传说故事。《季庚子问于孔子》记载季康子以币帛归孔子后的问对。《墨子·鲁问》记载墨子和鲁君的对话。问体在先秦比较广泛，具有很强的实用性和通俗性，各个行业领域都有此体。海德格尔《存在与时间》说："任何发问都是一种寻求。发问既可以是'问问而已'，也可以是明确地提出问你。后一种的特点在于：只有问题的上述各构成都已经透彻之后，发问本身才成为透彻的。"① 上博简《民之父母》子夏问孔子请教的五个问题，内容紧扣"民之父母"的主题。孔子回答充满哲理，回答严密有序。《礼记·孔子闲居》提到"五起"内容基本相同，但次序不同，最明显是最后一句，所序全是由内到外，范围由小到大，"内恕孔悲""纯德孔明""为民父母""施及四国""以畜四邦"相继，由"近亲"到"外族"，至"民之父母"，由四国到万邦，德业逐渐发扬，恩泽日益扩展。而孔子闲居已经失去了次序，没有严密的逻辑，不见循序渐进之意。庞朴说在《民之父母》篇中其"五至三无"之说，对礼乐之原有一番哲学的和诗学的论证，是我们深入认识儒家的绝好资料，有待仔细玩味，慢慢琢磨。② 郭店简《鲁穆公问子思》记载鲁穆公问子思，清华简《尹至》和《尹诰》记载了伊尹与汤的对话，以及两人如何灭夏的过程记载。问对是主要的教学的方式，讨论政治的方式。《礼记》中记载问对有一些规则，圣贤、贵族问对、谈话的记录，为比较典型问对谈话，在战国时期形成了问体，问体是单独的一类语，如《银雀山·吴问》记载吴王与孙子关于晋国六卿军事、政治制度的答问。③ 问答形式更多，《孙膑兵法》前四篇记孙子与威王问答，第五至第十五各篇首都称"孙子曰"。④ 马王堆四《胎产书》方术中也有不少用问对的形式然后

---

① ［德］海德格尔：《存在与时间》，陈嘉映、王庆节译，生活·读书·新知三联书店1987年版，第7页。
② 庞朴：《话说"五至三无"》，《文史哲》2004年第1期。
③ 银雀山汉墓竹简整理小组：《银雀山汉墓竹简》，文物出版社2010年版，第7页。
④ 同上书，第8页。

再加上论述。① 马王堆《十六经》皇帝君臣问答形式，内容是讲"刑名"和"阴阳刑德之说"，还记载了一些有关皇帝的神话。问对形式是战国很广泛的一种语著作形式，内容几乎涵盖所有种类著作内容。清华简五体式一类是训语一类是问对，记载了商汤和殷高宗的问对话语，在先秦时期为一个比较广泛的文体类型，在题目上一般会有体现。《厚父》记载王和厚父的对话，《汤出于汤丘》《汤在啻门》记载汤和伊尹分别就政事和天人观的问答。《殷高宗问于三寿》是殷高宗和三寿的对话，通过一系列观念来阐释治国修身的思想，还有帛书《二三子问》《孔子家语·问礼》《礼记·哀公问于孔子》《大戴礼记·哀公问》《八廊角·哀公问五义》《荀子·哀公问孔子》。上博简九《史蒥问于夫子》《颜渊问于孔子》《彭祖》多为孔子和弟子问答。有的时候讨论学问，如马王堆《二三子问》《昭力》《缪和》。有的讨论人生际遇，如郭店简《穷以达时》记载孔子困于陈蔡时候答子路对话。还有一些是孔子弟子的问答，以及一些孔子和君主和大臣的问答，《礼记·儒行》记载鲁哀公问于孔子。《孔子诗论》是孔子问答语录体，主要是答弟子问。从专题论文的概念出发，可以把散见于弟子及再传弟子手中的笔记语录中的诗论汇集起来。从这一观念出发，孔子《诗》论简为问答语录体更胜于鸠集于一篇的专题论文。② 马王堆帛书《十大经》不少篇采取黄帝君臣问答的形式。③《墨子·耕柱》叶公子高问政于仲尼曰："善为政者若之何？"子墨子闻之曰："叶公子高未得其问也，仲尼亦未得其所以对也。叶公子高岂不知善为政者之远者近也，而旧者新是哉？问所以为之若之何也。不以人之所不智告人，以所智告之，故叶公子高未得其问也，仲尼亦未得其所以对也。"也可能是二人、多人的讨论。④

论语常以"闻之曰"等论述发语。刘乐贤《战国秦汉简帛研究丛考·成之闻之》说："第八号简的阙文，裘锡圭根据《礼记·表记》、《说苑·修文》补充说，（《说苑》）修文的文字引自《传》，疑此《传》乃是《成之闻之》或《表记》一类古书。《说苑》、《孔子家语》都称'孔子曰'，《韩

---

① 马王堆汉墓帛书整理小组：《马王堆汉墓帛书》（一），文物出版社1980年版，第136—139页。
② 廖明春：《出土简帛丛考》，湖北教育出版社2004年版，第8页。
③ 见《座谈长沙马王堆汉墓帛书》，《文物》1974年第9期。
④ 孙诒让：《墨子间诂》，中华书局2001年版，第431页。

式外传》以臣闻的口吻引述,而《成之闻之》是直接说出,《志书乃言》是论语引论之辞。"[1] 语是有体式的如论语有"夫""古""是以""故""凡"等词引发递进和转折话语,问对也是,而语丛则是少转折语。故,《墨子》的《经》篇记载:"故,所得而后成也。"《说》:"小故,有之不必然,无知必不然;体也。若有端。大故,有之必然,无之必不然,若见之成见也。"《五行》《唐虞之道》《忠信之道》是论语,主要是对一个观点和概念问题的论述。论语是问对谋议的对话,以一人为主,常伴随有人物的论述,也可能只是简单的对话,在内涵上比论语更广。有的时候是针对某问题发生论辩,有时候是双方的论语,也可能只是简单的话语。周代有纳谏制度,卿大夫劝谏是重要的政治生活内容,其劝谏常常是论语,也有解释、推脱、拒绝的话语,在《国语》中常以"辞曰"出现。《易之义》记载孔子解释《周易》的话语,《鬼神之明》讨论有关鬼神有所明和不明的问题,《融师有成氏》叙述上古传说人物故事。论语是关于一件事或者一段言语之后的论述。郭店简《成之闻之》就像《国语》的论语,以"闻之"领起全文,引古事及君子之言、《尚书》等,多道德仁义之言。而《尊德义》则是道家论语。上博简《性情论》,上博简《孔子诗论》,马王堆和郭店简《五行》已经偏于哲学化,不如春秋时期的语内容丰富,更加注重内思和辨析,而不重视典故。郭店简《忠信之道》列举忠信的种种表现。郭店简《唐虞之道》论赞类的语比较有观点和意向性,赞扬尧舜的禅让,叙述舜知命修身的仁义孝悌品格,是儒家的论语。郭店简《性自命出》言性命乃战国时期儒家的分支所作论语,郭店简《六德》是儒家论语,话语逻辑上的顺接在一个层次上,"因为""所以",再次一等级,重复但是不交叉,在内容上是可以无限的延长,而不受时间和其他因素的限制,既具有文章的逻辑贯通特点,也像是语丛排列模式,呈现出一种同类活用文章创作模式,后来文献发展就打破这种模式,到《大戴礼记》中只是选取其中一部分,或者只是选取其意,顺序结构会发生一些变化,这也是一种沉淀和压缩。《内礼》以"君子曰"句式,"孝而不谏,不成孝,谏而不从,以不成孝"。文章还处于比较初级的阶段,然后罗列一些语丛。《大戴礼记·曾子立孝》曾子曰:"君子立孝,其忠之用,礼之贵。"为人子,为人弟,为人臣,《大戴礼记》也有类似的话语。后代

---

[1] 刘乐贤:《战国秦汉简帛研究丛考》,文物出版社2010年版,第4页。

的文章的观点性和即时性很强，所以会有回环。

姚鼐《古文辞类纂·序》说："论辩类者，盖原于古之诸子，各类所学著书诏后世。"①《晏子春秋》中多是辩语，《墨子·三辩》墨子中有辩论，《荀子》说"君子必辩"，《左传·襄公二十五年》记载"士庄伯不能诘"。②《文心雕龙·议对》记载："迄至有汉，始立驳议。驳者，杂也，杂议不纯，故曰驳也。"③《说文》说"辩，治也"，《尚书·酒诰》记载"勿辩乃司"，《国语·齐语》记载"辩其功苦"，《周礼·乡士》说"辩其狱讼"，《礼记·曲礼》说"分争辩讼"，《韩非子·八经》说"辩者言之信"，徐师曾说："按字书，辩文有二，一从言，治也；一从刀，判也。盖治其言行之是非真伪而判别之，则义实相须，故世多通用。"辩主于辩驳、辩论，剖析事物言行的真伪而论之。王构认为"别嫌疑而明之者，辩也"，陈绎曾说"辨，重复辨析，以绝是非之极致"。④

《庄子·秋水》说"可以言论者，物之粗也，可以意致者，物之精也"，《易·系辞上》说："书不尽言，言不尽意"，"圣人立象以尽意"，⑤话语的表达有其局限性。描述一件事情，可能会有一些未知事物，或未见的景观，用熟悉的具体图像来解释，就能直观地展现在我们面前。八卦用图画来表达抽象难言道理，概括描述世界，而爻辞话语则是对其象的解释之辞，文字是由图画转化而来，在没有文字之前，人们是用图画和言语阐释和描述这个世界。

从语丛到语体文学的发展过程不是单向的，而是一个有机的循环过程，从语丛到语体文学，然后再从语体文学简化回到语丛，在这个过程中语丛与语体都处于一种发展变化之中。儒家语体文学作品很多，不仅仅是史书、诸子、论语、礼记，以及《儒家者言》和双古堆《孔子家语》，有些并未被记录下来。《说苑》除《谈丛》外，各卷的多数篇目都是独立成篇的小故事，有故事情节和人物对话，文字简洁生动。《语丛》是格言警句的丛编，从图版上看明显是话语的连编，而非语义连贯的文篇，一句话记录完毕，下一简记另外一句话，结尾如果未写满也另起一行，并且有符

---

① 吴孟复、蒋立甫：《古文辞类纂评注》，安徽教育出版社2004年版，第15页。
② 杨伯峻：《春秋左传注》，中华书局1990年版，第1106页。
③ （南朝梁）刘勰撰，范文澜注：《文心雕龙注》，人民文学出版社2000年版，第437页。
④ 曾枣庄：《中国文体学》附卷1，上海人民出版社2012年版，第1129页。
⑤ 周振甫译注：《周易译注》，中华书局2001年版，第249页。

号示意结束。语丛文献到语体文学经过一个探索过程。语丛很多是对人生经验、政治等经验的总结，语言简洁，意蕴深刻广博，能给人深刻启示。兴引发事物特征近似思维的类比和关联，像是以抽象的图像来引发人们的思维类比。语丛以深意的话语象征来引发人们的生活经验和思想共鸣。

春秋时期出现语结集的高潮。最近一些年出土了许多语类文献，这些语类文献通常是语录编纂而成。需要对传统学术视角和方法作重新的审视和考虑，这些丰富多样的语类文献的出土，表明在先秦时期曾大量的存在语，而且受到当时社会上层的重视。春秋时期是语体文学发展繁荣时期。《国语》是春秋时期语书的汇编，① 《左传》其书与《国语》关系密切，其中确实保存了丰富的语，而且作者也对其进行了进一步的整理。在语类文学繁荣之前有很长时间的铺垫和积蓄时期，存在大量零散的语丛。孔子以后，儒家的语体文学日益繁盛，后世弟子记录整理的很多，既是出于学术的传承也是教学的应用，而孔子之前很多时候都是通过问对、论辩和生活中的话语来进行学术交流。

语体文学间有一些差异。《子羔》为孔子答子羔关于尧舜大禹契后稷君王之事问对，《大戴礼记·五帝德》为宰我问孔子此类事。《鲁邦大旱》为鲁哀公十五年发生大旱，哀公以此请教孔子对策，孔子明确提出加强刑德，而不必埋圭璧玉帛向鬼神祈求雨之祭。问对会衍生出问对之后的人物评析。《从政》甲、乙听闻之曰："可言而不可行，君子不言；可行而不可言，君子不行。"上博简《缁衣》则承袭之，子曰："可言而不可行，君子弗言也；可行而不可言，君子弗行。"今本《礼记·缁衣》也有大概内容，只是句式略有差异。"听闻"，当不和闻之一样，听闻应该是有听到，而闻之则是转叙述。上博简《五德》思想内容和言语与《国语》比较接近。《昔者君老》国君自衰老至于亡故，太子朝见过程中的行为规范与礼制记录，和《礼记》不少的内容类似，应当是属于丧礼。"君子曰"开头，后面还有一个，应该是语丛两条。"内言不以出，外言不以入"，《礼记·内则》说"男不言内，女不言外，内言不出，外言不入"，《礼记·曲礼》说"外言不入于阃，内言不出于阃"。《公羊传·昭公二十年》记载"言不及外也"。上博简《容成氏》记载上古帝王传说，其中的典故也

---

① 钱穆：《中国史学名著》，生活·读书·新知三联书店 2005 年版，第 49 页。他认为《国语》是杂拼，各语先后不同，《先秦诸子系年》也有记载。

是《国语》中人物引用的典故。

　　从郭店简《语丛》到大、小戴《礼记》中语丛,再到《荀子》的曾子诸篇,到大段语体文学的出现,从墨家的《墨语》四篇到其他的对话和论辩,从道家的语丛到《老子》《太一生水》之类的语论之文,存在着一种语丛和语体文学的发展规律,以及语丛与语体文学的对应现象。刘凤泉早期议论文学经历了复杂的演化过程。在生产生活实践中产生的先秦谚语和格言,是早期议论文学的源头。它们从民间走向朝堂,形成了箴铭体和哲理诗的形式;它们从简单走向丰富,形成了民间寓言的形式。① 为何古人既要作语录体也要作《论语》问对,类似内容既有语录也有问对或者论语。《国语·周语》多篇幅较大,其他民族史诗也多是长篇大论,语录可能是精华撮录的本子,因为有小巧便于携带保管的特点,而历史原貌的史书记录性质的很少。从语丛文献到语体文学,语体文学现在只剩下经过时代琢磨筛选的一部分,而我们可通过剩下的只言片语回溯与品味其整体思想。而有些语体文学内容上近似,是出于对语丛文献的发展所导致,《性自命出》与《乐记》的看法相近,认为"凡动性者,物也","及其见于外,物取之也"。这里"及其见于外"的"其"指性,性见于外便是情,见于外,也就是"好恶形焉"。与《乐记》不同处在于,《性自命出》是认为人虽有好恶之性,但只有物诱于外,好恶才表现出来。物是所好所恶,物使得好恶之性外化。一旦语丛固定下来,便又反过来滋养语体文学的创作。另外,语体文学和现在文献有重合而不能完全契合,可能处于同一语丛体系,或是两者在时间上有前后之差别。

　　原本是官学制作的长篇大论,在流传过程中只剩下精华部分。在这个变化的过程中语也在纵向地发展。这个蜕变最终结果是成语和俗语、谚语的消失,在这之前的状态是语丛,再之前是类似出土简帛中的样子,诸子的论语也是如此。官学的记言多是长篇,而这些短小的只言片语当然经过人整理,而之前春秋时期人物嘉言善语虽然多也是整篇,到了春秋后期篇幅越来越短小,春秋时期人物的谈话中也有一些只言片语,被称为"志""记",还有"有言曰"之类话语。《论语》专门整理孔子和弟子的语录,《国语》是国家的上层贵族的贤者的语录,虽然有的家族的人多一些,有的少一些,已经呈现出由"国语"向着"家语"转变的趋势。

---

① 刘凤泉:《中国早期文学研究》,齐鲁书社2008年版,第21—22页。

从语丛文献到语体文学的发展过程，只言片语不断积累和丰富，在长度上越来越长，在技巧上越来越复杂，形式也变得多样化，但大体还主要是事语、辩语、论语、对语、寓言几种，只不过有的有所简化和组合。语体文学是语丛以及问对、论语等语体基本形式的组合而形成文学作品的形式。上博简《孔子诗论》是一诗一句论语话语组合。上博简《缁衣》采用连续"子曰"的形式，成文是语丛集合。上博简《性情论》以多个"凡"引言的形式，郭店简《缁衣》和《性情论》也是。文献中的《礼记》的《檀弓》《坊记》《表记》《大戴礼记》中曾子语录集合，还有明显的语丛痕迹，当然这种整齐格式不是简单的拼合，也有内在逻辑和作者的巧思。

《大戴礼记·卫将军文子》记载卫将军文子问子贡，其中子贡之言融合多个孔子的语录，由论语和语论集合，引出来子贡和孔子对话，然后又引出来晋平公问祈奚事语，形成一个组合体。《大戴礼记·五帝德》记载宰我问对孔子。《大戴礼记·劝学》孔子语录已经被延展，其中包括子贡和孔子的问对。问对和对话变多，对答的论语变长。《大戴礼记·子张问入官》加上孔子的论语就事论理，对道德义理进行解释，而不是旁征博引，下篇《圣德》也是论语但并不相同，引古者天子之道和凡人之事理，故意引申观点，而后论述道理，再引古得出一个浅层理论，然后再把理论深化，又加了一个制度记载。《大戴礼记·千乘》这三个都是通过一些问话来引出论语，而后又是问对并引出论语，论语包括征古、联系实际、就事论理三方面。《大戴礼记·四代》主要是对话，也有一些小的论述，不太规整，融合在对话之中，这也是一种体式，每个论述并不长，类似《礼记·檀弓》《礼记·坊记》之类组合。"故""是故"逻辑上层层深入，这种多语的融合，更加注重整体意识，语的单元则被弱化，如《大戴礼记·虞戴德》。问对+论语+问对话语组成全文，本来在上面论语结束，但已然说了后面的一段对话。《大戴礼记·文王官人》把文王话语联合在一起，都是关于任用人才的论语，其中最后说："三戒然后及论，王亲受而考之，然后论成。"《大戴礼记·诸侯迁庙》内容是礼制记录，记载诸侯衅庙。辩论之语一般有否定词语，虽然也会有问，但不是问方法，而是问观点，会有较长的对话和反复问对，一般论述之语不长，长的也只是二三句而已，如《大戴礼记·小辨》。《大戴礼记·用兵》由三个问题组成，最后以君主一句话点出题，问对复合化而且以精巧的结构连为一体。《大戴礼记·少闲》论辩也是一种对，有驳难和劝谏的作用，还有情态描写，有一定故事化的趋势，庄公论述自己的观点，其中有几个论语，孔子以一个大论语结束了争论，而后是一些对话和感慨之辞。《大戴礼记·朝事》论语结合了制度的记录，就像是礼仪记录，《大戴礼记·投壶》《大戴礼记·公冠》都是礼制记录。《大戴礼记·本命》是杂记和论，《大戴礼记·易本命》体制和论语模式与《国语》类似，语言更晚一些。

第二节　语的来源

　　语的起源包括宗教神谕、君主训话、圣贤语录、古人之言几个方面。语的结集源自当时人对语言的信仰，这与当时历史环境有很大的关系，当时口语中积累了丰富的话语资源，而且春秋时期士人追求立言不朽的人生价值，礼乐社会的背景也给语的产生和应用带来巨大的促进作用，于是周人建立了纳言制度以及国子言教的体系。语在春秋之前就已经存在，在社会上有很丰富的语的资源。原始社会巫的神谕很多都有一定思想性和哲理性。《尚书》记载夏禹曾作训典警诫子孙，之后训命有很多记载。在古代的文献中还常见"古人有言"之类的说法，可见在春秋之前人们对语言已经很信仰和崇拜，而到春秋时期出现追求"立言"风尚，这种趋势又得到强化。春秋时期礼乐文化繁荣，朝聘和宴会以及典礼仪式的时候有合语的环节，语被神圣化和经典化，被专门编纂的贤者嘉言善语成为教育国子内容，语是贵族需要掌握的技艺，具有"明德"的体用功能。

　　语是古代一种固定的文学体式，是对历史事件、事物现象、人物评价、鉴赏判别的评论、概括的话语。以讲道理给后人提供经验教训，古人不离事而言理，所以也有记事，但主要还是在于议论的言论。语与先秦时期的口传媒介占主导的社会实际有关系，重要而详细的事情都是由口头传诵，文字记事只是大概的记录内容。从《国语》人物的论述语言上也可以看出鲜明的口语特色，原本的话语由后人记录成文。我们看到后代对春秋或者以前重要大事的详细记载，也都是从口传的语而来，既然是话语，也就有人物的主观性，加之受到当时历史条件的限制，所以采用的时候应当注意，但话语也有它的优势，通俗易懂而且往往蕴含着许多宝贵的历史信息。这些话语主体也不是普通百姓，《论语·宪问》载孔子说："有德者必有言",人们征引的都是有德者的圣贤语录。话语主体往往是贵族的有德者和智者,讲述治国理政的主要方法,周代有专门整理和收集、传诵这些嘉言善语的瞽矇乐官,他们以此教育国子,以达到"使明其德"的宗旨,《周礼》记载他们能"奠世系",而且教国子"乐德""乐语""乐言",还主持国家的典礼,负责重要典礼仪式用乐,他们往往是由盲人充当,这些人记忆力很好,对官学典籍、条章制度、国家典故都很了解,音律、《诗》谣、嘉言善语也很明白。他们是周代的礼乐宗师,是一个很大的文人群体。瞽史在那时候地位尊崇,在神学体系中也有很高的地位,能知天道;史官从商周礼乐制度中兴起,开始只负责文字记录和起草工作、天文历法测算的一些事务,但后来在国家的统治中发挥越来越重要的作用,随着神学地位的逐渐衰弱,史官的日益繁盛表明理性主义思想的崛起。瞽的知识来源于口口相传,在外国和少数民族也有很多盲人史诗传诵者,他们知道很多很悠久的事情,甚至历史文献无法记载的内容,可以订正文献的失误和补充记录的不足。在古时候以结绳、图画记事,大部分还是通过口耳相传,结绳记事有横纵之分,这种思想也延伸到文字记录,史记也有记言和记事之分,记事简略只是一个大概为横,其缺点在于简略,记言详细为纵,特点在于不能观其全局。

先秦文献中散见的言类之"语"汇编。俞志慧在《先秦文献中散见的言类之"语"汇编》统计了先秦文献中的"语""人有言""闻之""谚""野语"等语。《尚书》引人言6次、《诗经》7次、《逸周书》11次、《左传》119次、《国语》88次、《管子》12次、《晏子春秋》47次、《论语》11次、《墨子》17次、《孟子》17次、《庄子》15次、《老子》7次、《邓析》2次、《吴子》2次、《司马法》1次、《列子》5次、《尹文子》4次、《慎子》6次、《荀子》14次、《尸子》1次、《鬼谷子》5次、《韩非子》15次、《商君书》5次、《礼记》7次、《大戴》3次、《吕氏春秋》18次、《尉缭子》2次、《六韬》5次、《鹖冠子》5次、《战国策》57次、《楚辞》4次、《春秋谷梁传》8次、《黄帝内经灵枢》7次、《黄帝内经素问》3次,出土材料30次。[1] 先秦文献存在一种普遍的引言的现象。《国语》常常要引古人之言,记载先代君王训诫和谋划的话语,有的刻在青铜器上,有的刻在建筑日用器物上。

---

[1] 俞志慧:《学灯》第二十三期,另见《古语有之——先秦思想的一种背景与资源》后附。

在上古社会巫术流行，巫师话语讲求韵律和哲理性，这时候话语还只是只言片语，有的是在祭祀的时候，或是礼乐典礼仪式上，《诗经》中大雅和颂就是典礼礼仪上的歌辞，只不过这已经是西周时的事情，而在这之前还有很多，如《吕氏春秋》记载的《腊辞》表现丰收之后的庆祝场景，是巫师载歌载舞的祝祷之辞。出土文献有《祝辞》，巫师还有一些谶纬的辞，叔向母亲预言羊舌氏未来的话语，其他的一些预言也是；还有一些带有语言性质的童谣，如春秋时期伐虢，这种思想在民间比较有说服力；还有祷告之辞，如孔子的祷告，以及卫公祷告不要在战争中伤到自己的脸；还有诅咒的词，侯马盟书中有不少记载，关于占卜的也很多。商代甲骨文中记载了很多这类的文献，这些宗教性质的神谕之辞，带有哲理性和意象性，这些辞都是语的重要来源。

一　宗教神谕

人的智慧是有局限的，面对自然和社会中的各种的问题，有时会显得无所适从，古人通过卜筮等手段寻求神的帮助。苏格拉底对伊安说，在古希腊宗教中，神谕是一位祭司或女祭司，人民通过他们询问上帝问题并得到解答。神谕是智者的预言，以只言片语构造的意象来预言未来，其话语简短而富有诗意。神谕通常是隐秘的，要通过人的媒介传达，以话语来启迪人们。柏拉图说："古希腊人认为诗歌是神明馈送的故事，用以点缀和愉悦凡人痛苦的生活。""早期的诗人不仅是民众的'先生'，而且还是最早的巫卜，创立希腊神学的先师。""诗篇的词语来自神的馈送"，诗人是传话人和侍者。"所有出色的史诗诗人，他们之所以能讲诵动听的诗行，靠的不是技艺，而是因为受到神的摄迷和感感。同样，优秀的抒情诗人只能在神的催使下工作，像你一样……他们不凭技艺吟诵，只是听凭神的恣恩……神明夺走了诗人的心智，使他们成为自己的传声筒。"（《伊安》533E—534D）诗的魅力不仅在于本身，而且在于它还具有神性的光辉。在希腊、雅典神话中，神谕被认为是神所下达的律令，在不同的领域中，神依靠神谕制定自己的规则，诸规则完美契合，使世界秩序向前，而诸神的领域也往往会有冲突。诸神的信徒与神并不是直接的沟通，而是通过至高无上的神下达神谕的方式给予信徒以指引。杨希枚认为神就是指太阳神。《尚书·微子》《释文》引马融注"天曰神"，《周易·丰卦》荀注"神谓天"，《孔子家语·问礼》注"上神天也"，《周易·系辞》虞注

"在天为神",①《说文》说"神，天神引出万物者也。万物的主宰和创造者。神，从申"，《庄子·天下》说"神何由降？明何由出？圣有所生，王有所成，皆原于一"，②《诗经·大雅·大明》说"赫赫在上，明明在下"。《太一生水》说："天地复相辅也，是以成神明。神明复相辅也，是以成阴阳。""阴阳者，神明之所生也。神明者，天地之所生也。"神被认为是一种虚无的存在，就像是由地下向天的烟气、连接两岸的河流都是物质形态媒介。马王堆《名理》说："道者，神明之原也。神明者，出于度之内而见之外者也。"费尔巴哈说："神是人的本质的投射——自我意识"。《周易·说卦》里讲"幽赞于神明而生蓍"。《周易·系辞下》记载"古者伏羲氏之王天下也，仰则观象于天，俯则观法于地，观鸟兽之文与地之宜，近取诸身，远取诸物，于是始作八卦。以通神明之德以类万物之情"。

《国语》在思想上崇信巫术，有浓重的宗教思想，柳宗元《非国语》已经作了批判。《国语·周语上》记载周惠王十五年有神降临在莘，惠王询问内史过，内史过将国之兴亡归为神的庇佑，夏商时期就是如此，兴起和灭亡都有神降。《国语·周语上》记载武王能发扬前代的光荣传统，"事神保民"，神民没有不欣喜的。芮良夫说一国之君，应当开发财利给神明和百姓，使得神明和百姓没有不满意的。宣王即位不籍千亩，虢文公劝谏说："若是，乃能媚于神而和于民矣，则享祀时至而布施优裕也。今天子欲修先王之绪而弃其大功，匮神乏祀而困民之财，将何以求福用民？"鲁侯肃恭明神而敬事耆老。内史过说："古者，先王既有天下，又崇立上帝、明神而敬事之，于是乎有朝日、夕月以教民事君。"《国语·周语中》富辰谏说："祥所以事神也。"③《国语·周语下》有"不度民神之义"过错，认为"和于民神而仪于物则"，"度之天神，则非祥也"。要"于是乎道之以中德，咏之以中音，德音不愆，以合神人，神是以宁，民是以听"。《国语·鲁语上》记载长勺之战时曹刿问所以战于庄公。公曰："余不爱衣食于民，不爱牺牲玉于神。"对曰："夫惠本而后民归之志，民和而后神降之福。……不优，神弗福也。将何以战？夫民求不匮于财，而

---

① 杨希枚：《中国古代太阳崇拜研究》（语文篇），见《先秦文化史论集》，中国社会科学出版社1995年版，第740页，又参考《中国古代太阳崇拜研究》（生活篇），第759页，《诗经》《尚书》《左传》中的各书的例证。
② 曹础基：《庄子浅注》，中华书局2002年版，第485页。
③ 韦昭：《国语》，上海古籍出版社2008年版，第21页。

神求优裕于享子也。"《国语·吴语》《国语·越语》中神的观念变得淡薄，《国语·吴语》只有两次提到"神"，一次还是否定意义，《国语·越语》完全没有提到。

《尚书·洪范》说："谋及卜筮"，从原始社会到殷商奴隶社会，人们采用甲骨进行占卜，即取牛羊或野鹿的肩胛骨，在火上烧出裂纹，然后根据文理之不同，判断所占卜事件的前景，同时以简洁的文字将占卜结果契刻在卜骨上。周人们改取书蓍草进行占卜，这是根据筮草的长短和排列方式，以预测未来事件结果的占卜。朝廷设置专门的卜官，凡重大的军事政治婚姻生产事件都要占卜。占卜不仅仅可以用龟甲兽骨、蓍草，也可以通过其他的事物，日、月、星、风、雨、云、树、木、山、骨、声音等，甚至可以脱离具体的事物征兆而完全变成思想范围内的思考活动，进而不断哲学化。人们找其他的物质材料来代替，既然其他的物质材料可以代替，那么也可以用一个画出来的一个龟来占卜，甚至把这个画出来的东西再进行简化结构，用各种符号来代替，符号默认之后又被语言代替。

《古文字形发微·释王》说王权源自神权，王权神授和国家之兴衰，正在于"克堪用德，惟典神天"（《尚书·多方》），实行的政尊祀天神，成为周代以来思想信仰体系的核心。郭沫若《先秦天道观之进展》认为，虽然殷代已经有至上神的概念，但卜辞称至上神为"帝""上帝"，绝不曾称之为"天"，以"天"指至上神的用法直到殷周交际之时才出现。[①] 陈梦家《殷虚卜辞综述》说："卜辞的'天'没有作'上天'之义的。'天'之观念是周人提出来的。"[②] 这时期的卜官有龟人、垂氏、卜师、太卜、占人等。关于卜筮的内容，胡厚宣将甲骨卜辞卜事项分为20类，包括"来源、气象、农产、祭祀、神明、征伐、田猎、刍鱼、行止、卜占、营建、梦幻、疾病、死亡、吉凶、灾害、诸妇、多子、家族、臣庶、命唤、成语、纪数、杂项等"。[③] 中国真实的文化起源于殷代。[④] 殷人之所以要卜，是因为自我的力量微薄不能判定一件行事的吉凶，要仰求更伟大的

---

① 《郭沫若全集·历史编》，人民出版社1982年版，第581页。
② 陈梦家：《殷虚卜辞综述》，中华书局1988年版，第562页。
③ 参见《战后南北所见甲骨录》（《来薰阁书店1951年版》）和《战后京津新获甲骨集》（上海群联出版社1954年版）。
④ 郭沫若：《郭沫若历史编·第四卷》，人民出版社1982年版，第42页。

力量来帮助自己。① 郭沫若《中国古代社会研究》记载："卜辞是卜的记录，殷人最为迷信，无论大大小小的事情都要卜，一卜总是要连问多次。"②《国语》的书写模式仍然有很明显的甲骨卜辞遗留的痕迹，和甲骨卜辞的叙事结构一样，只不过突出了人物的话语部分。甲骨卜辞记录兆文、结果和王的评判话语，卜官负责占卜，王负责解释，往往能知神的旨意。《合集》137 片王占曰：有祟有梦，果然应验了，卜官也有记言，还有一次记载，边地的将领告诉六月在边地发生的事情"昔甲辰方征于呎，俘人十又五人。五日戊申方亦征，俘人十又六人"。以人物的话语来表达应验记事。问对和甲骨卜辞格式一样，比如问下旬会怎么样？王看了卜兆会说有乱之事，边地之人来告应验。《合集》6834 片许多占卜并列，这些都是不同日期的记录。语丛也是积累而后保存在一起。《国语》中的杂占种类很多，日书、占梦、望氛、闻声等，到处皆可起占，是对未来的一种思考，是社会生活的生动体现。占卜的方式多种多样，演变种类复杂，各个地区和不同时代都有变化，表现了古人联系渗透的思维方式和猎奇的心理，带有一定宗教迷信色彩，为了衬托其神秘言辞需要具有灵性，利用民俗歌谣的形式加以整理创造，所以既流利而又通俗。王小盾《中国的早期艺术与宗教·火历论衡》说："物候历是指依据物候现象所作出的岁时安排，亦名自然历。从现存的资料看，物候历是最早的一种历法。"③ 之后才是星辰历法和日月历法。《尚书·尧典》记录星辰应该是比较早的星辰历法。物候历纪是以自然物候为标准的计历方式，如以花开、鸟叫、风起，缺点是不精确。《秦简牍合集》中《戊子风》记载戊子起风则军当归。④ 古代有候风之术，于风时禁忌行军。陈梦家《殷虚卜辞综述》说："我们说甲骨文字已经具备了后来汉文字结构的基本形式，同样的卜辞文法也奠定了后来汉语结构的基本形式，周秦的文字文法，都继承了殷代文字文法并发展下去，显然不是和殷文殷语有着基本上的不同的。"⑤ 朱凤瀚《商周时期的天神崇拜》说："卜辞习见通过祭祀向祖先乞求'御年'

---

① 郭沫若：《先秦天道观之进展》，《青铜时代》，科学出版社 1960 年版，第 3 页。
② 郭沫若：《郭沫若全集·历史编》第一卷《中国古代社会研究》，人民出版社 1982 年版，第 319 页。
③ 王小盾：《中国的早期艺术与宗教》，东方出版中心 1998 年版，第 3 页。
④ 陈剑：《秦简牍合集》，武汉大学出版社 2014 年版，第 539 页。
⑤ 陈梦家：《殷虚卜辞综述》，中华书局 1988 年版，第 133 页。

者，即免除灾祸，保佑年成。"① 周作为殷商的属国，虽然与殷商经常发展战争，不完全臣服，但对于殷商的礼制文化，包括官方语言，还是认同并积极吸收。孔子说："周因于殷礼，所损益，可知也"。（《论语·为政》）这个官方语言有一定的口语基础。西周继承下来，当然会随着时间变化而有所损益，但基本系统因其权威性和严肃性，是保持不变的。② 陈梦家也说："殷与西周文法之稍有差异，时代性大于地方性。"③

二　君主训话

当神性逐渐被人性所取代的时候，人的权利意识起到了很大的推动作用，宗教改革其实就是政权和神权斗争，最终斧钺战胜了权杖。《尚书》以记言为主，主要就是记载这些上古时代的君主言语和对话，而其中训诫类又是多数。桂馥《札朴》"宅心知训"条说："《康诰》：'汝丕远惟商耉成人，宅心知训。'此言老成人多识前言，居心求之，自明训教。又云：'别求闻由古先哲王，用康保氏。'此又言远求之古人，故郑注谓'古先哲王，虞夏也。'传解'知训'谓'知训民'。"④ 顾炎武《日知录集释》说："其稽我古人之德：傅说之告高宗曰：'学于古训，乃有获。'武王之诰康叔，既'只遹乃文考'，而又求之殷先哲王，又求之商成人，又别求之古先哲王。大保之戒成王，先之以'稽我古人之德'，而后进之以'稽谋自天'。及成王之作《周官》，亦曰：'学古入官'，曰'不学墙面'。子曰：'述而不作，信而好古。'又曰：'好古敏以求之。'又曰：'君子以多识前言往行，以畜其德。'先圣后圣，其揆一也。不学古而欲稽天，岂非不耕而求获乎！"《尚书·五子之歌》有"皇祖有训"，"训有之"，《尚书正义》曰："其一曰'皇祖有训'，其二曰'训有之'，是'述大禹之戒'也。"其四说给后代修纂了法典。《尚书》佚篇有《尹训》记载伊尹对商王帝甲的训诫之辞。《尚书·毕命》说"资富能训，惟以永年。惟德惟义，时乃大训。不由古训，于何其训"。意思说资财富足而能接受教训，可以长久，行德行义，这是天下的大训，若不用古训教导，他

---

① 朱凤瀚：《商周时期的天神崇拜》，《中国社会科学》1993年第4期。
② 姚振武：《上古汉语语法史》，上海古籍出版社2015年版，第10页。
③ 陈梦家：《殷虚卜辞综述》，中华书局1988年版，第133页。
④ 桂馥：《桂馥札朴》，中华书局1992年版，第13—14页。

们何时会顺从呢？

《尚书·洪范》记载"是彝是训，于帝其训……犹胥训诰……"李学勤《走近清华简》说《保训》："这篇文章记载了周文王临终对其子武王的遗言，里面讲到尧舜和商朝祖先上甲微的传说，过去没人知道。文王想用这些史事给太子说明'中'的思想观念，也就是后来说的中道，说明《保训》的思想与之后的儒学有共通之处。"①《尚书》有典、谟、训、诰、誓、命的体式。《尚书》中人物言论，主要是引用古人言语，或是比喻、联系事理等方式论说。《左传》《国语》引用的更为丰富，但语仍是其最重要的。《尚书·仲虺之诰》骈散结合多处引用、对偶比喻错综，孔《传》说："汤归自夏，至于大坰，仲虺作诰"，此篇是仲虺勉励成汤的诰词。《尚书·商书·汤诰》说："汤既黜夏命，复归于亳，作《汤诰》"，至于东郊作《汤诰》告诸侯，说明为什么要伐桀，告诫诸侯要有功于民，否则会失国。《尚书·盘庚》孔传："盘庚五迁，将治亳殷，民咨胥怨。作《盘庚》三篇。"《微子》孔传："殷既错天命，微子作诰父师、少师。"殷商废弃了天命，微子作诰与父师、少师商议。微子多次劝谏周王，周王不听，于是与太师、少师商量，在他们对话中分析了当时的形势和处境并劝其逃亡。先秦官方的典册文献主要是记录君王的训诫。这是在春秋之前就有很多应用的文体。在夏商西周官方都有不少文书、刑书、辞体、载书、训语，尤其是西周。而议对也对其也不少借鉴，《国语》就有这类文献。古有政语遗训，《尚书》记载夏禹有训，周朝开国的文武二王也有。《逸周书·尝麦解》说"今予小子闻古遗训而不述，朕文考之言不易"。周成王说武王能够遵循文王的"朕文考之言"遗训。②《逸周书·官人解》记载"其貌曲媚，其言工巧，饰其见物，务其小证，以故自说，曰无质者也"。③《国语·晋语》多为之故，韦昭曰"多作计谋"，《文选》注引贾逵云，"故，谋也。""华废而诬，巧言令色，皆以无为有者也。"④ 记言的传统源远流长。《尚书·尧典》有记典制，同时也记言。谟只记言，《尚书·皋陶谟》记载皋陶和禹在虞舜朝廷上的问答记录。《尚书·禹贡》

---

① 《清华大学藏战国竹简〈保训〉释文》，《文物》2009 年第 6 期。
② 黄怀信等：《逸周书汇校集注》（修订本），上海古籍出版社 2007 年版，第 737 页。
③ 同上书，第 768 页。
④ 同上书，第 775—777 页。

属于典制记录。誓文辞一般比较短，但很有气势，主要是王一人的话语记录，《尚书·甘誓》是夏启与有扈氏在甘作战前的誓词。《尚书·汤誓》是商汤伐桀作战前的誓词。《尚书·盘庚》是劝解百姓迁徙的动员讲话，话语中穿插叙事，话语风格和那些誓言截然不同。到周代这样训导文辞也变多。《西伯戡黎》记录文王征服黎国，殷商贵族祖尹开始惶恐，跑去对周王发出警告的一段话。最可信的是"盘庚"，后两篇都是为了突出商王昏庸，其非商之正典也。《尚书·牧誓》记载武王伐纣牧野之战前的誓词，为史官之作。《尚书·金縢》属于故事类，一般在时代上有持续性，不可能是史官记录，以讽谏和供传诵娱乐，文笔不如正典严肃，也可能是后人所作，也是多有对话。那时候小说、故事、历史都差不多，历史也有所损益，也是后代之故事和谈资。《尚书·大诰》记载管蔡之乱周公发表了动员周人出兵征伐的劝勉告导之辞，还记录了结果，《尚书·康诰》是册命康叔的诰命，篇中反复告诫康叔要明德慎罚爱护殷民，体现了从说理到德行的升华。《尚书·酒诰》为周公告诫康叔不能重蹈殷商酗酒亡国覆辙。《尚书·梓材》为周公教导康叔治殷商故地的一篇训话，其中指出了对殷民的宽大政策。王国维认为《尚书·召诰》是召公的话被史官记录，语体中逐渐多了一些记事的话语。《尚书·多士》记载周公代成王向殷商旧臣发布的诰辞，记录了周公借天命强迫殷商殷民迁居洛邑的原因，和周王室对他们的政策，周公希望他们安居乐业。《尚书·无逸》记载周公告诫成王不能贪图安逸，要以殷商为戒，不能贪图逸乐、酗酒丧德，效法文王勤政。《尚书》记载君王对继承者的训诫，也有一些顾命大臣对即位君主的训诫。《尚书·盘庚》说"予若观火""若网在纲，有条而不紊"。到了后代记载的主体越来越倾向下层，从君主到卿大夫、士大夫，甚至是普通的士人，从国之训到家之训，内容也越来越丰富和复杂。有些训诫为了能长久保存就会被刻在器物上，称为铭文。铭文作戒古已有之，如武王践阼的记载。罗振玉说："古器，铭示箴戒，古人铭器，多示箴戒。"[1]《周礼·秋官·司约》记载："凡大约剂，书于宗彝。""铜器铭文从形式上讲有五大类，一是祭祀类，二是媵嫁类，三是册赏类，四是战功类，五是诉讼类。"扬雄《法言·修身》或问铭曰："铭哉，铭哉！有意于慎

---

[1] 《罗振玉学术论著集》第三册，上海古籍出版社2013年版，第91页。

也。"①《文心雕龙·铭箴》说:"夫箴诵于官,铭题于器,名目虽异,而警戒实同。箴全御过,故文资确切;铭兼褒赞,故体贵弘润:其取事也必核以辨,其摘文也必简而深,此其大要也。"其内容都和国家管理相关。

《国语》歌颂上层统治阶级,记载他们的嘉言善语,但其关注视角逐渐由贵族转移到贤者,由国家层面转向家族层面。《左传》昭公元年记载金天氏有昧和儿子治水,共工氏治水氏族,其后裔四岳协助大禹治水,还有稼穑英雄后稷。在他们的眼中祖先就是创造了丰功伟业的英雄人物。《国语》话语多训诫劝勉。开国的君主希望自己的子孙能够长久统治,他们往往知道体恤百姓,懂得创业之艰辛而励精图治,而后代穷奢极欲、肆意妄为。他们为了不让后代的国子和统治者安逸荒淫,制定了一套制度。训诫是这些贵族对祖先的责任,也是对后代统治者的保护,对自身国家统治的维护。《国语·周语》单子知陈必亡引《先王之令》,定王使单襄公聘于宋说先王之教。《逸周书》也有不少,如前三篇《度训》《命训》《常训》,以王者师的口吻,讲为政牧民之道。类似内容商周金文也有不少。这种训诫的话语由王身边重要的辅佐大臣创作,王在仪式上使用,之后由瞽史、太傅教育国子。《国语·楚语》记载教育国子的就有语书,其内容以明德为主要目的。《逸周书·度训解》说"明王是以敬微而顺分,明王是以极等以断好恶"。②《逸周书·命训解》说:"立明王以顺之"。③《逸周书·常训解》说:"天有常性,人有常顺,顺在可变,性在不改,不改可因,因在好恶,好恶生变,变习生常,常则生丑,丑命生德。明王于是立政以正之,民生而有习有常,以习为常,以常为慎。民若生于中,习常为常。夫习民乃常,为自血气始。明王自血气耳目之习,以明之丑。"④ 人民生来有好生恶死、喜怒哀乐的人性部分,需要教化和儆戒。其体例往往是以"维(王)某祀(或某月)"的形式开头,《尚书》中的《周书》和金文也是,《逸周书·商誓》记武王训告商旧臣诸侯之辞。整个《国语》就是说教的体式,后来的出土语书也是,例如《为吏之道》是秦国对下层官吏的教育之书。

---

① 汪荣宝:《发言义疏》,中华书局1997年版,第88页。
② 黄怀信:《逸周书汇校集注》(修订本),上海古籍出版社2007年版,第6页。
③ 同上书,第21页。
④ 同上书,第42页。

《国语》中很多的话语采用训诫口吻。《史通·六家》记载："盖《书》之所主，本于号令，所以宣王道之正义，发话言于臣下，故其所载，皆典、谟、训、诰、誓、命之文。"①列传则《国语》之记言，而其例实出源于《尚书》者也。马王堆《十三经·论》说"人主者，天地之稽也，号令之所出也，之命也"。②《国语·周语上》曰"师箴"，韦昭注："箴刺王阙，以正得失也。"洪迈《容斋随笔·忠言嘉谟》记载："扬子《法言》：'或问忠言嘉谟，曰言合稷、契谓之忠，谟合皋陶谓之嘉。'如子云之说，则言之与谟，忠之与嘉，分而为二，传注者皆未尝为之辞，然则稷、契不能嘉谟、皋陶不能忠言乎？三圣贤遗语可传于后世者，唯《虞书》存，五篇之中，皋陶矢谟多矣，稷与契初无一话一言可考，不知子云何以立此谕乎？不若魏郑公但云'良臣稷、契、皋陶'，乃为通论。"③

　　古代有很多嘉言善语、谋议训箴后代作为训诫，清华简有《伊尹》等几篇训诫之文，《尚书·太甲上》记载伊尹放逐太甲前对他的训诫，古代君主的素养主要是两个方面，一受训，二养德，所以文尾说王未克变，伊尹曰："兹乃不义，习与性成。予弗狎于弗顺，营于桐宫，密迩先王其训，无俾世迷。王徂桐宫居忧，克终允德。"《尚书·太甲下》也是伊尹对太甲的训诫，伊尹在退休前曾陈诫于德作《尚书·咸有一德》。有一类是战场临战演说，如《尚书·甘誓》夏王启征伐有扈氏，在甘地大战前的讲话。《尚书·汤誓》是商汤讨伐夏桀的誓师辞。在这些统治者的言谈中，训常常要放在首要的征引位置。还有一些故事类，《尚书·汤征》记载成汤征伐葛伯事，《尚书·汤征》《尚书·汝鸠》《尚书·汝方》分别记载了两个商汤贤臣的故事，商汤缴获夏代的宝物，商汤变革夏社的事，沃丁、太甲之子之事，巫咸的治政方法，题材的选择是为了实现教化目的。《说文解字》说："训，顺也。"《尚书·高宗肜日》记载高宗武丁祭祀的时候，祖乙训诸王所作。所以说，对以上陈述的最高法则，要宣扬训导，就是顺从上天的旨意、凡是把天子宣布的法则当作最高法则的臣民，只要遵照执行，就会接近天子的光辉。就是说，天子只有成为臣民的父母，才会成为天下的君王。吕思勉认为："记言之史，则体极灰廓。蓄其

---

① 刘知几：《史通》，上海古籍出版社2009年版，第4页。
② 裘锡圭：《长沙马王堆汉墓简帛集成》（四），中华书局2014年版，第140页。
③ 洪迈：《容斋随笔》，《全宋笔记》第五编六，大象出版社2003年版，第147页。

初意，主于记嘉言之可为法者；然既记嘉言，自可推广之而及于懿行，既记嘉言懿行之可为法者，自亦可记莠言乱行之足为戒者也。"① 上博简《吴命》为《吴语》之类。王青认为"命"应该从属于"列国之语"。"吴命"应该属于原始的"吴语"，是《国语·吴语》的史料来源之一。② 王晖认为《吴命》所记内容系楚国伐陈而吴军救陈的两君使臣对话与吴君使臣向周天子的告功之辞，其事迹亦见于《左传》哀公十年。上博简《吴命》篇整理者认为"有可能为《国语·吴语》佚篇"，③ 现在的《吴语》《越语》也多命。古代战争是国家的大事，在作战之前会有一个仪式，统治者要对所有的人训诫，内容包括部族的发展，先王的故事和话语，《国语·楚语上》中的九艺都是出于此。君主训诫有典、某、训、诰、誓、命、儆、戒、惩、称、匡诸种，无论是《尚书》还是《逸周书》，或是《诗经》等文献，都有其训诫的意义和价值。清华简五《封许之命》记载周成王封吕丁于许的命书。还有一种形式是讲述前代的部族起源、君主和贤臣的故事。《尚书》和《逸周书》是直接训诫，而《国语》设定一个场景，用事件中的语言训诫，这样更为巧妙。训诫大体上分为以言语来训诫和以故事来训诫，故事包括部族的历史、传说、寓言等，那些君王贤臣留下的语内容多讨论政治。《耆夜》记载先祖的功业。《皇门》为周公训诫群臣望族以史为鉴，献言荐贤，助王治国，同时抨击了那些阳奉阴违背公向私的行为。祭公临终前对前来看望的穆王和三公留下遗训，希望穆王总结夏商两代灭亡和武王、文王成功的经验，守护王朝基业，嘱咐三公要好好辅助穆王。《傅说之命》记述内容为商王武丁获得贤臣傅说，并让他努力辅佐自己治理国家等内容。洪迈《容斋三笔》大禹之书条曰："《夏书·五子之歌》，述大禹之戒，其前三章是也。禹之谟训，舍《虞》、《夏》二书外，他无所载。《汉书·艺文志》杂家者流，有《大禹》三十六篇，云：'传言禹所作，其文似后世语。'古禹字也，意必依仿而作之者，然亦周、汉间人所为，今寂而无传，亦可惜也。"④ 金文中有记事和记言的题材，子犯钟属于后者，记载事件、功绩、赐给的

---

① 洪治纲：《吕思勉经典文存》，上海大学出版社2008年版，第287页。
② 王青：《上博简〈吴命〉为吴语的之类》，《史学集刊》2013年第4期。
③ 王晖：《楚竹书〈吴命〉主旨与春秋晚期争霸格局研究》，《人文杂志》2012年第3期。
④ 洪迈：《容斋三笔·大禹之书》第五编六，大象出版社2003年版，第177页。

理由和勉励话语，还有一类是记事也记载言语。

《国语》有"导训""明训""训典""周训"的说法。《国语·周语上》记载宣王欲得国子之能导训诸侯者，樊穆仲曰："鲁侯孝。"《史记·鲁周公世家》作"道顺"。裴骃《集解》引徐广曰："顺，一作'训'。"张守节《正义》说："道音导，顺音训。"明训，赵宣子，大者天地，其次君臣，所以为明训也。这是有人训诫的话语。训，顺之，哀公二十六年："《诗》曰：'无竞惟人，四方其顺之。'若得其人，四方以为主，而国于何有？"阮元《校勘记》："闽本、监本、毛本'顺'误作'训'。顾炎武云：'石经训误作顺，非也'。钱大昕云：'《左传》古本作顺。'"洪亮吉曰："《正义》曰：'《诗经·周颂·烈文》之篇。若得其人，则四方诸侯皆顺从之矣'，按：此则当作'顺'甚明。顾氏《石经》作'训'，反云'顺'非，失于详审。"按："训""顺"义通。① 《国语·晋语》记载"大者天地，其次君臣，所以为明训也"。韦注："言尊卑各得其所，所以明训也。"谨按：明训，文献中常见，乃固有志训诫，如格言警句之类，系名词，不当作东曹短语"明教训"解，如《国语·晋语四》寺人云："事君不二是谓臣，好恶不易是谓君，君君臣臣，是谓明训。"前三句所引述的正是这样训诫之言。赵宣子于此引用人们普遍认可的尊卑观念来劝告灵公出师伐宋。韦注失解"为"字，遂致此误。为明训，犹言为公认的教诫之言。② 在此赵宣子把明训作为说明他人的一个依据，可知此谓大家都知道的共识。《国语》中不少训话说教，如栾共子曰："臣敢以私利废人之道，君何以训？"明训是光明神圣的训诫之言语。"君君臣臣，是谓明训。""明训能终，民之主也。""君实不能明训，而弃民主。"

《国语·晋语八》记载訾祏对曰："昔隰叔子违周于晋国……辑训典。"宣子问于訾祏，訾祏对曰："及为成师，居太傅，端刑法，缉训典。"及为成师，居太傅，端刑法，缉训典，太傅辑训典，也就是整理编纂训语之说，《国语》中还有一些训语。韦注说"缉，和也"，俞志慧注："是古来相传的训导类文献（如《左传·文公六年》'予之法制，告之训典'）。"杜注："训典，先王之书。"孔颖达《正义》："训典，先王之书，教训之典，取其言以语之，故言'告之'。"到此时有所散失，或需要订

---

① 赵生群、蔡德龙：《左传》"哀公篇"疑义新证，《传统中国研究集刊》2006年第1期。
② 俞志慧：《国语韦昭注辨正》，中华书局2009年版，第162页。

补，故需或续或集，《国语·周语》上第一条即有"修其训典"之说，可为内证，东汉王符《潜夫论·志氏姓》引此文正作"集训典"，亦其证也。①《郑语》曰："若更君而周训之，是易取也，且可长用也。"韦昭注："更，更与君道导之，则易取也。《集解》各本'训'上有'周'字。"汪远孙曰："韦注不为'周'字作解，'周'字疑涉上文'周德'而衍。"元诰按："汪说是，今据删。"俞志慧认为有周。② 春秋时期有记载训教的书。《国语·郑语》说："《训语》有之曰：夏之衰也，褒人之神，化为二龙，以同于王庭。"韦昭注："训语，周书。"训，顺也。③ 北大竹书《周训》内容主要是周君主昭文公对共太子的训诲。说训诲每月一次，所以《周训》结构也以月份为纲，每月一章。各章照例以"·维岁某月更旦之日，恭太子朝周，昭文公自身二之，用兹念也"开头，以"已学，太子用兹念斯"结尾。古代的王侯贤臣的故事，讲述王侯对继承人的训诫，如尧对舜、大禹对启、商汤对太甲、武王对成王，还有秦穆公和越王勾践对子嗣的训诫。《汉书·艺文志》记载《周训》十四篇，颜师古曰："刘向《别录》云，人间小书，其言俗薄。"《左传》成公二年，杜预注曰："制，告也。"林尧叟："言君之教训也，……郤克制命之功。"按：训、制、诏、命也。曰训、曰制、曰诏，传变其文耳。《礼记·曲礼下》记载"国君死社稷、大夫死众、士死制"。郑玄《注》曰："制，谓君教令所使为之。"《史记·秦始皇本纪》记载："命为制，令为诏。"《集解》："蔡邕曰：'制书，帝者制度之命也，其文曰制。'"襄公九年传："君子劳心，小人劳力，先王之制也。"《国语·鲁语下》先王之训也，训与制同义，《国语·晋语五》对曰："克以君命命三军之士，三军之士用命，克也何力之有焉？"《国语》中有不少儆戒话语。士芳曰："诚莫如豫，豫而后给。夫子诚之，抑二大夫之言其皆有焉。"凡事预则立，不预则废，此话也是这个意思，前四句像是固定语。戒，劝解别人不要做某事。史苏朝，告大夫曰："二三大夫其戒之乎，乱本生矣！……"可以看得出来人们对于史官的预言比较重视。《国语·晋语五》赵文子见范文子，文子曰："而今可以戒矣，夫贤者宠至而益戒，不足者为宠骄。故兴

---

① 俞志慧：《国语韦昭注辨正》，中华书局2009年版，第189页。
② 同上书，第212—213页。
③ 韦昭：《国语》，上海古籍出版社2008年版，第241页。

王赏谏臣，逸王罚之。吾闻古之王者，政德既成，又听于民，于是乎使工诵谏于朝，在列者献诗使勿兜，风听胪言于市，辨妖祥于谣，考百事于朝，问谤誉于路，有邪而正之，尽戒之术也。"当时有一种训诫的风尚和算帐发表观点的风气。《国语》也记载了箴铭文献。《国语·晋语八》记载："若爱栾盈，则明逐群贼，而知国伦，数而遗之，厚箴戒图以待之。"①《国语·晋语一》韦注云："刻器曰铭。"②《国语·鲁语》故铭其括曰"肃慎氏之贡矢"，《国语·晋语》商之衰也，其铭有之曰："嗛嗛之德，不足就也，不可以矜，而只取忧也。嗛嗛之食，不足狃也，不能为膏，而只罹咎也。'《礼记·中庸》云："是故君子戒慎乎其所不睹，恐惧乎其所不闻。"是戒、慎同义。《诗经·定之方中》毛传云："作器能铭。"孔疏云："所以因其器名而书以为戒也。"《文心雕龙·铭箴》云："昔帝轩刻舆几以弼违，大禹勒笋虡而招谏。成汤盘盂，着日新之规；武王户席，题必戒之训。周公慎言于金人，仲尼革容于欹器。则先圣鉴戒，其来久矣。"此皆戒慎之义。③《国语》作者对《尚书》比较熟悉，在行文运势上受到其影响，且多有意无意的用《尚书》之文与言辞。《国语·楚语》和清华简、《尚书》，《国语·越语下》和马王堆帛书有很多类似、重合之处，《清华简》对《国语》有接受的地方。

三　圣贤语录

"圣"字始见于西周文献。圣字的本义与哲字可以互训。称圣哲，是指配天的美德，且"圣人""圣王"之"圣"，"哲人""哲王"之"哲"，也都是对于氏族贵族的先公先王所加美德的专称，而从不用以形容一般国民的道德。圣贤、贤哲称为合词，是后出的语汇。"圣"字甲骨文是听治的意思。圣，是通的意思，是从闻声知情演绎出来的。④《国语·吴语》大夫舌庸乃进对曰："审赏则可以战乎？"王曰："圣。"听字是圣字之变，圣字的本义是善于倾听，古代往往用作听字或声字。这个字本来从耳从口，口发声而耳听之，是个会意字。甲骨文、金文早期写法都

---

① 上海师范大学古籍所：《国语》，上海古籍出版社1978年版，第449页。
② 同上书，第251页。
③ （南朝梁）刘勰撰，范文澜注：《文心雕龙注》，人民文学出版社2000年版，第193页。
④ 顾颉刚：《圣贤观念和字义的演变》，《顾颉刚古史学论文集》，中华书局2011年版，第628页。

是如此，东周才加注声旁，以廷字的声旁为声旁。听是以真代口的圣字，前人说真即德，字可通得，听是以耳得之，属于会意加声旁。这种写法的听，目前只见于秦系文字，是篆籀系统的繁化字，汉代继承了这种写法。《郭店楚墓竹简·六德》第二十一简"或从而教诲之，谓之圣。"圣，听也。"圣"有的时候也表达得神之旨意，《诗经》言"讯之占梦，具曰予圣"，"皇父孔圣"。圣贤之人指具有超凡品德和才智的人。圣指判断听从明知之言，上博简《民之父母》第六简云："君子以此横于天下，系耳而圣听之，不可得而闻也"。古人以为所记之处为心，听到的事情进入心里。《庄子·人世间》说："无听之以耳而听之以心，无听之以心而听之以气，听止于耳，心止于符。气也者，虚而待物者也。唯道集虚。虚者，心斋也。"所听之处在于心。① 《礼记·孔子贤居》说："顷耳而听之，不可得而闻也。"《孔子家语·论礼》说"倾耳而听之，不可得而闻"，听的东西可记在心上，诗乐与言辞皆由听之。"贤"字在卜辞与金文中都未见过，最早出现"贤"字的是《尚书·周书·君奭》《诗经·大雅·行苇》与《诗经·小雅北山》这几本书就其上下文义诠释，"贤"字并没有德的意思，只是指在"巫术"及"射礼"方面的能手，或是技能优异者的代称，"技能"的领域也只限于狩猎。狩猎中的"贤者"即指"善射者……所以说，贤字是春秋时代搢绅先生的创造，到了春秋末世和战国初年的孔、墨显学才完成"。② 侯外庐《中国思想通史》说："希腊古代的思想家谓之'智者'，而中国古代的思想家谓之'贤人'。"③《孔子家语·五仪解》孔子说："所谓贤人者，德不逾闲，行中规绳。言足以法于天下而不伤于身，道足以化于百姓而不伤于本。富则天下无宛财，施则天下不病贫。此则贤者也。""所谓圣人者，德合于天地，变通无方。穷万事之终始，协庶品之自然，敷其大道而遂成情性。明并日月，化行若神。下民不知其德，睹者不识其邻。此谓圣人也。"

春秋时期是一个圣贤辈出诗书风雅的时代，这一时期正处于雅思贝尔斯所谓世界文化的"轴心时代"里，世界文化史上有影响的思想家们在这一时期登上历史舞台，以中国的孔子、老子等为代表的一大批思想家就

---

① 曹础基：《庄子浅注》，中华书局2002年版，第54页。
② 侯外庐：《中国思想通史》，人民出版社2011年版，第31页。
③ 同上书，第30页。

是出现在这个时期。他们的话语闪烁着智慧光辉，被人们铭记和传诵。除了孔子以外，春秋时期还有不少这样的圣贤人物，当时有人称呼孔子为圣贤，但是孔子觉得不应该这样称呼自己。那时候的圣贤思想是神圣的，如孔子比较称道的子产、叔向，还有之前的史佚，商代的仲虺。孔子的语录，除了《论语》之外，诸子和出土简帛也有不少记载。马王堆《系辞》孔子说："圣人之言也，德之首也。圣人之有口也，犹地之有川谷也，财用所由出也；犹山林陵泽也，衣食庶物所由生也。圣人一言，万世用之，唯恐其不言也，又何箴（缄）焉？"孔子借用了召公劝谏周厉王的话语，后面反问的结构都相同，只不过召公说的是百姓话语重要性，而孔子说的是圣人之言的意义。

　　《国语》中记载了孔子几个博闻的语，还有子产的一段外交辞令，叔向的语录也不少，而且写的还比较生动，有些还是其他文献没有记载的材料。《国语·周语》记载伯阳父、单襄公，《国语·鲁语》记载曹刿、臧文仲、展禽、里革等贤者，《国语·晋语》不仅仅展现贤德的一面，而是正反两方面都比较多，展现出复杂的人物个性，不再仅仅是圣贤的语录，一般的人物话语也有，记载话语的人物正反面体现的不那么明显。政治人物都不再是绝对的正义和非正义，而是从比较客观的立场来看待，体现了关注点从圣贤到一般君主和大夫的转变。他们也经常会引用贤者的话语，如叔向、狐偃、赵衰等晋国贤大夫的嘉言善语。一些学识渊博的人物，还比较熟悉西周史佚、商代仲虺、伊尹、傅说等话语。《国语·吴语》《国语·越语》圣贤的语变少。各家所说的圣贤不一样，各个时代也不相同，记载最多还是孔子及弟子的语录对话。孔子和弟子的语录，儒家编纂的有《论语》《孝经》《礼记》和其他语体文学作品，诸子中也有不少儒家的对话和故事。中国人不大相信神，所谓的神多是圣贤人物升华的结果，从三皇五帝到孔子，对贤者如神一般崇拜，体现了对人自身价值的关注和现实主义精神。

　　春秋时期圣贤的嘉言善语很多，比如史佚的话语，《左传·成公四年》记载史之《志》有之曰："非我族类，其心必异。"《左传·襄公十四年》史佚有言曰："因重而抚之。"《左传·昭公元年》史佚有言曰："非羁何忌？"《左传·僖公十五年》史佚有言曰："无始祸，无怙乱，无重怒。"《左传·文公十五年》史佚有言曰："兄弟致美。"《左传·宣公十二年》君子曰："史佚所谓毋怙乱者，谓是类也。"很多贵族都知道史佚的话语。这些《志》在当时比较广泛,《论语》是孔子弟子之志。杨伯峻《左传·昭公十五年》注:史佚即《尚书·洛诰》之"作册逸",逸、佚古通。《国语·晋语》说"文王访于莘、尹",《注》谓尹即史佚。《逸周书·世俘解》说"武王降自东,乃俾史佚繇书"。《淮南子·应道训》云:"成王问政于尹佚。"则尹佚历周文、武、成三代。《左传》引《尹佚》之言者五次,成公四年传又引《尹佚之志》,则尹佚之言恐当时人据《尹佚之志》也。《汉书·艺文志》有尹佚,注云:"周臣,在成康时也。"此尹佚为人名。[①] 此外还有仲虺、周任的话语记录。《左传·昭公五年》仲尼曰:"周任有言曰:'为政者不赏私劳,不罚私怨。'《诗》云:'有觉德行,四国顺之。'"杨伯峻引马融《论语注》:"古之良吏。"《论语·季氏》周任有言曰类似《国语》。季氏将伐颛臾,孔子对冉求说:"周任有言曰:'陈力就列,不能者止。'"周代这些圣贤的话语被社会广泛的认同。黄帝时期的仓颉、诵且以及商代的仲虺,周代的周任、史佚、臧文仲、子产、叔向、晏婴、孔子及其弟子。话语中引用古人之言、谚语、古语、俗语。《左传·哀公十六年》子赣引用了夫子之言,《左传·哀公十七年》引叔向有言曰。《国语·晋语四》记载管仲的话语:"昔管敬仲有言,小妾闻之,曰:'畏威如疾,民之上也从怀如流,民之下也。见怀思威,民之中也。畏威如疾,乃能威民。威在民上,弗畏有刑。从怀如流,去威远矣,故谓之下。其在辟也,吾从中也。《郑诗》之言,吾其从之。'"春秋时期已经进行嘉言善语的整理。太子申生说叔向之祖羊舌大夫之言:"事君以敬,事父以孝。"

四 古人有言

《大戴礼记·哀公问五义》记载孔子说:"生今之世,志古之道,居今之俗,服古之服,舍此而非者,不亦鲜乎?"顾炎武《日知录》记载先古《祭义》说:"'以事天地、山川、社稷、先古。'先古,先祖也。《诗曰》'以似以续,续古之人',亦谓其先人也。近曰先,远曰古,故周人谓其先公曰'古公'。"[②] 王鸣盛《蛾术编》"古人有言"条曰:"传三十三年《左传》,臼季曰:'闻之出门如宾,承事如祭,仁之则也。'昭十二

---

① 杨伯峻:《春秋左传注》第一册,中华书局1990年版,第359—360页。
② 顾炎武:《日知录集释》,上海古籍出版社2006年版,第375页。

年，仲尼曰：'古也有志，克己复礼，仁也。'夫子与颜、冉论仁，皆取成语，未尝自吐一言，故曰圣人师万物。"① 章学诚《文史通义·言公上》说："古人之言，所以为公也，未尝矜于文辞，而私据为己有也。"② 又《言公》篇说："古人之言，喻以明世；而后人之言，欲以欺世。""古人之言，欲以淑人；后人之言，欲以炫己。""古人之立言处其易，后人之立言处其难。""古人之所欲通者，道也。不得已而有言……""古未有窃人之言以为己有者。"③ 《墨子·非攻中》是故子墨子曰："古者有语：'谋而不得，则以往知来'"，《论语·学而》云："告诸往而知来者。"④古者有语曰："君子不镜于水，而镜于人。镜于水见面之容。镜于人则知吉与凶。"

在先秦的著作中存在大量的征引语。张舜徽《爱晚庐笔记》记载《尚书》二十八篇精语：

> 《尚书》二十八篇中精语不甚多，而甚重要，大抵皆致治之弘教也。如云："知人则哲，能官人；安民则惠，黎民怀之。（《皋陶谟》）""元首明哉，股肱良哉，庶事康哉！元首丛脞哉，股肱惰哉，万事堕哉（《皋陶谟》）！""若网在纲，有条而不紊；若农服田力穑，乃亦有秋（《盘庚上》）。""人惟求旧，器非求旧，惟新（《盘庚上》）。""无侮老成人，无弱孤有幼（《盘庚上》）。""沉潜刚克，高明柔克（《洪范》）""若保赤子，惟民其康乂（《康诰》）。""人无于水监，当于民监（《酒诰》）。""勿庸杀之，姑惟教之（《酒诰》）。""先知稼穑之艰难，乃逸，则知小人之依（《无逸》）。""如有一介臣，断断兮无他技，其心休休焉，其如有容。人之有技，若己有之；人之彦圣，其心好之；不啻若自其口，是能容之。以保我子孙黎民，亦职有利哉！人之有技，冒疾以恶之；人之彦圣，而违之俾不达，是不能容。以不能保我子孙黎民，亦曰殆哉（《秦誓》）！"若此诸论，言虽简而理则神，古人取以安邦定国，视为主术之纲。今虽时移世

---

① 王鸣盛：《蛾术编》，上海书店2012年版，第1182页。
② 章学诚：《文史通义校注》，中华书局2008年版，第169页。
③ 同上书，第182—183页。
④ 孙诒让：《墨子间诂》，中华书局2001年版，第130页。

第一章 从语丛文献到语体文学

异,事业不必同,如能师其意而变通之,亦有可以古为今用者。①

张舜徽先生摘录的是《尚书》中的嘉言善语,都很有教育意义。此外先生还摘录《诗》三百篇中可取之语:

> 诗篇多为吟咏情性而发。顾诗人吐辞,亦有语关劝惩足以益人意智者。如云:"我心匪石,不可转也;我心匪席,不可卷也;威仪棣棣,不可选也(《邶风·雄雉》)。""善戏谑兮,不为虐兮(《卫风·淇奥》)。""如月之恒,如日之升(《小雅·天保》)。""他山之石,可以为错,他山之石,可以攻玉(《小雅·鹤鸣》)。""赫赫师尹,民具尔瞻(《小雅·节南山》)。""具曰予圣,谁知乌之雌雄(《小雅·正月》)。""谓天盖高,不敢不局;谓地盖厚,不敢不蹐。""黾勉从事,不敢告劳(《小雅·十月之交》)。""凡百君子,各敬尔身(《小雅·雨无正》)。""维迩言是听,维迩言是争,如彼筑室于道谋,是用不溃于成(《小雅·小旻》)。""战战兢兢,如临深渊,如履薄冰。""夙兴夜寐,无忝尔所生(《小雅·小宛》)。""温温恭人,如集于木;惴惴小心,如临于谷。战战兢兢,如履薄冰。""君子无易由言,耳属于垣(《小雅·小弁》)。""淑人君子,其德不回(《小雅·鼓钟》)。""上天之载,无声无臭(《大雅·文王》)。""刑于寡妻,至于兄弟,以御于家邦(《大雅·思齐》)。""先民有言,询于刍荛(《大雅·板》)。""靡不有初,鲜克有终。"(《大雅·荡》)"虽无老成人,尚有典刑。""慎尔出话,敬尔威仪,无不柔嘉。白圭之玷,尚可磨也;斯言之玷,不可为也(《大雅·抑》)。""相在尔室,尚不愧于屋漏。无曰不显,莫予云觐。""令仪令色,小心翼翼,古训是式,威仪是力(《大雅·烝民》)。""既明且哲,以保其身。""人之云亡,邦国殄瘁(《大雅·瞻卬》)。""维今之人,不尚有旧(《大雅·召旻》)。""日就月将,学有缉熙于光明(《周颂·敬之》)。"此皆精要之言有裨淑身饬行者也。②

---

① 张舜徽:《爱晚庐笔记》,华中师范大学出版社 2005 年版,第 49 页。
② 同上书,第 52—53 页。

《周易·大畜》说"君子以多识前言往行，以蓄其德"。君子要多了解前人之言和行为，从中学习立身处世的法则，发现历史兴替的规律，增长自己的智慧。谚语由于生产时间和自然事理现象来总结出道理，与生产实践活动有关。古语是由社会生活引发的或由谚语引出的道理。① 古语是春秋以前人的谚语、俗语、成语等语类资源的总称，语是春秋时期教育国子的技艺，后来被记录成书即《语》，诗歌也经常引用语。

《国语》中人物言论多有古人之言。《国语·周语上》周襄王说先民有言曰："改玉改行。"又说臣闻之曰："武不可觌，文不可匿。觌武无烈，匿文不昭。"有的是谚曰，人之有言、闻之曰。古人有言："兄弟谗阋，侮人百里。"(《周语中》)《国语》、《左传》记载了很多古语。《国语·周语中》有"古人有言曰"，襄王十三年，古人有言曰："兄弟谗阋，侮人百里。"《国语·鲁语下》曰："昔正考父校商之名颂十二篇于周太师，以《那》为首，其辑之乱曰：'自古在昔，先民有作。温恭朝夕，执事有恪。'先圣王之传恭，犹不敢专，称曰'自古'，古曰'在昔'，昔曰'先民'。今吾子之戒吏人曰'陷而入于恭'，其满之甚也。周恭王能庇昭、穆之阙而为'恭'，楚恭王能知其过而为'恭'。今吾子之教官僚曰'陷而后恭'，道将何为？"从前正考父从周的太师那点校《商颂》十二篇，认为首篇是《那》，它在结尾处说："自古在昔，先民们在祭祀的时候，每天早晚都温和而恭敬，执事者更是恭敬有加。"先圣王教人恭敬，还不敢说是创之于己，声称是"自古"，称古代为"在昔"，称古代的人为"先民"。如今告诫下属说"有失误就表现出恭敬"，实在是自满太严重了。先圣王之传恭，犹不敢专，以表示不敢自恃过高。《国语》同时代和之前的文献也用了不少的古语，《左传》有7次。《郭店·缁衣》子曰："宋人又（有）言曰：人而亡恒，不可为卜筮也，其古之遗与？龟筮猷（犹）弗智（知）而皇（况）于人乎？"《寺（诗）》云："我龟既猒（厌），不我告猷。"今本作子曰："南人有言曰：人而无恒，不可以为卜筮。古之遗言与？龟筮犹不能知也，而况于人乎？"《诗》："我龟既厌，不我告犹。"上博简《缁衣》记载："宋人有言曰：人而无恒"，《论语·子路》说："南人有言曰：'人而无恒，不可以作巫医。'善夫！""不恒其德，或承之羞。"子曰："不占而已矣。"古语是人们生活经验的总结，

---

① 刘凤泉：《中国早期文学研究》，齐鲁书社2008年版，第21页。

先人智慧凝练的结晶,经过了时间的检验。古语说"满招损,谦受益",指古代流传下来的格言警句。先秦时期人们在思想上重视言语,而富有智慧古语,无疑更得到重视。《礼记·檀弓上》古之人有言曰:"狐死正丘首。仁也。"《礼记·祭统》是故古之人有言曰:"善终者如始。"馂其是已。是故古之君子曰:"尸亦馂鬼神之馀也,惠术也,可以观政矣。"《论语·里仁》说"古者言之不出,耻躬之不逮也"。古时候言语不轻易出口,就是怕自己的行动赶不上。

崔述《崔东壁遗书》"信古"条说:"但当时人最没有时代的自觉,他们不肯说'现在的社会这样,所以我们要这样';只肯说'古时的社会本来是这样的,所以我们要恢复古代的原样'。"[①] 当时崇敬古人的心理很重,以学习和实践古人的话语,来得到古人启示和灵感。古人在这种情况的经验,会给后人带来的影响,可以结合实际应用,如果违背了这样的情况,很可能遭受灾难。商鞅被杀的一个罪恶就是"破坏礼乐,不师法古","商鞅之法如沸汤",这是一种思想的共识。古人眼里的先王是政治和道德的双重的模范。《荀子·劝学》说:"不闻先王之遗言,不知学问之大也。" 对先王嘉言善语的熟悉程度是学问的主要表现。《墨子·非儒》儒者曰:"君子必服古言然后仁。"[②] 《墨子》也说言有"三表",说话要有根据。到了战国韩非子就反对这些动不动就言古的学者。"是故乱国之俗:其学者,则称先王之道以籍仁义。"古人思想质朴,喜欢学习过往的经验,吸收集体的智慧结晶,因为这些借鉴经过了时间和实践检验,所以古代人对祖先和先贤很崇敬。崇古一方面是心理,另一方面源于血缘,与他们的英雄事迹和实践的不断深入有关。《诗经·大雅·思齐》说"古之人无斁",古之圣人都无败德。《左传》和《国语》论证中常常要说是否符合"古之制也"。沿袭前代的好处是名正言顺,经过了实践的检验,但社会在变化,前代的制度在使用中也发生变化,孔子曰"信而好古",认为自己是商人,而且很以此为骄傲,在当时的家族观念很重,人们也比较重视家族尊严与荣誉。古人品质朴素,《庄子·齐物论》说:"古之人,其知有所至矣。恶乎至?有以为未始有物者,至矣,尽矣,不可以加

---

① 崔述:《崔东壁遗书》,上海古籍出版社 1983 年版,第 7 页。
② 孙诒让:《墨子间诂》,中华书局 2001 年版,第 293 页。

矣!"①《庄子·逍遥游》《庄子·庚桑楚》都有"古之君子","古之真人","人之有言",这在思想上具有普遍的认同。古人因循旧理古制,这是一种最简单有效的办法,所以言必称古。陈桐生《先秦格言体源流》说:"格言是上古哲人发表思想的重要文体。这些上古格言以高度凝练的语言和相对整齐的形式来讲述宇宙、历史、自然、社会、人生、军事、政治各方面的道理,堪称是上古时期的'子书'。春秋战国之际,中国出现了三部与格言有关的子书:《老子》、《孙子》和《论语》。《老子》和《孙子》分别是商周以来史官格言、兵家格言的集大成者。《论语》中有一批格言式语录,是七十子后学对孔子言论进行格言化改造的结果。进入战国以后,短小精炼的格言,由'语'体发展而来的专题说理散文成为人们发表学术观点的主要形式。'古人之言,信有情哉'"。② 语也有所依据,古人之言有的来自民间俗语,有的则是出自文献,人物的言论有一定的历史根据。《容斋随笔》俗语有所出,③ 程有试云俗语有本,④ 钱大昕《十驾斋养新斋录》古语多有所本。⑤

　　古人有言是古代先民、过往贤者的言语。《国语》"语曰"直接引言,襄公曰:"人有言曰:'兵在其颈'",《国语·楚语下》人有言曰:"'狼子野心,怨贼之人也'",《国语·越语下》范蠡进谏曰:"先人有言曰:'伐柯者其则不远。'"王孙雒曰:"子范子,先人有言曰:'无助天为虐,助天为虐者不祥。'"当时的古语之多、人们之信服、流传范围广泛令人感叹。古语常用在论说话语的开头,在春秋文献中常和《诗》《书》并引,而且还不是偶然现象,数量很多,说明在春秋时期就已经有大量语的使用,还有专门的搜集,因为如此多的语,不可能只是靠零散传播,这些搜集的语和《诗》《书》同时,甚至在之前就已经有很多。而且在文中一定是首先征引古语,然后是《书》,然后是《诗》,有的时候还要用当时贤者的话语作评价,可见语的重要。以古语作为话语的引领,因为这对于当时的人来说是共识,是问对和论辩的对话基础。

　　谚语是人们口头经验的总结,与生产劳动有关。在某个专业内会产生

---

① 曹础基:《庄子浅注》,中华书局 2002 年版,第 26 页。
② 陈桐生:《先秦格言体源流》,《学术研究》2015 年第 2 期。
③ 洪迈:《容斋随笔》,大象出版社 2012 年版,第 41—43 页。
④ 程有试:《程子樗言》,上海古籍出版社 2012 年版,第 123 页。
⑤ 钱大昕:《十驾斋养新斋录》,上海书店 2015 年版,第 362 页。

特定的语言，实现经验传承比较好的方法就是通过谚语。郭绍虞在《谚语的研究》中认为，谚语是前代流传下来的古训，具有格言的性质与雅致的理趣，可以称引，可以奉行。① 张高评说："谚语者，流行于民间，简练通俗而以为隽永之语句，反映人民生活经验与智慧结晶者也。"谚语还有一种，深深铭记于人们心里，长期在社会流传。《左传·僖公十四年》说："皮之不存，毛将安傅？"《文心雕龙·书记》说"谚者，直语也。丧言亦不及文，故吊亦称谚。"② 《左传》引谚解《左传》宣十一年，楚子灭陈，申叔时曰："抑人亦有言曰'牵牛以人之田，而夺之牛'。"即长期流传下来的寓意丰富、文词固定简练的古语。《礼记·大学》释文说："谚，俗语也。"《国语·越语下》韦注说，"谚，俗之善谣也。"《左传》隐公十一年释文说，"谚，俗言也。"刘师培《论文札记》说："上古之时，未有诗歌，先有谣谚。然谣谚之音，多循天籁之自然。其所以能谐音律者，一由句各叶韵，二由语句之间多用叠韵、双声之字。"③ 简翠贞《左传引谚探微》云："《左氏》之文，雄博咨肆，百代师法。立意谋篇，裁章布局，其术多方，而繁称博引，居功厥伟。或引《诗》、《书》、《易》、《礼》，或引《夏训》、《周志》，或引箴铭、史佚、周任，或引君子、仲尼，或引谣谚，或引古人之言，或引时贤谠论，不一而足，洋洋洒洒。"又说，"引用耆贤重言或前贤文辞，乃诉诸权威或大众的修辞法，对于词令的说服力与议论的卓越性都有帮助。""谚语在《左传》中亦作为预示伏笔、微言侧笔、政治预言等，不但是谋篇布局、沉吟铺辞的一种修辞技巧，也是一种耆贤'重言'，一种印证公理的'成辞'。""左氏身为国史，解经与经世资鉴自是其历史使命，故本《春秋》之旨，善名必书，恶名不灭。藉'《诗》曰'、'《书》曰'、'君子曰'、'谚曰'、'古人有言曰'等，阐明其史论，寄托其历史资鉴，以期达到劝善惩恶、教化后世的目的。"《国语》中也有不少谚语。《国语·周语中》且谚曰："兽恶其网，民恶其上。"《新书·春秋》记载："汝知小计而不知大计。周谚曰：'囊漏贮中。而独弗闻欤？'"④ 希腊古言语，其他民族的谚语，

---

① 郭绍虞：《谚语的研究》，商务印书馆1925年版，第31页。
② （南朝梁）刘勰撰，范文澜注：《文心雕龙注》，人民文学出版社2000年版，第460页。
③ 刘师培：《论文札记》，人民出版社1959年版。
④ 贾谊、阎振益：《新书校注》，中华书局2000年版，第247页。

在中国古代的笔记和小说也有不少记载，钱钟书的著作中引用了不少西方的古语俗语。故谚曰："巫咸虽善祝，不能自祓也；秦医虽善除，不能自弹也。"①古者有谚曰："为政犹沐也，所有发，必为之。"②鄙谚曰："长袖善舞，多钱善贾。"③古人认为，没有无根据的谚语。《韩非子·奸劫弑臣》说："谚曰：'厉怜王。'此不恭之言也。虽然，古无虚谚，不可不察也。"每一个谚语都有其深厚的社会来源和丰富的寓意。

记录人物话语的书叫作志，《仲虺之志》《史佚之志》都是此类，此外还有不少记言之书，《建言》是一种记言古书，其中记载有格言警句一类的内容，《庄子》的《法言》《齐谐》，《缁衣》是孔子的语录丛编，不过这些语录，是论语的一种简化的结果，从其中较长句式内容还可以看出来语的固定结构，引古言之后就是要说语句，不是逻辑的分析和长篇大论。黄震说作于春秋晚期，原来的故事和话语不断简化，演变成词语也就是成语。

第三节 春秋时期语言的信仰和语言的理论

一 春秋时期语言的信仰

《圣经》开篇就说："泰初有词"，海德格尔在《在通向寓言的途中》说"语言是最切近于人之本质的"。④中国称呼为道，西方称呼为言。海德格尔在《形而上学导论》中说："在词和语言中，万物才首先进入存在并昇起来。"⑤词与语言是对存在意义的确立，没有词和语言一切都黑暗不彰，因此让存在出场亮相就必须命名，海德格尔说"凡无词处，一无所存"，"语言是存在之家"，德里达和保罗·利科也强调"语言是我们的界限""人即语言"，语言是人的本质属性。

话语是人与人沟通的主要方式，在沟通中我们认知自我，丰富对世界的了解。恰当的语言表达能够很好地实现沟通，促进思想升华。上博简

---

① 王先慎：《韩非子集解》，中华书局 2010 年版，第 192 页。
② 同上书，第 416 页。
③ 同上书，第 454 页。
④ [德]海德格尔：《在通向语言的途中》，孙周兴译，商务印书馆 2004 年版，第 1 页。
⑤ 余虹：《思与诗的对话》，中国社会科学出版社 1991 年版，第 174 页。

《性情论》说"书有为言之也",① 古代的很多文体的字都是言字旁,收集别人的嘉言善语,论辩论说中通过话语来阐释观点和证明。语言所代表的内容与所要达到的目的,根据信仰,相信与语言本身具有共通性,或与语言保有交感的作用。因为这样,所以一些表示欲望的词句,一经说出便算达到目的,与一般的呻吟、搥胸顿足等自足的作用没有什么分别。言的表现形式则是音,发于口舌,名位出于其中。上博简三《恒先》说"言出于音,名出于言"。《国语·周语上》说有"不祀则修言"。《孔子诗论》诗写作止言,《竹书本》表音,今本表意,所以诗篇的名字不同,差别在读音,而不是意思,可知道诗篇之名最早为表音别。"多言",是论断的首句格式。论《颂》云:"多言后",论《大夏》云:"盛德也,多言……"此简之"多言难而怨退者也",三段论词为同一格式。这第三次"多言"必是指《少夏》。② 口传文献书写的时候字句的容易出现误差。

言语本身有巨大的魅力。《礼记·少仪》说"言语之美,穆穆皇皇",言语的美感在于庄重大方。上博《性情论》说"言及则明",③ 他们相信言语的力量,得人而不失言。该说的时候不说,会错失结交良友的机会,不该说而说会在言语上出现过失,智者不会犯这样的错误。《论语·卫灵公》子曰:"可与言而不与之言,失人;不可与言而与之言,失言。知者不失人,亦不失言。"春秋时期很重视语言,社会生活、邦国外交和军事斗争都有辞令,话语是礼乐仪式的重要内容。重言思想体现了审美的内化,事物外在的像是直观和明显的,事物内在的特征则比较隐含,而言语是心灵的表现,有文采的语言如同是生在一个人身上的美丽花纹。春秋时期是个尚文的时代,对文德的追求呈现出一种由外至内、由表及里的升华过程。中国人的智慧从来都不是沉浸在历史当中,而是由历史到生活,把现实生活作为最根本的立脚点。战国时期也比较重视言论。在当时,三寸之舌甚至强于百万之师,巧舌如簧可以得到现实利益,实现自我人生价值,而春秋时期的言语特点主要是带有礼乐文化色彩。《尚书》记载戒

---

① 马承源:《上海博物馆藏战国楚竹书〈性情论〉》,上海古籍出版社2001年版,第233页。
② 马承源:《上海博物馆藏战国楚竹书〈孔子诗论〉》,上海古籍出版社2001年版,第129页。
③ 马承源:《上海博物馆藏战国楚竹书〈性情论〉》,上海古籍出版社2001年版,第263页。

"浮言""逸言"。《文心雕龙·声律》说"故言语者,文章关键,神明枢机,吐纳律吕,唇吻而已。古之教歌,先揆以法,使疾呼中宫,徐呼中征"。① 言语是文章的重要基础,好的言语能够通达神明。

人类不同于其他动物的特性就是在他对善恶和是否合乎正义以及其他类似观念的辨认,而家庭和城邦正是这类义理的结合。② 以《左传》为例,其中引《诗》《书》《夏训》《周志》《前志》《军志》《志》《郑书》《箴铭》等皆为政教法典,但其中亦引"史佚有言曰""史佚所谓""周任有言曰""叔向有言曰""臧纥叔有言曰""子犯有言曰""古人有言曰""先民有言曰""人有言曰""孔子曰""子思曰"。故有言者能传之后世,《左传》襄公二十四年载鲁国贵族穆叔之言曰:"太上有立德,其次有立功,其次有立言。"这样的"言"有如《说文》的定义:"直言曰言",带有未经语言和文字修饰的初始性,或者人和心性真实外发的实在性等特征,不能简单地等同于一般的语言、言辞或话语。由于这样的"言"与"志"、"意"、"德"等身心活动乃至"道"的关系比文字更为接近,因此先秦思想中特重"言"的真实性,特重"文"与"言"、"行"与"言"之间的合一,并以此作为权衡一般的言辞和言行的标准。

周代人重视语言并信仰语言的力量。《论语·子路》记载定公问曰:"一言而可以兴邦,有诸?"孔子对曰:"言不可以若是其几也。人之言曰:'为君难,为臣不易。'如知为君之难也,不几乎一言而兴邦乎?"曰:"一言而丧邦,有诸?"孔子对曰:"言不可以若是其几也。人之言曰:'予无乐乎为君,唯其言而莫予违也。'如其善而莫之违也,不亦善乎?如不善而莫之违也,不几乎一言而丧邦乎?"子曰:"南人有言:'人而无恒,不可以作巫医。'善夫!""不恒其德,或承之羞。"子曰:"不占而已矣。"鲁定公问孔子有没有一句可以用之兴邦定国的话,孔子说没有这么说话的,但还真有一句类似的话语,他又问一句话就可以丧邦的话语,孔子说这么说是不恰当的,但也告诉了他一句类似的话语。孔子认为国之兴亡,虽然不是全在于言语,却可从言语发生。《礼记·大学》说"一言偾事,一人定国",国君说错一句话,就可能会让事业失败;国君谨慎处理,就可以让国家安定。

---

① (南朝梁)刘勰撰,范文澜注:《文心雕龙注》,人民文学出版社2000年版,第552页。
② [古希腊]亚里士多德:《政治学》,吴寿彭译,商务印书馆2011年版,第10—18页。

从发生学角度而言，言来源于气。《国语·周语下》记载"气在口为言，在目为明"。具体的发生过程为，《左传·昭公九年》记载的"气以实志，志以定言，言以出令"，这在认识上是相同的，都是人为言有气来。上博简《恒先》其中有曰："又（有）出于或，生（性）出于又（有），音出于生（性），言出于音，名出于言，事出于名。"① 无是世界的本源，有生于其中，世界上有了人，但品性存在差异，语言可以表现品性，品性不同语言就会不同，强调语言的抒发情志的作用。语言是一种音词，概念的表达和阐释都要通过语言，而具体的事件也要通过此来实现。春秋后期重视言的心志表达。言从本质上说是音，"声成文，谓之音"。话语是声音的诗学，由于感官的灵敏，集体创作口耳流传无著作权。《鲁迅全集》记载："古民之心声手泽，非不庄严，非不崇大，然呼吸不通于今。"② 从功用上讲，语言讲述复杂深奥的道理，复杂深奥的道理要用通俗浅显的语言刻画生动的意象来阐释。《周易·系辞上》说："圣人有以见天下之赜，而拟诸其形容，象其物宜，是故谓之象。圣人有以见天下之动，而观其会通，以行其典礼，系辞焉，以断其吉凶，是故谓之交。"③

（一）防民之口甚于防川——言语的宣导作用

语的信仰还表现在对他人言语的重视。《国语·周语上》记载周厉王暴虐，国人谤王，邵公告劝谏说"防民之口，甚于防川"，"口之宣言也，善败于是乎兴。"王不听，于是国过了三年，乃流王于彘。《释名》说："言，宣也。宣彼此之意也。"大家都是通过言语来表达自己的意见。厉王暴虐使卫巫监视诽谤他的人，告诉他便将其杀死，使得百姓不敢说话，只能用眼神表达意思。于是召公就来劝谏，针对厉王扬扬自得以为弭谤的观点，进行深入的批驳，他说古代的天子听政，要使从公卿到庶人都能以自己的方式发表见解，王从中斟酌损益，才能够做到施政没有差错。所以说百姓有口，就像是大地有山川能够通气发泄实现阴阳平衡，随之而带来的肥沃的土壤和丰富的物产也是百姓的采用和生存的依靠。话语从嘴里说出来，善恶成败也可从其中体现，听取好的而

---

① 马承源：《上海博物馆藏楚战国竹书》，上海古籍出版社2003年版，第292页。
② 《鲁迅全集》第一卷，人民出版社1981年版，第65页。
③ 周振甫译注：《周易译注》，中华书局2001年版，第249页。

预防不好的。

在礼乐社会和城邦社会的条件下这种作用被强化，古代帝王治理国家语言发挥很大的作用，政治很大程度上是一种语言的艺术。《尚书·尧典》记载尧对舜说："询事考言，乃言底可绩。"通过询问政绩和考察言谈确定其为帝位传人。《尚书·周官》说"议事以制，政乃不迷"。《尚书·尧典》记载尧在洪水为灾时与四岳咨询商议，还提出"辞尚体要"的要求。《尚书·毕命》说："政贵有恒，辞尚体要。"孔颖达疏："为政贵在有常，言辞尚其体实要约。"刘勰《文心雕龙·序志》记载："盖《周书》论辞，贵乎体要；尼父陈训，恶乎异端。"《文体明辨序说·策问类》说："古者选士，询事考言而已，未有问之以策者也。汉文中年，始策贤良，其后有司亦以策试士，盖欲观其博古之学，通今之才，与夫剸剧解纷之识也。"

（二）立言不朽的人生价值取向和追求

《左传·襄公二十四年》古人有言曰："死且不朽"，[①]谓立德为最高，立功次之，立言又次之。僖公二十四年传"太上以德抚民，其次亲亲以相及也"。俞正燮《癸巳存稿》"太上"条云："盖太上者，于人为至尊，于德为至美，于事为至当，于时为至古。"[②]鲁大夫臧文仲虽然已经去世，但是他的话语还在流传，这样才称得上不朽，人最重要的是树立德行，其次是建立功业，再其次是创立言论。能做到这样，即使死了也不会被人们忘记，这才是真正的不朽。[③]世上万物都有时限，草木金石也不能避免，只有崇高的思想和精神才能照亮千古、流传万世。

春秋时期人追求立言不朽。这里的言的含义范围较广，主要指关于政治、德教的言辞，也包括古代的文学如诗歌在内，强调言辞的重要意义，与世禄的氏族不同，"鲁有先大夫曰臧文仲，既没，其言立。"鲁大夫臧文仲做到了人殁而立言不朽。鲁国的叔孙豹与晋国的范宣子曾就何为"死而不朽"展开讨论。范宣子认为，他的祖先从虞、夏、商、周以来世代为贵族，家世显赫，香火不绝，这就是"不朽"。叔孙豹则以为不然，他认为这只能叫作"世禄"而非"不朽"。韦昭注："言身死而名

---

① 杨伯峻：《春秋左传注》，中华书局2000年版，第1087页。
② 同上书，第1088页。
③ 杜预：《春秋左传集解》，上海古籍出版社1977年版，第1011页。

不朽灭。"

"不朽"是当时人比较关心的一个问题，体现了当时人们对人生价值的思考和关注。《僖公·三十三年》文嬴用巧言欺骗请求释放了秦国三帅，晋襄公答应了，先轸朝见。询问秦囚下落，襄公告之，先轸大怒，不顾而唾。于是晋公使阳处父追之，及诸河，则在舟中矣。释左骖，以公命赠孟明。孟明稽首曰："君之惠，不以累臣衅鼓，使归就戮于秦，寡君之以为戮，死且不朽。若从君惠而免之，三年将拜君赐。"蒙晋君的恩惠，没有把我们三人杀了来衅鼓，让我们回到秦国，接受国君的惩罚，我们死不足惜。如果托晋君的福能得到赦免，三年后我们会来拜谢君王的恩惠。王问知罃回去如何报答，知罃曰："以君之灵，累臣得归骨于晋，寡君之以为戮，死且不朽。若从君之惠而免之，以赐君之外臣首；首其请于寡君而以戮于宗，亦死且不朽。"《左传·成公十六年》子反对楚王说："君赐臣死，死且不朽。臣之卒实奔，臣之罪也。"《左传·昭公三十一年》季孙意如对荀跞说："若弗杀弗亡，君之惠也，死且不朽。"《国语·楚语上》："若得归骨于楚，死且不朽。"可以看出是当时比较普遍的说法。

（三）言者，身之文、貌之机

《国语·晋语五》记载宁嬴氏说："夫貌，情之华也；言，貌之机也。身为情，成于中。言，身之文也。言文而发之，合而后行，离则有衅。"伯宗妻说："阳子华而不实，主言而无谋。"韦昭注："主，尚也。"以记载言论为主。刘勰《文心雕龙·书记》说："大舜云：书用识哉！所以记时事也。盖圣贤言辞，总为之书，书之为体，主言者也。"黄侃《札记》："传其语言谓之书。"[①]《左传·文公五年》说："且华而不实，怨之所聚也。"对《国语》的内容进行了概括。《周易·系辞上》说："言行，君子之枢机。枢机之发，荣辱之主也。"认为言语是君子重要素质。

君子之言要出于善心。《周易·象辞上》子曰："君子居其室，出其言，善则千里之外应之，况其迩者乎？居其室，出其言，不善则千里之外违之，况其迩者乎？言出乎身，加乎民；行发乎迩，见乎远。言行，君子之枢机；枢机之发，荣辱之主也。言行，君子所以动天地也，可不慎乎？"[②]上博简《从政》说"君子闻善言则改"。《老子》说"善言无瑕言

[①]（南朝梁）刘勰撰，范文澜注：《文心雕龙注》，人民文学出版社2000年版，第455页。
[②] 周振甫译注：《周易译注》，中华书局2001年版，第237页。

谪",《荀子·荣辱》说"与人善言，暖于布帛"。《晏子春秋》记载"曾子将行，晏子送之而赠以善言"。

古人的思维是诗性的思维，以生活化事物作为喻体。《国语·周语下》单穆公谏景王铸大钟"夫耳目，心之枢机也，故必听和而视正"。①《左传·僖公二十四年》介子推也说："言者，身之文也。"而此却是由宁赢氏之妻言之。《礼记·儒行》说："言谈者，仁之文也。"每个人都要重视言，否则就会发生"闻其言而恶之"的事情，言辞是外貌的枢机，吾见其貌而欲之，闻其言而恶之。"言者心之符也，色者心之华也，气者心之浮也。"（《十大经·行守》）《孔子家语·儒行解》说："言谈者，仁之文也。"《史记·商君列传》说："貌言华也，至言实也，苦言药也，甘言疾也。"《左传·僖公二十四年》载介之推之言曰："言者，身之文也。"后代诸子和出土文献中也有类似的话语，这在当时可能是一种社会的共识。

言者貌之机的说法后代也有很多。刘勰说"言语者，文章神明枢机，吐纳律吕，唇吻而已"（《文心雕龙·声律》）。《郭店·缁衣》子曰："苟有车，必见其轼，苟有衣，必见其敝，人苟有言之，必闻其声；苟或行之，必见其成。葛覃曰：'服之无射'。"《鬼谷子·捭阖》篇记载"口者心之门户也"，云梦秦简《为吏之道》："口，关也；舌，几（机）也。一堵失言，四马弗能追也。口者，关；舌者，符玺也。"《国语·晋语三》郭偃曰："善哉！夫众口祸福之门。是以君子省众而动，监戒而谋，谋度而行，故无不济。内谋外度，考省不倦，日考而习，戒备毕矣。"马王堆《系辞》说"言行，君子之枢机。枢机之发，营辰之也。言行，君子之所以动天地也"。②《说苑·谈丛》说："口者，关也；舌者，机也；出言不当，四马不能追也。"③以语品评人物预测事情的发展走向，正所谓言以知物。

孔子说不了解一个人的话语，就不能算是真正了解这个人，《左传·襄公三十一年》记载，穆叔对孟孝伯说"赵孟将死矣"，因为他说话一点也不符合他的身份，说起话来过于烦冗。昭公二十一年，单成公会见韩宣子的时候，单成公"视下言徐""言不过步"，叔向说："单子其将死

---

① 韦昭：《国语》，上海古籍出版社2008年版，第55页。
② 国家文物局古文献研究室：《马王堆汉墓帛书》，文物出版社1980年版，第68页。
③ 刘向、程翔：《说苑译注》，北京大学出版社2009年版，第420页。

乎!"《国语·周语下》记在柯陵盟会上,单襄公看到晋厉公走路时眼望远处,脚步抬得很高,又见到晋国的郤锜语多冒犯,郤犨说话绕弯子,郤至则自吹自擂,齐国的大臣国佐说话毫无忌讳,预言将有乱难发生,后来果然发生了。以上是对不好事情的预测,还有对事物发展积极进展的预测。晋国孙谈的儿子公子周来到周室侍奉单襄公。他的举止符合礼法,他的品行可称得上"文",以后一定能够继承君位,后来果然是如此。

儒家对一个人的言语非常重视。《论语·先进》说宰我和子贡在言语上比较突出。《论语·宪问》子曰:"有德者,必有言。有言者,不必有德。"孔子强调君子的言论范式,孔子的话语风格,不世俗,不迷信,不自显。君子之言,言行是君子之象征,天下至赜。《荀子·非相》介绍了谈说的技巧,他说:"谈说之术:矜庄以莅之,端诚以处之,坚强以持之,譬称以喻之,分别以明之,欣骥、芬芳以送之,宝之,珍之,贵之,神之。如是,则说常无不受,虽不说人,人莫不贵。夫是之谓为能贵其所贵。传曰:'唯君子为能贵其所贵。'此之谓也。君子必辩。凡人莫不好言其所善,而君子为甚焉。是以小人辩,言险;而君子辩,言仁也。不臆断。"荀子认为君子必辩,人都喜欢听好听的,君子的言论能体现仁的思想,不会臆断,而小人的言论常常将别人陷于危险的境地。

在当时所有的历史由口头传诵。李零《简帛古书与学术源流》记载:"墨子这些话,文字非常简短,但理解却很深刻。如《兼爱下》说'吾非与之并世同时,亲闻其声见其色也',就是讲'前不见古人',没有录音机,没有录像机的烦恼。'声'是 oral language,'色'是 body language,二者只能通过声像传感来交换信息,当时做不到,古人想超越时空,'传遗后世子孙',除了图画,只有文字。"[1] "在这一阶段,所有的历史都是口述史……而未来是从过去流淌出来的。"[2] 阮元《揅经室集·文言说》记载:"古人无笔砚纸墨之便,往往铸金刻石,始传久远。其著之简策者,亦有漆书刀削之劳,非如今人下笔千言,言事甚易也。许氏《说文》说:'直言曰言。论难曰语。'《左传》说:'言之无文,行之不远。'此何也?古人以简册传事者少,以口舌传事者多,以目治事者少,以口耳治

---

[1] 李零:《简帛古书与学术源流》,生活·读书·新知三联书店2004年版,第45页。
[2] [英]保尔·汤普逊:《过去的声音——口述史》,张旅平、渠东、覃方明译,辽宁教育出版社2000年版,第26页。

事者多，故同为一言，转相告语，必有愆误，是必寡其辞，协其音，以文其言，使人易于记诵，无能增改，且无方言俗语杂于其间，始能达意，始能行远。此孔子于《易》所以著《文言》之篇也。古人书写记录很不方便，很多事都是要靠口耳相传，所以文字简练，意蕴深刻，为了便于记忆，所以在形式上常常采用叶韵，朗朗上口，容易记忆。"① 从学术角度来说，古学以言语最为重要。刘知己《史通·疑古》说："古人之学，以言为首。"② 古代的时候教化不兴，没有系统的学校教育，主要用口头传授，从别人的话语中吸收人生经验。刘知几《史通·言语》说"饰词专对，古之所重也"③，刘勰《文心雕龙·原道》说："心生而言立，言立而文明，自然之道也。"④《文心雕龙·书记》记载："书之为体，主言者也。"扬雄曰："言，心声也；书，心画也。"在希腊，政治学主要就是话语辞令的技巧，主要的政治活动就是演讲。上博简《昔者君老》说："太子乃亡闻、亡听，不闻不令，唯哀悲是思，唯邦之大粤（屏）是敬。太子守丧乃吾闻无听，不问朝政，不听奏事"。上博简《容成氏》说："凡民俾者，教而诲之，饮而食之，饮而食之"，《国语·周语》也有不少类似的语言。

春秋时期人们依靠言语的盟誓来确立秩序。春秋 254 年中张颔《春秋左传盟誓表》统计有 196 次盟誓，其中晋国有 57 次。在城邦时代语言意义凸显，注重仪礼辞命，在礼乐仪式上的辞有的是韵文而且有一定程序化。礼仪和辞令密切相关。语的教育和信仰还表现在对语的细节的注意，⑤《左传·襄公二十五年》文子曰："其辞顺，犯顺，不详。"⑥ 春秋时期的知识阶层崇尚立言不朽的人生价值取向，长期的礼乐仪式、国政外交的实践言语需要一个思想上的提升，而到了战国时期，言语纵横、分邦裂土，强过千万之师，凭借三寸之舌，可与诸侯分庭抗礼，也可以看得出来时代的迁移，人们对言语的价值取向上的显著变化。

---

① 阮元：《揅经室集·文言说》，中华书局 2008 年版，第 605 页。
② 刘知几：《史通》，上海古籍出版社 2009 年版，第 270 页。
③ 同上书，第 108 页。
④ （南朝梁）刘勰撰，范文澜注：《文心雕龙注》，人民文学出版社 2000 年版，第 1 页。
⑤ 杨伯峻：《春秋左传注》第三册，中华书局 1999 年版，第 958 页。
⑥ 同上书，第 1106 页。

二 春秋时期言的理论

春秋时期是一个重视言辞的时代，辞令在人们生活中有重要意义。辞令是礼乐社会中典礼仪式的重要组成部分，是礼乐精神的主要载体，是人神交通的手段，也是宗族交流感情、邦国聘问、外交捭阖、政治统治的手段，是社会生活的主要媒介。春秋时期语言高度的艺术化，语言本身就如一件艺术品。言的广泛应用和实践，使得人们积攒了丰富的关于语言的宝贵经验和深刻体悟，形成了言的理论。方苞曾概括姚永朴《文学研究法纲领》分析义法之意义说：《易·家人卦》大象曰，"言有物"，《艮》六五又曰，"言有序"：物即义也，序即法也。《书·毕命》曰，"辞尚体要"：要即义也，体即法也。《诗·正月》篇曰，"有伦有脊"：脊即义也，伦即法也。《礼记·表记》曰，"情欲信，辞欲巧"：[1] 信即义也，巧即法也。《左氏·襄二十五年》《传》曰，"言以足志，文以足言"：志即义也，文即法也。主要也是春秋时期对语的理论的概括。[2]

海德格尔《存在与时间》记载："话语的另一种本质可能性即沉默也有其生存论基础。"[3] 春秋时期很重视言语，所以对言语很谨慎。《周易·颐卦·象传》说："君子以慎言语，节饮食。"《正义》曰："祸从口出，患从口入。"钱钟书先生说："诸如此类皆斤斤严口舌之戒而弛口腹之防，亦见人之惧祸过于畏病，而处世难于摄生矣。"[4] 君子要有谨慎的操守。《周易》对言的力量比较稳健谨慎，认为要有所准备而后才能言，"言天下之至赜，而不可恶也；言天下之至动，而不可乱也。拟之而后言，议之而后动，拟议以成其变化。"《周易·系辞上》中说："君子之道，或出或处，或默或语"，"乱之所生也、则言语以为阶。君不密则失臣，臣不密则失身，几事不密则害成，是以君子当慎密而不出也"。君子当择机出外做事与在家隐居，表达与沉默当适当而为，混乱局面的出现是因为说话造成的，某事不知道守密必将失去自我，失去朋友，错失时机，直接影响到

---

[1] 吕友仁：《礼记正义》，上海古籍出版社 2008 年版，第 2095 页。
[2] 吴建国《春秋时期言的理论》（《北方论丛》2015 年第 6 期）对春秋时期的修辞专门进行了讨论，在此不再赘言。
[3] [德] 海德格尔：《存在与时间》，陈嘉映、王庆节译，生活·读书·新知三联书店 1987 年版，第 204—206 页。
[4] 钱钟书：《管锥编》，中华书局 1986 年版，第 23—24 页。

事情的成败，君子无易由言、耳属于垣，开口慎重。也不是所有的人都赞成慎言的。马王堆《周易经传》孔子曰："言也，吉凶之至也，必皆于言语择善□□□□择利而言害，塞人之美，阳人之恶，可谓无德，其凶亦宜矣。君子虑之内，发之□□□□□□□□不言害，塞人之恶，阳〔人之〕美，可谓'有序'矣。"①《周易》曰"括囊，无咎无誉"。孔子曰："此言箴（缄）小人之口也，小人多言，多过，多事多患，可以衍矣，而不可以言。箴（缄）之，其犹'括囊'也。莫出莫入，故曰'无咎无誉'。"又问难道不是针对圣人说的吗？言行，君子之枢机，枢机，制动之主。枢机之发，荣辱之主也。言行，君子之所以动天地也，可不慎乎！鸣鹤在阴，其子和之。我有好爵，吾与尔靡之。曰君子居其室，言善则千里之外应之，况乎其近者乎。出言而不善，则十里之外回之，况乎其近者乎？言出乎身，加于民。行发乎近，见乎远。言行，君子之枢机。枢机之发，营辰之也。言行，君于之所以动天地也。子曰：乱之所生，言语以为阶，君不闭则失臣，臣不闭则失身，机事不闭则害盈，是以君子慎闭而弗出也。用曰："〔言〕既出于口，则弗可悔，若矢之置于弦。""鸣鹤在阴"。孔子则发表了"祸从口出"的妙论。（同上）(《上海博物馆藏〈战国楚竹书（六）·用曰〉》)《尚书·皋陶谟》说"慎厥身""慎乃在位"。对语言的重视还表现在对语言的慎重和节制。《国语·周语下》记载晋孙周言语不高声，能够做到"言无远"，单襄公认为言语不高声是谨慎的作风，"言无远，慎也"，而"慎，德之守也"，审慎是文德得以守护的保证，"慎成端正，德之相也。"慎成端正，是德的辅助。话语说得多了，难免就会有过错，说话的时候要时刻警醒自己。上博简五《季康子问于孔子》说："备言多难"，要警惕言多患难。上博简四《内礼》君子曰"不庶言"，不能多言。上博简四《内礼》君子曰："不庶语"，不多语。《郭店简·老子丙》第十二简："慎言若始，则无败事矣。"②《国语·晋语三》郭偃曰："夫众口祸福之门。"《语丛二》说："口不慎而户之闭，恶言复己而死无日。"口舌不甚犹如门户不关闭。郭店楚简《老子》丙本1组"犹乎其贵言也"。每个人要慎重发言。今本作"悠兮，其贵言"。在上者治民慎言备难。《论语·为政》子张学干禄。子曰："多闻阙疑，

---

① 裘锡圭：《长沙马王堆汉墓简帛集成》（三），中华书局2014年版，第55—56页。
② 刘钊：《郭店楚简校释》，福建人民出版社2003年版，第37页。

慎言其余，则寡尤；多见阙殆，慎行其余，则寡悔。言寡尤，行寡悔，禄在其中矣。"统治者不乱说话，就会少办错事，自然会有一个很好的发展。孔子说："以约失之者，鲜矣。"言论与社会密切相关，少说就会很少失误。《郭店简·缁衣》第三十简曰："王言女（如）丝，其出女（如）缗；王言女（如）索，其出女（如）绋。故大人不倡流言。《诗》云：慎而出话，敬而威仪。"① 执政者不能讲空话大话，要谨慎说话。今本作：子曰"王言如丝，其出入纶；王言如纶，其出入綍"，上博简《礼记·缁衣》也有类似记载。《左传·襄公二十五年》记载孔子语晋为伯，郑入陈，非文辞不为功。慎辞也！"在当时的情况下言语关系重大，在宗教礼仪仪式、邦国外交、社会交往都需要语言，语言的效果关系到个人利益和国家命运。春秋时期人们认为语言很重要，提倡语言要谨慎。语言太多或者不恰当都不合适。《礼记·内则》记载为孺子选择乳母一定是慎而寡言且有品德者。② 语是对人的一种综合考察的方式。《诗经·小雅·节南山》说"忧心如惔，不敢戏谈"，《国语·周语上》说"怨而不怒"。"民言无嘉，憯莫惩嗟。"人物的评论以百姓的评价为标准。《诗经·小雅·正月》说："民之讹言，亦孔之将。乱世谣言恩多。""好言自口，莠言自口。"《诗经·大雅·板》说："天之方蹶、无然泄泄。""上天不宁，势必降乱，下土之人，不可妄言。"《诗经·小雅·宾之初筵》说："匪言勿言、匪由勿语。"《小雅》中由于政治和社会的腐败原因，着重强调慎重言论，如《诗经·小雅·巷伯》《诗经·小雅·小弁》等，《论语·宪问》子曰："邦有道，危言危行；邦无道，危行言孙。"君子立身处世应当慎言多行。《论语·子张》子贡曰："君子一言以为知，一言以为不知，言不可不慎也。《郭店简·缁衣》三十、三十一简，子曰："可言不可行，君子弗言，可行而不可言，君子弗行，则民言不危，行不危言。又第三十二简，子曰：君子道人以言，而恒以行。故言则虑其所终，行则稽其所敝，则民慎其言，而谨于行。"③ 作为君子更要时刻注意自己的语言。《礼记·表记》记载君子"不失口于人"，④ 说话要根据场合、对象、时机来

---

① 刘钊：《郭店简校释》，福建人民出版社2005年版，第50页。
② 吕友仁：《礼记正义》，上海古籍出版社2008年版，第1159页。
③ 刘钊：《郭店简校释》，福建人民出版社2005年版，第50页。
④ 吕友仁：《礼记正义》，上海古籍出版社2008年版，第2053页。

定说话的内容方式语气，否则难免失言于人。上博简《从政》甲篇第四简云："四邻。失贤士一人，防亦反是，是故君子慎言而不慎事。"孔子在《论语》中说："敏于事而慎于言"，君子更重行动，少说话，慎言语。《墨子·非命中》说："慎言知行。"[①] 墨子也强调少说多做。《论语·乡党》记载孔子在乡党"恂恂如也"，在宗庙朝廷"便便言，唯谨尔"，上朝与下大夫说话"侃侃如也"，与上大夫说话"誾誾如也"，孔子说话慎重谦虚、注意场合，但到了应当言说的时候也会言说。

---

① 孙诒让：《墨子间诂》，中华书局2001年版，第275页。

第二章

春秋时期的历史转折与语体文学繁荣

春秋时期是一个城邦时代，在走出西周王权统治的相对宽松的政治环境里，人们的思想比较活跃，语言上崇尚辞令，同时文言这种新鲜生动的语言形式开始流行。这一时期是语体文学的繁荣时期。在城邦社会中语言的意义被凸显，在这个时期人们喜欢问对和论辩，以谈话来表达思想，内容涉及哲学、历史、文学、科学问题。语体文学在春秋时期达到了全面的繁荣，有宴会合语，也有邦国辞令；有战场机锋，也有抗庭劝谏；有谦卑请教，也有闲适对话、幽默问答等，语言的类别丰富多样，灵活生动。

第一节 历史背景

一 城邦时代

春秋是一个充满诗意的时代。"春秋，诚如她的名字那般，是春意盎然，蓓蕾初绽，预示着一个新的社会制度的诞生；又是秋光绚丽，霜叶凝红，转眼万木萧疏、西风残照，一个古老的社会制度在消逝。"[①]

春秋时期已有四季的划分。古书中已经有春、夏、秋、冬之称。于省吾《岁时起源初考》遍考卜辞，有春秋而无冬夏，更没有"春秋"这个双音词。[②] 春、秋两季则为人们所重视，当时是农业社会，农时是最重要的政务，其他的事情也是由此来安排，祭祀朝会等重大的礼乐活动也是在这个时候。

---

① 应永琛、王贵民、杨升南：《春秋史话》，中国青年出版社1982年版，第2页。
② 于省吾：《岁时起源初考》，《历史研究》1961年第4期。

春秋两季的祭祀，金文记载"丕陈春秋岁尝"。《国语·楚语》记载"唯是春秋所以从先君者，请为'灵'若'厉'"。韦昭注："春秋，言春秋禘、祫。"《国语·周语上》记载："古者，先王既有天下，又崇立于上帝、明神而敬事之，于是乎有朝日、夕月以教民事君。"韦昭注："礼，天子搢大圭、执镇圭，缫藉五采五就，以春分朝日，秋分夕月，拜日于东门之外，然则夕月在西门之外也。"《国语·鲁语下》记载公父文伯之母说天子春分祭祀日神，秋分祭祀月神。"是故天子大采朝日，与三公、九卿祖识地德；日中考政，与百官之政事，师尹维旅、牧、相宣序民事；少采夕月，与大史、司载纠虔天刑。"《周礼·天官·掌次》记载："朝日、祀五帝，则张大次小次，设重帟重案。"郑玄注："朝日，春分拜日于东门之外，祀五帝于四郊。次，谓幄也。"襄公十三年"唯是春秋之事"指的就是祭祀，《国语》也有此类记载。春秋时期也是周朝国家统治体现最为明显的时候，周王要接受诸侯朝聘，《国语·周语上》记载："诸侯春秋受职于王，以临其民"，诸侯宴会诸大夫，选用贤能，修明政治，《周礼·地官·州长》记载："春秋，以礼会民，而射于州序。"春、秋两季周人实行大祭。《礼记》谓："春秋教以礼乐，冬夏教以《诗》《书》。"礼乐以实践为主，春、秋两季气候温和便于室外演习礼乐。《诗》《书》以歌吟为本，冬、夏两时，或寒或暑，可在室内诵读。

朝聘的年岁的问题说法有争论，但很多是在春、秋季节。"春秋相事，以还轸于诸侯。""春秋贡献，不解于王府。"《周礼·小行人》记载："令诸侯春入贡，秋献功，王亲受之，各以其国之籍礼之。"

春、秋两个季节可以代表四时。春秋原本是一个时间概念，意味着耕作开始到耕作结束的过程。对人来说则代指生命的延续时段，英雄人物生命的经历和人生轨迹就是历史，各国的历史称为春秋。

春秋时限是一个大致的概念，主要是从平王动迁到三家分晋时期。三家分晋之后生产力得到了较大的发展，大量开垦私田以致井田制度解体。手工业由官府经营，其分工更为细致。商品交换日益增多，出现了为数不少的富商。在上层建筑领域，春秋是一个礼乐制度不断变革的时代。傅斯年说："春秋时代之为矛盾时代，是中国史中最明显的事实。盖前此之西周与后此之战国全为两个不同之世界，则介其间者两三百年之必为转变时期，虽无记载，亦可推向知之。况春秋时代记载之有涉政治社会者，较战国转为充富，《左传》一书，虽编定不出于当时，而取材实为春秋列国之语献，其书诚春秋时代之绝好证物也。春秋时代既为转变时代，自必为矛盾时代，凡转变时代皆矛盾时代也。"① 他所说的矛盾也是这种新旧变革的体现。

钱穆《国史大纲》说："春秋二百四十二年，一方面是一个极混乱紧张的时期；但另一方面，则古代的贵族文化，实到春秋而发展到它的最高点。"② 大家都是那么儒雅，晋楚之战退避三舍，不是不择手段和残忍的厮杀，而是讲求信义，对方战车陷到泥坑里，还要帮着抬出来然后继续作战，郤至在战争中三次追上楚王，又三次避让，韩厥擒获齐王的过程也是彬彬有礼。《左传》中《军志》记载："允当则归"，知难而退，有德者不可敌。

春秋时期也是历史上的大变革时期。春秋时赋税制度发生了变化，鲁宣公十五年实行"初税亩"，国家根据土地面积向田主征收实物税。这是古代田税的开始，鲁成公元年作丘甲，按土地面积征收军赋，从而使税和赋合二为一。鲁国颁布"初税亩"承认了土地私有，井田制度解体，各国对税制进行改革，增加赋税。齐桓公始霸以一己劳师聘会。礼乐遭到破坏的越来越多，庄公时多言征伐，记载之事多是违背礼乐之事，再者就是记载贤者王侯家族的一些事迹。分封制逐渐瓦解，大夫执政的情况越来越多，晋国公族尽落，贵族日益腐败，礼制废弛。同时诸侯国城邦分立，也给其存在提供一个宽松的环境。社会的巨变和经济的发展，也促进了思想的空前活跃和文学艺术的繁荣。

张光直《中国青铜时代》说："整个青铜时代的基本社会单位是有城墙围绕的城邑。青铜时代的城邑是建来维护宗族权利的。"③ 春秋是典型的城邦社会。④ 在春秋战国社会急剧变革动荡的历史条件下，中国城镇开始大批涌现并发展起来。春秋战国城市勃兴的直接契机即是对周礼营国制度的僭越。营国制度与周王室分封制相结合，形成三级城邑制度。营国制度在城的规模、政治等级、人口与经济权限上均给予明确限制。进入春秋之后，随着各国经济势力的增长和政治上的超越，各诸侯国突破了营国制度，开始了中国历史上第二次筑城高潮。《春秋》记载修筑事共六十八

---

① 《傅斯年经典文存》，上海大学出版社2008年版，第8页。
② 钱穆：《国史大纲》，商务印书馆1994年版，第68页。
③ 张光直：《中国青铜时代》，生活·读书·新知三联书店1983年版，第109—110页。
④ 所谓城邦，就是一个城市连同其周围的一片乡村区域，是一个独立的主权国家。这些独立的主权国家疆域是很小的。《顾准历史笔记》，光明日报出版社2013年版，第5页。

次,除五次重修。商代已经有国野之分。杨宽《中国古代都城制度史研究》说:"商代把整个王畿看做一个'大邑',称为'大邑商',除了中央的国都以外,周围广大地区,包括许多城邑在内,称作'郊'。就每个邑来说,城邑以外的周围地区,称为'野'。"① 看得出来,和周代的有些不同。"西周、春秋时代,天子的王畿和诸侯的封国,都实行'国''野'对立的乡遂制度。'乡'指国都及近郊地区的居民组织,或称为'郊'。'遂'是指'乡'以外农业区的居民组织,或称为'鄙'或'野'。居住于'乡'的居民叫'国人',具有自由民性质,有参与政治、教育和选拔的权利,有服兵役和劳役的责任。当时军队编制是和'乡'的居民编制相结合的。居于'遂'的居民叫'庶人'或'野人',就是井田上服役的农业生产者。《尚书·费誓》说:'鲁人三郊三遂','三郊三遂'就是三乡三遂,说明西周初年已经实行这种'国'和'野'对立的乡遂制度。"② 城市聚落受到自然调节的影响。

在春秋以前就已经有比较大的城邑,春秋时期则出现了城邦林立的情况。当村落发展到一定数量和规模的时候,就会出现更高级形态的城市,形成城市和村落相互依存的状态。城邑文明的繁荣表现为城邑建筑、争夺和流转的频繁现象。傅道彬先生认为:"春秋时期最核心的问题是城邑文明的高度繁荣,诸侯城邦以宗周为核心的城邦联盟而实现了自立。繁荣而自由的城邑文明恰恰是春秋精神的根本所在,不从城邑的高度来理解春秋精神,就不能把握其精神实质,以往的研究往往忽略城邦变革这个核心内容。"③ 城邑文明的繁荣体现了当时文化的繁荣,而城邑的繁荣又直接表现在对城邑的建筑、争夺和流转的频繁现象。恩格斯说:"屹立着高峻的墙壁……它们的壕沟深陷为氏族制度的墓穴,而它们的城楼已经耸入文明时代了。"④ 城邑是文明的象征,随着周王室的衰弱,诸侯的兴起,王室和诸侯之间不断发生城邑和土地的流转和争夺,诸侯之间的实力消长、庶族和士族的崛起,使得这场封建化变革日益激烈、残酷,城邑也成为国

---

① 杨宽:《中国古代都城制度史研究》,上海人民出版社2016年版,第28页。
② 同上书,第39页;杨宽:《西周春秋间乡遂制度和社会结构》,《古史新探》,中华书局1965年版,第135页;杨宽:《西周史》,上海人民出版社2002年版,第395页。
③ 傅道彬:《春秋:城邦社会与城邦气象》,《北方论丛》2001年第3期。
④ 《马克思恩格斯选集》第四卷,人民出版社1995年版,第160页。

家、氏族扩充实力的现实需要。①

二 民主环境

古时有规劝天子改正过失的谏官，而且有一整套劝谏纳言的制度。例如，有人劝子产毁乡校，子产不同意，他认为乡校可为其决策提供借鉴，召公劝谏厉王弭谤也有类似的思想，而且还列举了一整套的纳谏的方式和职责，《国语》还记载了周王希望能"立诸侯中之嘉者训导"，人们让他立鲁国君主，因为他做事能广泛地咨询，"并且问于遗训，咨于故实"，当时辅政大臣在天子身边有劝谏的责任和义务。乐官以献曲唱歌来劝谏君主，百官百工以其职责劝谏，各种职业的人都可以通过自己的方式来劝。《国语·周语上》记载"故天子听政，使公卿至于列士献诗，瞽献曲，史献书，师箴，瞍赋，矇诵，百工谏，庶人传语，近臣尽规，亲戚补察，瞽、史教诲，耆、艾修之"，工协革《注》："工，百工之官；革，更也，更制度者合其数。"《尚书·尧典》说："允厘百工"。《诗经·周颂·臣工》说："嗟嗟臣工。"《传》说："工，官也。"工指乐官。《尚书·益稷》说："工以纳言。"《传》："工，乐官。"《左传·襄公二十八年》记载："使工为之诵《茅鸱》。"《注》曰："工，乐师。"《礼记·乡饮酒义》说："工入升歌三终。"《注》曰："工，谓乐正。"《汉书·贾谊传》记载："瞽史诵诗，工诵箴谏。"注：师古曰："工。习乐者也。"均为掌乐、习乐之人。工人展车，工人检修车辆。《国语·鲁语下》说"夜儆百工"。《国语·晋语六》文子曰："而今可以戒矣，夫贤者宠至而益戒，不足者为宠骄。故兴王赏谏臣，逸王罚之。吾闻古之王者，政德既成，又听于民，于是乎使工诵谏于朝，在列者献诗使勿兜，风听胪言于市，辨妖祥于谣，考百事于朝，问谤誉于路，有邪而正之，尽戒之术也。先王疾是骄也。"《国语·郑语》记载："择臣取谏工而讲以多物。"韦昭注："工，官也。"②《国语·越语下》王命工以良金范蠡之状而朝礼之，越王命令工匠用上等的金属制成范蠡的像，每天礼拜它。《国语·鲁语》记载了一次工匠的劝谏。

春秋时期对民主根本利益很关注。有一次鲁国发生饥荒，臧文仲要国君把宝物拿到齐国去换取粮食，后来齐国把粮食给了他，而没有接受宝

---

① 王国维：《观堂林集》，河北教育出版社2003年版，第231页。
② 上海师范大学古籍所：《国语》，上海古籍出版社1978年版，第516页。

物。民主思想还体现为对人民利益的关怀，反对专利思想。《国语·晋语一》郭偃说三王的灭亡是"民之主也"。诵《诗》讽谏以辅相，《国语·楚语》记载"武丁于是做书……海箴谏王如史老之言"，在神民、君民的关系中注重民的重要性。"防民之口，甚于防川"，"民之不导，亦无君也"。《国语·楚语上》记载伍举劝谏楚灵王："夫君国者，将民之与处；民实瘠矣，君安得肥？"这种思想是对西周保民思想的发展，也是各国统治者认识到人力是争夺霸主的重要条件。《国语·楚语下》王孙圉论宝说："楚之所宝者，曰观射父，能作训比率，以行事于诸侯，使无以寡君为口实。又有左史倚相，能道训典，以叙百物，以朝夕献善败于寡君。"当然此时的民还是指统治阶级。

　　《国语》强调民众在国家政治生活中的作用，把是否得民心视为国家政治成败的根本所在。《国语》用大量例证来说明国家与君主是否能维系根本在得民与否，得民则国家存君主立，反之则国灭君亡。这种重视民众作用的思想还表现在民与神、民与君的相互关系上。在周代初期天命论中只有神的绝对权威，而民则是从属地位。春秋时人们论及民众时，多是将神与之相联系，持一种民神共重的观点。也有许多议论是直接提出了较民神并重的二元论更进步的观点，认为在神与民之间，民起更重要的作用。在君民关系上认为应该重视、爱护人民，而不能由君主所为，并由此提出了君民相依共处之说。在具体的治民政策上，提倡以德教民。《国语》中的民主思想体现为关心民生，慎武昭文，① 节俭敬业，不排斥刑威，同时满足人民的生存需求，给民众一定物质生活保障，使民能乐其生而不叛。春秋时期重民轻神，《左传·桓公六年》季梁止对曰："夫民，神之主也。是以圣王先成民而后致力于神。"人民是神之所系，所以圣明的帝王都是先治理好人民而后才致力于神灵。在认识和水平达到一定的程度之后，可能根据人数来确定。但这种民主不是不同等级混合之后的民主，不是简单人数多少的民主。刘子曰"民受天地之中"。襄公十四年师旷侍于晋侯，与《国语·周语上》召公的民主话语类似。民之主也是百姓，前指的国君，也有的时候是卿大夫，"国卿，君之二也，民之主也，不可以苟"。襄公二十五年，"君民者，岂以陵民？社稷是主。"襄公三十年，"善人，

---

① 崇德慎兵的思想《左传》和《国语》一致，《左传》说"夫兵，犹火也"，再如《周语上》祭公之言。

国之主也。……绝民之主，去身之偏，艾王之体，以祸其国，无不祥大焉！何以得免？"关于君民关系，师旷说："民奉其君，爱之如父母，仰之如日月，敬之如神明，畏之如雷霆，其可出乎？夫君，神之主而民之望也。"民是神之主，是以圣王先成民后致力于神。人们对民越来越重视，而神的地位下降。《论语·述而》说孔子"不语怪、力、乱、神"。《论语·雍也》曰"敬鬼神而远之"。《论语·先进》说："未能事人，焉能事鬼？""未知生，焉知死？"子产曰："天道远，人道迩，非所及也，何以知之。"这种重人轻天思想周初已有萌芽，如《尚书·君奭》周公说："天命不易，天难，乃其坠命。""天不可信，我道惟宁（文）王德延"。是年传载："陨石于宋五，……"殷代已有上帝，周人承之，然往往称之为天。刘师培《读左札记》说《左传》"责君特重，而责臣民特轻"，[①]刘师培列举《左传》语，一一加以印证。《礼记·缁衣》子曰："民以君为心，君以民为体"，《尚书》说"民为邦本"。春秋时期社会变化剧烈，周天子的地位逐渐衰弱，旧的秩序逐渐崩溃，但从积淀于商代开始于西周的礼乐制度已经开始到了最高点。随着神道思想束缚减弱民主思想崛起，理性主义启蒙发展，很多贤达之士逐渐开始自我思考，如在《曹刿论战》章"惠本而后民归之志，民和而后神降之福"。《国语》在神民关系上敬神保民。西周时期认为要"敬天保民"，春秋时期崇尚"和于民神"。到了春秋时期天道观念逐渐动摇，理性启蒙思想得到发展，天子卑微，五霸更迭，人们不再迷信天命。《左传·僖公五年》，宫之奇谏虞公之言曰："民不和，神不享矣。"《左传·庄公三十二年》记内史过言："虢其亡乎？吾闻之，国将兴，听于民；将亡，听于神。"

三 思想背景

春秋时期新旧思想激烈碰撞，出现了很多思想家。葛兆光说："与这个变乱的社会一道被抛掷于动荡之中的是思想的世界。造成这种思想世界变化的原因至少有三点，第一，秩序的变化使得过去天经地义、不言而喻的'知识'和'思想'不再拥有不言自明的权威性，重新建立思想与知识对于世界的有效解释，是一种必然的趋势。"[②] 政治上城邦对立，霸主

---

① 刘师培：《刘师培史学论著选集》，上海古籍出版社 2006 年版，第 24 页。
② 葛兆光：《中国思想史》第一卷，复旦大学出版社 2001 年版，第 69 页。

更迭，出现了政治上分立态势，思想文化异常活跃。雅斯贝尔斯把这个特殊的时期称为人类文明的轴心时代，世界主要的几个文明的民族，都产生了自己最伟大的思想家和精神领袖，他们的思想至今影响着全人类的文明进程。人类文明在产生发展的过程中，曾经经历了一个轴心期，在各自的地理环境和政治、经济条件下，古希腊、印度、中国和两河流域的文明都产生了自己的先知人物，轴心时期文明的最大特点是其强大的创造力和生命力。春秋时期也就是中国的轴心时期，它的文化代表了中华民族的原创力、生命力和思维方式。柏拉图是古希腊伟大思想家，他的著述和弟子也同样伟大，孔子和柏拉图的作品都由弟子完成，奠定了自己国家的文化和思想格局。他们因为对政治现实不满而周游列国，希望实现自己的政治理想。孔子又结束了游历回到了鲁国，从事教育工作直到去世，宣扬理性主义，注重思想启蒙，处于一个由盛转衰的时代，同样晚年心情苦闷，郁郁不得志，就连著述的形式也是相同，都是语录对话。这个时期不仅思想家人才辈出，而且在整个时代思想达到了一个高峰。思想上吸收和改造原始巫术文化，如《周易》原本是卜筮书，但思想性很高，太史伯以阴阳思想，君子曰"和而不同"。范蠡曰："阳至而阴，阴至而阳；日困而还，月盈而匡。"阴阳的二元思想，体现了人们认识事物的区别，并且能很好地联系实际生活，为进一步发展奠定了基础，为人文主义的崛起做了哲学铺垫，不久就产生了三才思想。

四 尚文风气

西周时期崇尚典雅厚重，到了春秋时期逐渐形成尚文的风气。在话语上、器物上、人物上都很重视"文"。《论语·八佾》篇，子曰："周监于二代，郁郁乎文哉，吾从周。"《论语·为政》说："夏尚忠，商尚质，周尚文。"殷周革命是中国历史上重要的社会变革和文化变革。周代初年总是对殷商革命不断进行历史反思，对殷商革命的历史反思决定了周代文化的历史走向。周初文化属于中国文化的"前轴心时代"，周人取代殷商后，高举起"偃武修文"的旗帜，建构了以礼乐文化为核心的文化体系。周代礼乐文化体现了从巫术的迷茫走向理性的清朗、从尚武传统转向尚文精神的发展趋向，这是殷周之际文化变革的根本标志。[①]

[①] 傅道彬：《殷周革命的历史反思与礼乐文化建设》，《大庆师范学院学报》2011年第1期。

春秋时期文学具备自己的特点。《左传·襄公二十五年》记载:"言以足志,文以足言,不言谁知其志?言之无文,行而不远。"当时的历史条件下(参见阮元《文言说》《文韵》)所有需要流传的言辞文章有韵,排偶的文言,使用修饰的话语,这样才容易记忆,方便流传,"文无隐言",文与质要相互结合。子曰:"质胜文则野,文胜志则史。文质彬彬,然后君子。"质朴胜过文采就显得粗野,文采胜过质朴就显得虚浮,文采和质朴相得益彰,这样就可以成为君子。孔子所说的文,要尽量趋向于两者的结合。孔子崇尚文质彬彬的文艺观,绘事后素的审美观。在当时上层社会崇尚文,下层社会比较重质,孔子思想上融合两者,孔子祖先虽为贵族,实则出身贫寒,做过乘田委吏,孔子强调既崇尚文,也知道文要有质。孔子重视文,把文列为四教之首:"子以四教:'文、行、忠、信'"(《论语·述而》)。文主要是体现在言语。钱钟书说:"文辞、文学皆谓私人创说,处士横议,异于公文官话者也。赵文子有文辞,《墨子》说文学来自言谈。"[1] 春秋时期人们认为"言者,身之文也",重视言辞的不朽,孔子说有德者必有言流传于后世,而且在社会范围内也很注重辞令,讲求婉而成章,也强调辞达而已。

刘熙载《艺概·文概》记载:"《国语》言:'物一无文。'后人更当知,物无一则无文。盖一乃文之真宰,必有一在其中,斯能用夫不一者也。"[2]《周易·贲卦》文象征文饰。六五:黄裳,元吉。象曰:黄裳元吉,文在中也。[3]《易传·系辞》说"物相杂,故曰文",《说文》:"文,错画也,象交文。"《国语·郑语》说:"物一无文。"韦昭注云:"五色杂,然后成文。"《周易·系辞下》说:"其旨远,其辞文。"《左传·僖公二十三年》记载:"晋公子广而俭,文而有礼。"《左传·昭公二十五年》:"五章以奉五色。"注曰:"青与赤谓之文,赤与白谓之章,白与黑谓之黼,黑与青谓之黻。"《国语·周语中》记载:"服物昭庸,采饰显明,文章比象。"韦昭注:"比象,比文以象山龙华虫之属也。"《左传·宣公十二年》记载:君子小人,物有服章。[4]《国语·周语下》记载:

---

[1] 钱钟书:《管锥编》,生活·新知·生活三联书店2001年版,第222页。
[2] 《刘熙载文集》,江苏古籍出版社2000年版,第92页。
[3] 周振甫译注:《周易译注》,中华书局2001年版,第14页。
[4] 杨伯峻:《春秋左传注》第二册,中华书局1990年版,第725页。

"象物天地，比类百则。"韦昭注：取法天地之物象也。在天成象，在地成形也。类，亦象也。① 《左传》臧哀伯谏纳郜鼎："衮冕黻珽，带裳幅舄，衡紞纮綎，昭其度也；藻率鞞鞛，鞶厉游缨，昭其数也；火龙黼黻，昭其文也；五色比象，昭其物也。"用文饰来区分礼仪制度的不同和等级的上下。"文物以纪之，声明以发之。"② 在衣物上绣纹饰是为了昭示文采，在器物上绘制不同的形象是为了显示其功能。《荀子·非相》说："美于黼黻文章。"刘勰《文心雕龙·明诗》中说："春秋观志，讽诵旧章，酬酢以为宾荣，吐纳而成身文。"③ 一篇文章的思想和文词是相互依存的……就真正的意义来说，美的文词就是思想的光辉。④《周书》文辞之盛，无论是在篇幅还是手法上都达到了一个很高的水平。

　　文还指品行上要有文德，《诗经·周颂·武》说"允文文王"，孔颖达解释为"信有文德者之文王"。《国语·周语下》记载"夫敬，文之恭也"，韦昭注："文者，德之总名也。"今本《敬之》作"命不易哉"。落，《国语·吴语》记载："民人离落"，注，陨也。《国语·晋语九》记载："巧文惠辩则贤，……如是而甚不仁。"《国语·楚语下》记载："周言弃德，不淑也，……皆有起华而不实者也。"《国语·周语下》说"能文则得天地"。商州金文就有"文人"一词。文人指具有文德治人，《诗经·大雅·江汉》说："告于文人。"毛传："文人，文德之人也。"古称先祖之有文德者。《尚书·文侯之命》记载："汝肇刑文武，用会绍乃辟，追孝于前文人。"孔传："使追孝于前文德之人。"《诗经·大雅·江汉》说："告于文人。"郑玄笺："告其先祖诸有德美见记者。"孔颖达疏："汝当受之以告祭于汝先祖有文德之人。"马瑞辰通释："文人，犹云文祖、文父、文考耳……文人亦追自称其先祖。此诗'文人'，传、笺俱指召穆公之先人，甚确。"《国语》说晋孙周之行也文。到了春秋时期谈到"文"的地方很多，出现了许多与"文"相关的词语，如文采、文章、文饰、文学、文理、文德、文物等。不仅名目繁多，而且包容甚广，大至宇宙日月、上层建筑和文化制度，小至个人的言谈、穿戴，涉及哲学、政治、伦

---

① 徐元诰：《国语集解》，中华书局2002年版，第95页。
② 杨伯峻：《春秋左传注》第一册，中华书局1999年版，第86—88页。
③ 刘勰：《文心雕龙》，人民文学出版社2000年版，第66页。
④ 朱光潜译稿：《论崇高》第三十三章，载于北京大学哲学系美学教研室编《西方美学家论美和美感》，商务印书馆1980年版，第48页。

理、艺术等各个领域。表面看来似乎杂乱无章,分析起来却可以发现一些规律性的东西,可以看出从器物上狭义的文画到广义之文的演变,和那种附丽于质素之上的形式美德特点。①

五 城邦时代语言的意义被凸显

与希腊时期语言被关注类似,城邦林立的春秋时期也对语言格外重视。城市发展对修辞的重视起着重要推动作用。城邑是文明的界标,是文明的领先者。春秋时期的中国,不仅有成熟的城邦文明,也有发达的城邦理论与城邦思想。当时贵族生活已经非常典雅奢华,这些从当时君子服饰、乡党生活等方面体现出来。当时的服饰形态,乡党间的礼节、日常饮食,《诗经》《论语》等材料多有揭示。乡饮酒礼与射礼是乡党之间聚会活动的重要内容。这些生活礼仪的形成与城邑文明的出现有着密不可分的关系,进而形成了知识领域的革命。

在城邦社会更多的人们不再专注于基本的生产劳动,生活相对稳定,能够有更多的精力从事生产与消费文化产业和产品,在城邦中人们交往更加频繁,人们的活动和交流也要通过辞令完成。城邦的人有时间和精力,也有客观的需求,完善和揣测自己的语言,而对于物质没有保障的人来说,会尽可能减少在这些不必要事情上花费时间和精力。城市的文明程度更高,无论是内部的管理,还是文化活动都需要语言实现。

言成文谓之辞。祝辞是祭神时太祝的诵辞。《周礼》记载太祝作六辞,以通上下、亲疏、远近:一曰祠,二曰命,三曰诰,四曰会,五曰祷,六曰诔。祠,郑司农曰:"当为辞,谓辞令也。"孙诒让说:"谓朝聘往来交接之辞令。"命,亦辞,外交辞令。诰,是上对下发布的一种训诫、勉励之辞。会,郑注曰:"谓会同盟誓之辞。"祷,郑玄注曰:"贺庆言福之辞。"诔是表彰死者生前德行并致哀悼之辞。诅祝掌盟、诅、类、造、攻、说、禬、禜之祝号,盟诅,郑注曰:"盟、诅主于要誓,大事曰盟,小事曰诅。"又说自盟至于八者,皆祝告神明之辞。《周礼·秋官·士师》:"以五戒先后刑罚,毋使罪丽于民。一曰誓,用诸都鄙。"誓,郑玄注:"谓如《尚书》的《甘誓》《汤誓》。"诰,郑注说,谓如《尚书》的《大诰》《康诰》。各官都掌握文书,从上到下建立了一整套完整的史

---

① 于民:《春秋前审美观念的发展》,中华书局1984年版,第129页。

官体系。分别为太史、小史、内史、外史、御史等。《周礼·训方氏》传诵四方诸侯的故事。"诵四方之传道",郑注曰:"传道,世观之,若今世世所传说往古之事,为王诵之,若今论圣德尧舜禹之道矣。""观新物",郑注曰:"四时新物出则观之,以知民志所好恶。志淫行辟,则当一政教化正之。"孙诒让说:"新物,谓物产珍异及器械便利者。"而其他诸方氏也是各有搜集之人。古行冠礼时,父斟酒给儿子饮时的祝辞。《仪礼·士冠礼》记载:"醮辞曰:'旨酒既清,嘉荐亶时,始加元服,兄弟具来,孝友时格,永乃保之。'"仪式典礼上言辞周详,举止文雅,又能攻战杀伐,在战场上表现英勇。刘熙载说:"辞命体,推之即可为一切应用之文。应用文有上行、有平行、有下行。重其辞乃所以重其实也。"[1] 城邦时代语言的意义被凸显,城邦的外交往来注重辞令。周代很多的官员都从事文辞工作,主要是从事言说和创作。周代以官为师,官皆掌诉讼、祭祀、仪式之辞。

在春秋时期重要的场合都要使用辞令。春秋时期的大夫也多娴于辞令,如阴饴甥对秦伯、韩厥擒齐顷公、吕相绝秦、夫差对晋等篇的辞令都堪称典范。《国语》有很多精彩的外交辞令。周襄王不许晋文公请隧,婉约其辞,严守礼制(《国语·周语中》);越王勾践求和于吴,辞令卑微(《国语·吴语》),都很有艺术特色。子服景伯请晋人释季平子权衡利弊,周襄王坚持原则而又委婉得体,三人均以弱对强,由于环境、地理不同,说理角度、手法也迥然各异。展喜犒齐师,齐侯傲慢地提出:"鲁国恐乎?"答以"小人恐矣,君子则否",然后再从齐鲁历史关系论证,有礼有节,不卑不亢。吕甥对秦伯送回晋惠公与否的试探,同样先说"小人曰不免,君子则否",进而示以战斗实力争取和平解决。二人在强敌面前都能从容应对不为所屈,充分表现了辞令的作用。《国语·越语》所记载的辞令比较多。

外交辞令要比较委婉,有弦外之音,高度文雅精练。孔子很重视辞令,对于那些善于辞令的人也很赞赏。春秋时期很重视言辞修饰,从郑国子产创作外交文书的情况来看,并不是一个人所作。有人草创,有人修改和增补,有的还要请人参谋。襄公三十一年,子产去晋国,晋平公以鲁丧推脱没有接见。子产于是坏馆垣,晋国大夫士文伯责备子产。子产应

---

[1] 刘熙载:《刘熙载集》,江苏古籍出版社 2000 年版,第 89 页。

对，叔向称赞他说："子产有辞。"专门的外交人员叫作行人①，杨伯峻《春秋左传注》说"行人，言使人也"。《国语》中很多内容都在说行人往来的事情。《周礼·秋官·讶士》记载："邦有宾客，则与行人送逆之。"《国语·晋语八》记载："秦景公使其弟针来求成，叔向命召行人子员。行人子朱曰：'朱也在此。'"韦昭注："行人，掌宾客之官。"② 又主号令之官。《汉书·食货志上》颜师古注："行人，遒人也，主号令之官。"《周礼·秋官·司寇》所属有大行人，掌管接待宾客之礼仪，又有小行人，职位稍低。大行人掌接待诸侯及诸侯的上卿之礼，小行人掌接待诸侯使者之礼，并奉使前往四方诸侯。春秋战国时各国都有设置，掌管朝觐聘问之事。聘礼，君与卿图事，遂命使者。唐贾公彦疏："郑目录云：'大问曰聘，诸侯相于久无事，使卿相问之礼，小聘使大夫。'《周礼》说：'凡诸侯之邦交，岁相问，殷相聘也，世相朝也。'"

第二节　学术背景

一　哲学讨论：春秋时期的理性之光

语的一个重要特点就是富于思想性和哲理性。哲学与思想和实践紧密结合，哲学是对实践的认识，当时的历史条件虽然有限，但是当时的人们比我们有更深切的体悟实践。认识上从一到二再到三的发展，体现了从中发现不同，在不同中自我觉醒的过程，在哲学中实现生命的解放。

阴阳二元对立的世界存在。甲骨文和金文中都没有见到阴阳二字连属，现在能看到的最早阴阳连属的情况是《诗经·大雅·公刘》中说："既景乃冈，相其阴阳"，即在山冈上测日影，看它是向阳还是背阳。这确实只是对自然现象之观察，离以阴阳解释自然和社会现象的观念还差得远。在《周易》和《尚书》中都不见阴阳二字连属的用例，更没有以阴阳解释社会和自然现象的情况。《国语·周语上》周幽王二年三川地震，进而引发水灾和泥石流，三代之灭亡也都有此灾祸。伯阳父解释原因时提出阴阳思想。《左传·昭公二十年》记载孔子曾有和政论，要"宽猛相济"，说物极必反，量变的程度发展就要引发质变。范蠡谈论兵法说"阳

---

① 杨伯峻：《春秋左传注》第三册，中华书局1999年版，第991页。
② 上海师范大学古籍所：《国语》，上海古籍出版社1978年版，第463页。

至而阴，阴至而阳"。

"和"的概念的提出体现了春秋时代朴素的政治民主意识和百家争鸣的学术精神。《国语·郑语》说"和实生物，同则不继"，韦昭注："阴阳和而万物生。同，同气。""五声杂，然后可听。""五色杂，然后成文。""五味合，然后可食。"① 王将弃是类也而与剸同。天夺之明，欲无弊，得乎？不同的事物相互为"他"，"以他平他"即聚集不同的事物而达到平衡，这样才能产生新事物。如果以相同的事物相加，不能产生新事物。柏拉图《说残篇》说内在的和谐表面的一致更为强大。希腊的毕达哥拉斯学派建筑雕塑诗歌绘画的和谐之美。毕达哥拉斯认为，美体现着合理的和理想的数量关系，美的本质就是和谐。他认为智慧的核心是数，美就是和谐。② 他还说音乐是对立因素的和谐统一，把杂多导致统一，把不协调导致协调③。《国语·周语下》记载："二十四年钟成，伶人告和。"伶州鸠论钟律。凡人神以数合之，以声昭之，数合声和，然后可同。故以七同其数，而以律和其声，于是乎有七律。《尚书·尧典》说"神人以和"。《诗经·周颂·有瞽》说"庸素和鸣"。"和"在上博简中是九个音高之一，《孔子诗论·诗乐》子夏既除丧而见，予之琴，和之不和，弹之而不成声。作而曰："哀未忘也。先王制礼，而弗敢过也。"《乾·彖》说"保合大和，乃利贞"，《注》曰："不和而刚暴。"以此二句来解释"利贞"也。纯阳刚暴，若无和舜，则物不得利，又失其正。以能保安合会大和之道，乃能利贞于万物，言万物得利而贞正也。静专动直，不失大和。利者，义之和。

清华简《耆夜》毕公歌"信仁兄弟，庶民合同"④，《礼记·仲尼闲居》等处，洛阳金村所出战国玉璜作"禾同"，兄弟"诚信仁爱，能使得百姓和同"。《国语·周语上》说："国之将兴，其君惠和，其德足以昭其馨香，其惠足以同其民人。"和，言和仁义也。和则乐。和者，有犹五声之和也。⑤《论语·学而》有子曰："礼之用和为贵。先王之道斯为美，小

---

① 上海师范大学古籍整理研究所：《国语》下册，上海古籍出版社1995年版，第518页。
② [法]罗斑：《希腊思想和科学精神的起源》，陈修斋译，商务印书馆1965年版，第79页。
③ 北京大学哲学系美学教研室编：《西方美学家论美和美感》，商务印书馆1980年版，第14页。
④ 李学勤：《清华大学藏战国竹简》（一），中西书局2010年版，第150页。
⑤ 上海师范大学古籍研究所：《国语》，上海古籍出版社1988年版，第30页。

大由之。有所不行，知和而和，不以礼节之，亦不可行也。"和谐，和而不同的事物对立统一，即具有差别的不同事物的结合，统一共存。政治和谐是一种社会政治安定状态，遵循事物发展客观规律，追求人与自然的和谐。《左传·襄公十一年》记载："如乐之和，无所不谐。"儒家的大同世界，《礼记·礼运》记载大同和小康的理想社会模式。《礼记·礼器》说："君子曰：甘受和，白受采；忠信之人，可以学礼。"《曾侯乙编钟》詹字已见厚氏会①在传世文献中，对"和"字的解释有多种，与调音并取得"谐和"关系的，如《虞书·舜典》记载："诗言志，歌永言，声依永，律和声。"这里讲的是"声"由歌咏产生，"律"的作用是使"声"谐和。《国语·周语下》对"和"有进一步的解释：乐从和，和从平。

上博简《民之父母》子夏问对孔子"无体之礼，上下和同，无服"，和也可指食物。《天子建州·甲》第六简曰："央，根之以玉斗，载陈践亡。乐尹行身和二：一喜一怒。天子坐，以矩；食，以宜；立，以悬；行，以绳。"乙本也有。《上博简·孔子诗论》第四简曰："《诗》其犹旁门，与残民而豫之，其用心也将何如？"曰："《邦风》是也。""民之有戚患也，上下之不和者，其用心也将何如？"也就是说，音乐之美不在于一而在于多，不在于"同"而在于"和"，在于寓杂多于同一。当然，这里的和并非音乐所独有，而是宇宙万物生长发展的共通的规律，所以其还并不是音乐的特征，而只涉及音乐与其他事物的同构关系。

"和"在春秋时期的社会上已经有不少的反映，在之前也有一些记载。和是把不同属性的事物相互融合，同是相同属性的事物相加。前者能够产生新的事物，后者不能。孔子说"君子和而不同，小人同而不和"，作为君子和小人的一种区分方式。也说"礼之用，和为贵"。礼的最高标准是"和"，儒家的礼乐制度，最终的目的是使人趋向和。接纳不同的事物，而自身也要秉持中之道。儒家的行为方式讲求温良恭俭让。《左传》晏婴齐景公解释和如做食材，各种材料配合好，就会煮出可口的菜，而只放水做出来，就没有味道。和是把不同的东西合理配合在一起，形成最好的状态。音乐也是如此，音调有高低不同，但是只要合理搭配就会形成美妙的音乐，如果只有一个曲调，没什么变化就会让人感觉很枯燥。而在政治上如果能够吸收不同的观点和见解，加以选择调和，择善而从，就会使

---

① 容庚：《金文编》，中华书局1985年版，第506页。

政治清明，达到"和"的功效。但如果谁都不提意见，众口一词，这种"同"，则是于国于君无益，于国家有害的。

张舜徽先生认为《中庸》论道，其基本精神"大率切于人事，平近易解，无庸关涉天道也"。因此先生讲述《中庸》，本质是切近人生的，不神秘，不玄远，反对矫伪欺世、袖手议论的名士态度，倡导昂扬士气、"由义理发为事功"的进取精神。中庸，"中"极言中和为用之效，因近取譬，曲鬯其旨。有举大以该微者，亦有取小以况大者。① 提出"过犹不及""中庸之谓道其至矣乎"，把中庸视为最高的道德和智慧，"过"与"不及"都不能把握事物的本质规律。

这些具有非凡智慧的人，是人神沟通的媒介，他们的只言片语就是生死之象，充满智慧而具有诗意。他们是那个时代的思想者，也最先感觉到迷茫，于是有人便不再依附于神，而是追寻自我；他们是思想者，探测未来和事物发展规律是他们的任务。当时占卜既是一种巫术活动，也是一种寄寓哲学思考的精神活动。

庞朴说三分法的认识也体现为"中庸之道"。② 通过观察自然和人事的变迁，他们懂得物极必反，懂得事物是不断发展变化的，懂得亢龙有悔，君子要谨慎行事，施行仁义。其辞富于诗意，意象清丽，对人事的认识和自然的探测都达到了很深的地步，如《周易》中的象往往是现实的非常之象，为卜者生活之记载或是创造所记载的象。《周易》中还有一些取材民间的歌谣，有些则是史事，如《未济》九四，震用伐鬼方，三年有赏于大风，上九，有孚于饮酒，濡其首，有孚失足。《既济》九三，高宗伐鬼方，三年克之；小人勿用，对卦都有高宗伐鬼方之事。《归妹》六五，帝乙归妹，其君之袂不如其娣之袂良；月几望，吉。《升》六四，王用享于岐山。《解》上六，公用射隼于高墉之上。《大壮》六五，丧羊于易，爻辞内容生活化的较多，有的是歌谣和阐发义理。

这时期人们从社会实践中得到了不少的启示，大禹治水疏导而不能堵塞。墨子因为出身下层，一方面崇尚文化，另一方面也反对贵族的腐败，如过度的声色享受和豪华的丧葬，而且主张尚贤，肯定了言辞和论辩作用，强调要有三表。在春秋时期还有一些上古的嘉言善语遗存，虽然没有

---

① 张舜徽：《〈中庸〉七论》，傅道彬辑，文章刊载于《古籍整理研究学刊》2012年第4期。
② 庞朴：《一分为三论》，上海古籍出版社2003年版，第25页。

形成现在意义上的理论学说，但却是经过了时间的检验，而且具有很强实用性。春秋时期哲学的突破最重要的是以人为中心的哲学主题建立，人的地位被空前关注。哲学体系日趋成熟，在今天看来仍然具有深刻的现实意义。理论的突破又推动了实践的深化，这反映了人们的自觉精神。当时的思想者有很高的学识，又有广泛的生活和社会实践，思想既是他们的主观诉求，也是客观的结果。

春秋时期的哲学发展主要表现为理性主义兴起。李泽厚《美的历程》说："孔子所以取得这种历史地位是与他用理性主义精神来重新解释古代原始文化——礼乐分不开。他把原始文化纳入实践理性的统辖之下。所谓'实践理性'，是说把理性引导和贯彻在日常现实世间生活、伦常感情和政治观念中，而不作抽象的玄思。继孔子之后孟、荀完成了儒学的这条路线。"① 这种理性主义的思潮是各派共通的。

二 历史讨论

商周时期的文学创作主要是官府的专业制作。《诗经》和《尚书》等五经都有一整套的创作机制和大批的专业人员，还有其他的史官小吏记载的文献，主要有卜、祝、史。史又有五大史行，除此之外还有一些小吏、小史、胥，也参与了劳动。史官职责是编纂修订史书，记录保管档案文献。陈梦家《殷虚卜辞综述》记载："尹、多尹、又尹、某尹；作册；卜某、多卜；工、多任务、我工；史、北史、卿史、御史、朕御史、我御史、北御史、某御史；吏、大吏、我吏、上吏、东吏、西吏。"② 商代晚期有"工册"记载，工册斛。西周早期的青铜器为"作册"，作册寰卣。王国维根据《尚书·洛诰》曰："王命周公后，作册逸诰。"甲骨文武丁以来常见"作册"官名有"沚戛偁册"（《合集》7382、7384—7390、7392—7394、7396、7398、7399、7402、7403，《英藏》545、1187）、"侯告偁册"（《合集》7410、7412，《英藏》197、198等）、"比我偁册"、"在北偁册"等，并具体指出其职司所在偁举祭告册书。殷商青铜器上也有作册这个官名，见于上引作册丰鼎、宝帚草晨鼎。在铭文中，作册的任务是

---

① 李泽厚：《美的历程》，广西师范大学出版社2001年版，第65页。
② 陈梦家：《殷虚卜辞综述》，科学出版社1956年版，第521页。

负责撰作赏赐禄册、封册等典型的礼册。不论是祭祖还是赏赐都是重要环节。① 张亚初和刘雨先生将"称册"和"作册"视为同一官职，他们在考察资料后说："在阴虚卜辞中从武丁至商末都有这种职官的记载。在商代特别是西周铭文中，更是层见迭出。大体上讲，始见于商代，盛行于西周早中期，消失于西周晚期。"② 进一步说："西周中晚期以后被内史及内史尹（尹氏）所代替。"孙诒让提出作册和内史有关的说法。郭沫若说早期的作册相当于后期的史。陈梦家认为："西周初期的史官以作册为主，中期以内史为主，而尹氏至晚期。"③

刘知几《史通·史官建置》说："盖史之建官，其来尚矣。昔轩辕氏受命，仓颉、沮诵实居其职。至于三代，其数渐繁。《周官》《礼记》有太史、小史、内史、外史、左史、右史之名。太史掌国之六典，小史掌邦国之志，内史掌书王命，外史掌书使乎四方，左史记言，右史记事。"④ 古时候人有了感想就以声音来表达，用绳墨来标识，用刻画来抒发，后来发展为用笔记录。黄帝始立史官，仓颉沮诵居其职。史官在商代就已经存在，在殷墟卜辞中保存了很多关于史官的记载。从这些材料来看，史官并不局限于文字工作，他们也参与祭祀等宗教活动和对其他方国军事活动，卜辞："在北史其获羌。"周代在王左右的史官，主要负责祭祀、星历、卜筮、记事等职责。李约瑟《中国科学技术史》说中国的史官体系最完备，钱穆《国史大纲》也持类似说法。史官为君主进献御书，《左传》记载鲁国府库着火，大臣命令先把君主的书抢救出来。战国时期史官也为国君献书，但史料太多不便阅读，于是就作撮抄，汉代还存在献书的现象。《周礼》记载宰夫职责"六曰史，掌官书以赞治"。起草文书也是其工作，郑注："若今文书草也。"《汉书·艺文志》说："古之王者世有史官，君举必书，所以慎言行、昭法式也。"以上释史，其出发点都是以"史"为"记事者"。因为使用简册或刀笔一类的书写工具进行记事的活动，是比较晚出现的一种社会现象，不一定就是"史"字初造时史职人员的主要职事。⑤ 章炳麟说："中，本册之类（《章氏丛书·文始》）。"史官就是掌

---

① 徐复观：《徐复观论经学·中国史学史》，上海书店2006年版，第448页。
② 张亚初、刘雨：《西周金文官制研究》，中华书局1986年版，第34页。
③ 陈梦家：《西周铜器断代》，中华书局2004年版，第399页。
④ 刘知几：《史通》，上海古籍出版社2009年版，第216页。
⑤ 许兆昌：《先秦史官的制度与文化》，黑龙江人民出版社2006年版，第3页。

管典册的人。《礼记·聘礼记》说："辞多则史。"《礼记·曲礼》说："史载笔。"《礼记·玉藻》说："动则左史书之，言则右史书之。有记言和记事之分。"《汉书·艺文志》也有此说法，只是左右正好相反，可能是因为古左右之字形体不固定的缘由。《周礼》记载凡官属皆有府史。以皇家藏书为主的官府滥觞于商周。还有"天府""盟府""策府""周府""公府""府库""秘室""室"等称呼。《周礼》记载"太史掌建邦之六典，以逆邦国之治"。太史又分为内史、外史、祝巫、冯相氏、保障氏，掌管天文星象、岁时、望祀以及书记国家内外大事者，外史主要职责掌"三皇五帝之书"。史官从黄帝的时候就已经产生，夏有太史终古、商太史高势。各诸侯国也有自己的史官，《春秋》、《国语》引《周志》及《郑书》，似当时记事，各有其职。①

许慎在《说文解字》中说："史，记事者也，从又持中，中，正也。"对持中之中历来说法纷纭，主要有以下三种意见：①认为中是举行射礼时盛算之器；②认为中是简册；③认为中是弓形之钻。这三种说法都缺乏足够的说服力。《周礼·天官·冢宰》宰夫条记载"史掌官书以赞治"。可见史官是古代统治者的书记之官。不但西州王室有不少史官，就是诸侯和其他奴隶主贵族，也都拥有自己的史官。从现有的西周铭文材料来看，史官的活动内容大体上是以下几个方面。①传达周王的命令（中甗等）；②代王册命、赏赐诸侯群臣（作册吴方彝、师望盖等，应该指出，史官代王宣读册命文告的职能目前只有西周中期以后的材料，西周早期的铭文尚缺乏这种记载）；3. 在册命仪节中作傧右（屡敖）；4. 参与露筮等宗教活动（史懋壶）；5. 代王到地方和诸侯国各地视察安抚（臣辰尊、卣、盂及史颂鼎等）；6. 参加掠夺战争（员尊、员卣、䍩鼎等）以及其他的一些活动。②

从西周早期开始在铭文中就见有太史之职。有关史官的铭文约有六十条。太史的材料在西周铭文中见到七条材料。史官与太史材料二者的比例相差是很大的。这种现象可能是由于史官在某一个王室可以有很多，但太史则在一个时期内只有一人或二人而造成的。太史的地位比较尊崇，作册虎鬼就称为公太史，称公之职绝不是一般的官吏。西周有太史寮（即指

---

① 马端临：《文献通考》第三册职官，中华书局2011年版，第1466页。
② 张亚初、刘雨：《西周金文官制研究》，中华书局1986年版，第26—27页。

太史）及其僚属。至于《周礼·春官·宗伯》序官云："太史，下大夫二人，上士四人"，太史掌建邦之六典礼，职位在西周时期要比在东周时期显要得多，地位不是夏大夫可以相比的。职文云："太史，掌建邦之六典，以逆邦国之治。"六典是指治典、教典、礼典、政典、刑典和事典。根据西周铭文和几何文献来看，太史的职掌主要是：①助王册命、上次（《尚书·顾命》中方鼎）；②命百官官箴王阙（《左传·襄公四年》）；③保存整理文化典籍（《左传·昭公二年》韩宣子适周，"观书于太史书氏"）；④为王之助手和顾问（《左传·哀公六年》"楚子使问诸太史"，《国语·周语上》说"太史赞王"）。概括讲，太史掌管西周王国的文书起草，册命诸侯卿大夫，记载国家之大事，编著史册，管理天文、历法、祭祀之事，并掌管图书典籍，兼管神职与人事，观察记载社会动态和自然现象的职官。太史和太史寮不是西周新增设的官职、机构，殷墟卜辞云："太史其"（《邺三》三九·三）"令，其唯太史寮令"（《前》五·三九·八），这些记载表明，早在商代后期已经出现了太史和太史寮。① 只要有机构设置就有史官，史官往往是正职的辅助。在春秋时期，"史"是对一类人的称呼，他们为国家提供统治的思想甚至负责具体施行，辅佐贵族主官。周的统治系统有三个：一个是贵族系统，一个是史官系统，一个是神学系统。史官的发展正值辉煌的时期，神系虽然很权威但正日渐衰微，贵族系统从绝地天通之后，从巫师那里已取得了绝对的地位，贵族系统也日益腐朽。史官是应社会发展的需要而产生，其直接的来源是巫术祭祀的记事，负责占梦、司祭祀、司天文、司星历。

汪中《左氏春秋释疑》认为天道、鬼神、灾祥、卜筮、梦等五项是史官的基本职掌。② 春秋时期的占卜很多都是由史官完成的。王国维《释史》一文，于史之职掌讨论很详细，他说："史之职专以藏书、读书、作书为事。"这和瞽矇不同，瞽矇主要是诵的形式。③ 还有记事和献书，《国语》云"史献书"。《韩诗外传》记载："周舍对赵简子曰：'臣操牍秉笔从君之后，司君过而书之。'"刘师培《古学出于史官论》说："吾观周代之时，诸侯各国普设史官，晋有史赵、齐有南史、鲁有史克、卫有史华，

---

① 张亚初、刘雨：《西周金文官制研究》，中华书局1986年版，第26—27页。
② 汪中：《述学·内篇》，辽宁教育出版社2000年版，第25页。
③ 王国维：《观堂集林》卷七《释史》，中华书局1959年版，第263页。

而唐叔初封，兼有卜史祝宗之赐。故一国之中，即有一国之典籍，亦必有一国之春秋。而为史官者大抵以世袭之职官，位特殊之阶级。"《尚书·立政》周公若曰："太史司，苏公，式敬尔繇狱，以长我王国。"《诗经·小雅·宾之初筵》说"即立之监，或佐之史"。史官主要从事文字工作和一些具体的管理工作。

内史之长为内史尹或内史尹氏。在西周铭文中，有关内史的材料有二十六条，除了裘卫鼎之内史是诸侯的史官外，其他都是指王室的史官。内史又有作册内史、作命内史等称呼。作册、作命名称不同，有可能是指同一种职称，至少这二者应是职务相近或相当的职官。内史未见于殷墟卜辞。在西周早期的铭文中仅见两条材料。从现有材料来说，内史是西周新增设的官职，而且是西周昭王以后才出现。从西周中期以后，内史成了一种较为常见的职官。据铭文材料看，西周中期有十八条材料，西周晚期有七条材料。《尚书·酒诰》有"太史友、内史友"之载。我们以铭文来考察西周的职官情况，内史的出现时间，大约为昭王时期。内史是周王身边的主要辅助官员，帮助周王处理重要政务，包括重要文书的草拟。《周礼·春官·宗伯》属下有内史，职文云："内史，掌王之八枋之法以诏王治"，郑玄云："太宰既以诏王，内史又居中二之"。"君中"正是主内之意。《内史鼎》云："内史龚朕天君"，天君即王后。据《周礼》所载，内史帮助国王处理爵禄废置生杀予夺之事。从西周铭文看，内史也主要是出现在册命诸侯臣僚的场合。在讲到内史的二十六条金文材料中，有二十条是讲内史被王呼命册命赏赐官吏的。这一点金文与《周礼》吻合。除了册命之外，当还可兼管其他，如掌管记录周王的事迹。《礼记·玉藻》说："动则左史书之，言则右史书之。"《礼记正义》疏引郑注曰："太史，内史掌记言记行，是内史记言大史记行也。"内史常在王的左右记载。内史与作册有相当密切的关系。孙诒让《周礼正义》内史疏提出："尹逸盖为内史、以其所掌职事之言之谓作册。"王国维在《释史》一文中进一步推论，铭文中的作命内史、作册内史都是作册的别名（《观堂集林》卷六）内史在同一个时期，并不止一个人。[①]《文史通义校注》"史释"条说："或问《周官》府史之史，与内史、外史、太史、小史、御史之史，有异义乎？曰：无异义也。府史之史，庶人在官供书役者，今之所谓书吏

[①] 张亚初、刘雨：《西周金文官制研究》，中华书局1986年版，第28—29页。

是也。五史，则卿、大夫、士为之，所掌图书、记载、命令、法式之事，今之所谓内阁六科、翰林中书之属是也。官役之分，高下之隔，流别之判，如霄壤矣。然而无异义者，则皆守掌故，而以法存先王之道也。"①"史守掌故而不知择，犹府守库藏而不知计也。""五史之于文字，犹太宰司会之于财货也。"春秋是史官以及创作十分繁盛的时期。《周礼》中记载了庞大的史官队伍，从上到下事无巨细。周王朝的统治就是在史官的辅助下运行，和后代的史官含义不同，史官本身也都是出身于贵族，他们负责整理祖先的事迹，记录君臣的言行，预测国家的灾祸，给君主提供思想和建议，平时他们也要整理一些书给君主，让他们从中吸取兴亡教训。李学勤《论卿事寮、太史寮》认为太史僚即太史官，词已见于商末卜辞《殷虚书契前编》5，39，8。从太史僚与卿事并举，可知太史并不是卿。②杨宽也有论述，古代大事小情皆有史吏记载。中国自古以来就有重史的传统。古代史官最初与巫不分，后来二者分离。巫史实际上是文化之掌握者，对国家大事具有很大的影响力。不仅王朝有史官，各国诸侯都有史官。春秋战国学术源自周之官学。夏代的国家机构中史官就有其兼职，西周以后史官制度逐渐完善，史官的分工逐渐细化。从商周官职来说，商代与西周前半叶有作册官，负责编纂礼册。西周后半叶时，作册由"史"或"内史"（内事）承担。掌握记录工作的官职开始被称为"史"。在春秋时期是负责制作纪年记录的官员。杨宽《战国史》说："远在商周时代，史官原是当时天子和诸侯的秘书性质。所有政治上的重要文件，都是由史官起草、书写和管理的。有关农业生产的时令和历法，也是由史官制定和掌管的。按年按月的国家大事，又是由史官记录的。史官也还要参与宗教仪式性质的典礼。因此，史官不但是当时的历史学家，而且是天文学家和宗教家。"③ 当时的史官，是时令和历法的制定和掌管者，记录国家发生的大事，有时会进行宗教仪式的典礼。

伶州鸠言"古之神瞽"，徐复观云："若有乐祖亦比为古之神瞽"。④瞽史就是神谕的通晓者，卜者则是传达和翻译者。《周官·小史》记载：

---

① 章学诚著，叶瑛校注：《文史通义校注》"史释"条，中华书局2008年版，第230页。
② 李学勤：《论卿事寮、太史寮》，《松辽学刊》1989年第3期。
③ 杨宽：《战国史》，上海人民出版社2003年版，第662页。
④ 徐复观：《徐复观论经学·中国史学史》，上海书店2006年版，第340页。

"掌邦国之志。奠系世，辨昭穆。若有事，则诏王之忌讳。"郑司农云："系世，谓《帝系》、《世本》之属。先王死曰为忌，名为讳。"又瞽矇，"讽诵诗，世奠系。"杜子春云："世奠系，谓帝系，诸侯卿大夫世本之属也。小史主次先王世，昭穆之系，述其德行。瞽矇主诵诗，并诵世系，以戒劝人君也。"甲骨文"瞽"和"老"近似，与"考"基本相同，可互训，"长"与"老"相似，盖从长发伛偻扶杖，甲骨文有二毛，裘锡圭先生改释作"瞽"。他认为"𥄳"字上部所从为"目"字去掉目框下部的部分，表示目有残疾，目不能见，因此"𥄳"字像盲人，其字形表示出盲人需要依靠拐杖的特点。裘先生分析与"𥄳"相关的卜辞，指出其多与乐舞有关，这与文献记载"瞽"参与音乐活动相合。因此，裘先生将"𥄳"和"𥄳"等释作"瞽"。太师为掌声歌的官，是瞽矇中的圣智者，小师亦称少师，掌教演奏鼓乐和歌唱，瞽矇是众乐工，都好似盲人，依照才能分为三等：上瞽、中瞽、下瞽。视瞭三百人，非盲人，是瞽矇的辅助者，所以与瞽矇总是相等。瞽是负责教育国子的乐官，以传诵史事教育国子明德，也帮助仪式典乐。《诗经·大雅·灵台》云"矇瞍奏公"，诵训和训方氏所掌的是传记体的四方古史，而瞽矇所掌管的是诗歌体的四方古史。

  在儒家崛起之前，官学是教育的核心，史官是主要的有知识者，他们的主要工作是记录和整理文档，他们在长期的书写实践中总结并沿袭一套方式和风格。春秋笔法是孔子学习史官根据现实需要的一种选择，尚简用晦是其本质特征。[①]《左传》喜欢好奇且褒贬分明是一种进步。史官的笔法在内容和言辞上都重视劝解的作用，当时历史记载除了编年体的大事记以外还有一种记事体，记述每个历史事件比较详细，既有具体情节，还有生动话语。《墨子·名鬼下》所引的周、燕、宋、齐四国《春秋》讲鬼神故事的便属于这一种。也有着重记录贵族的言论的，叫作《语》。还有记录贵族宗谱的，叫作《世》或《世系》，所谓"工史书世，宗祝书昭穆"。[②]（《国语·鲁语上》）

  史官也使用文学的方式创作。《左传·昭公三十二年》史墨说："涉及无常奉，君臣无常位，自古以然。""述往事，思来者。"史官的加工润色和改造，重构了密室之谋、卧榻之语，战场上厮杀呼喊，清代的洪亮吉

---

① 李洲良：《春秋笔法的内涵外延与本质特征》，《文学评论》2006 年第 1 期。
② 杨宽：《战国史》，上海人民出版社 2003 年版，第 664 页。

曾怀疑司马迁写项羽的《垓下歌》曰："垓下是何等时，虞姬死而子弟散，匹马逃亡，身迷大泽，亦何暇更作歌诗？既有作，亦谁闻之，而谁记之欤？吾谓此数语，无论事之有无，应是太史公笔补造，代为传神。"①《管锥编》引《史记》还有许多这样的例子，有的地方是司马迁的发挥创造，有的是对之前史料的继承。《左传·僖公三十二年》记载：冬，晋文公卒，庚辰，将殡于曲沃。出绛，柩有声如牛。卜偃使大夫拜，曰："君命大事：将有西师过轶我，击之，必大捷焉。"清代顾栋高作诗："文公出绛柩如牛，篝火狐鸣先畛谋，假托先君行大事，左公神笔乱人眸。"《春秋大事年表》记载《国语》也有鉏麑自杀的叙述。钱钟书《左传正义》第一《左传》之记言也有记载。②鲁迅在《门外文谈》中就说："中国的言文，一向就并不一致的，大原因便是字难写，只好省略些。当时的口语的摘要，是古人的文；古代的口语的摘要，是后人的古文。""史册的言也是经过了熔铸概括的。最伟大最富有文学才华的人物，才有资格出任史官，才有资格担当撰写国史的重任，如左丘明、司马迁、刘向父子、班氏也往往家族传承"。③

王国维《释史》史之职专以藏书读书作书为事。④《国语·鲁语》不合"先王之训"，"君举必书。书而不法，后嗣何观"。史，甲骨文表示仲裁并记述。在星象观测、凶吉卜筮等重大活动中作出论断并记录在册。惇史记录有德行之人的言行。《左传·庄公二十三年》，曹刿说："君举必书，书而不法，后嗣何观？"杜预《春秋左传序》说：《周礼》有史官，掌邦国四方之事，达四方之志。诸侯亦各有国史，大事书之于策，小事简牍而已。孟子曰，楚谓之梼杌。《春秋》者，鲁史记之名。《史通·六家》，按《汲冢琐语》记夏殷时事，目为《夏殷春秋》，《墨子·名鬼》下引"百国春秋"，《左传·昭公二年》传，晋韩起聘鲁。《文心雕龙·史传》记载："开辟草昧，岁纪绵邈。居今识古，其载籍乎！轩辕之世，史有仓颉，主文之职，其来久矣。"《左传》作者把《百国春秋》按年编辑起来，用来解释记事简要的编年体《春秋》。"春秋"是史书的总称，主

---

① 钱钟书：《管锥编》，生活·读书·新知三联书店2001年版，第271页。
② 钱钟书：《管锥编》，中华书局1999年版，第164—165页。
③ 鲁迅：《鲁迅自编文集·且介亭杂文》，北京联合出版公司2014年版，第77—78页。
④ 王国维：《观堂集林》卷六，中华书局1959年版。

要分为记言和记事,言侧重经验教训的总结和明德的教化,事则主要是记事,如大事记之类。

诗是神性的心灵感悟,史是人性的智慧思索。有人就会有诗,它具有蓬勃的生命力,史需要修养教育,需要概括归纳;诗是神性的光辉,史是人性的色彩。早期的史也采用一些形式和音韵,这是由那个诗意的时代所决定,文学作品都受诗的思维和影响。钱钟书认为"历史只是史书,既往之事渺难追寻,惟残存于史书,而史书乃文学创作的一种"。①"史蕴诗心,诗具史笔",区别在于"史必征实,诗可凿空"。《春秋》有史官的史记,自孔子作《春秋》之后儒家后学整理了《春秋》经传文献,其中传主要是由师传授,而多取史官之文献以及其他传闻,重视义理而杂于史事,而儒家的褒贬要符合义理之言。

三 文学讨论

刘师培《论古今学风变迁与政俗之关系》说:"三代以前,无学风之可言,而学风之成则始于春秋之世。夫春秋之世,公卿大夫均娴于旧典,优于文学,明于国事,达于善政交友邻之义,由是趋时之士争以多闻博辩相高,然词皆征实,不尚空言。"文学源自话语,各种吟、诵、赋等话语方式都成了文学的基本体式。吴小如《说赋》认为,作为六义之义的"赋"字,在先秦古书中始见于《国语》和《左传》。②《国语·周语上》召公说:"故天子听政,使公卿至于列士献诗,瞽献曲,史献书,师箴,瞍赋,矇诵,百工谏,庶人传语,近臣尽规,亲戚补察,瞽、史教诲,耆、艾修之,而后王斟酌焉……"《左传》记载公入而赋:"大隧之中,其乐也融融。"姜出而赋:"大隧之外,其乐也泄泄。"春秋时期是用《诗》的重要时期,人们可以赋《诗》言志,《诗》常作为外交辞令来表达某种含义,以截断《诗》的只言片语,来委婉地表达自己的意思。公子赋《河水》,公赋《六月》。③《诗》可以赋,也可以歌。配乐演唱,要有类型的聚合,讲求歌《诗》的必类原则。④《左传·襄公十六年》记载:"晋侯

---

① 钱钟书:《管锥编》第一册,中华书局1979年版,第161—162页。
② 吴小如:《说"赋"——〈中国历代赋选〉序》,《文学评论》1989年第2期。
③ 见顾颉刚《古史辨》第三册卷下《诗经在春秋战国的位置》。
④ 杨伯峻:《春秋左传注》第三册,中华书局1990年版,第1026页。

与诸侯宴于温，使诸大夫舞，曰：'歌《诗》必类。'"杜预注："歌古诗，当使各从义类。"

文学创作的动因或是生活的体验，或是经验的传承。《诗》主要是体验的结果，而史书类更多是主要经验的传承。文学具有区域的特征，但由于是城邦时代，这种区域性又有一定的共性，大、小《雅》，《颂》是上层贵族的王族文学。宋有《商颂》，鲁有《鲁颂》，齐有《齐风》《曹风》，晋有《唐风》《魏风》《邶风》。春秋时期主流文学形式与礼乐仪式融合，如战场上慷慨激昂的誓词，或是国都落成的演讲，对俘虏的训诫，对子孙的教训，凯旋之后宴会上的歌唱，或是在仪式上、或是在仪式之后的宴会之上。《诗》是那时候宴会的歌曲和歌词，礼是仪式的礼单。各国档案文献要层层上交，最后按国分类汇于周王室，档案文献按国创作和保管。《诗》"十五国风"（邦），《周颂》《鲁颂》《商颂》既是年代划分也按国别划分。《尚书》虞夏商周之书，《周礼》记载有掌握四方历史的官员，所以各国都有自己的史书，鲁之史为《春秋》，晋为《乘》，楚为《梼杌》，郑称《志》，秦、越称《记》。

当时文学主要是为贵族统治服务的，有一整套制作机制，客观上起到了有利于统治的作用。《诗经》经过贵族和乐官的整理创作。《诗经·小雅·采薇》和《诗经·小雅·出车》有相同句"昔我往矣，今我来思"，而且存在固定模式重叠。礼乐文化的繁荣持续到战国初期，战国初期还沿春秋的制度，这一时期礼乐文化比较发达，但很快动荡的局势改变了这一切。除了历史著作外，春秋时期一些杰出的文化巨匠还将目光直接投向现实社会和人生，构建出种种不同的社会理想，说理散文因此得到长足的发展。《诗经》结集的目的并不是单纯为了文学创作，而是适用于礼乐文化的需要，《诗经》的形成是与春秋时代的礼乐文化密切相关。《诗经》在当时可以应用于外交、宴飨等许多场合，赋《诗》言志是春秋时代一种独特的文化现象。正如闻一多先生所说，当时"诗是一切社会生活"。傅斯年《中国文学史分期之研究》说："东周可谓中国文学最自由发达之时代。一曰'诗人'之文学，邶以下之《风》（除豳），与所谓'变雅'者是。二曰'史家'之文学，《国语》（《左传》在内）、《战国策》、《吴越春秋》、《越绝书》是。"[①]《吕相绝秦》与文章既不同，而事实又多和

---

① 傅斯年：《中国文学史分期之研究》，《傅斯年全集》，湖南教育出版社2003年版，第141页。

《左传》所记矛盾。《诗》在春秋中期完成。关于《诗》的创作和整理的问题，据文献记载当时有负责采集诗歌的人，还会对《诗》进行校对，大臣可以作《诗》献给国君。但是在春秋中期停止了创作，诗人们随着王朝的命运跌宕，从周庭走到边塞，从中央走到地方，从文明的中心走到蛮夷之地，而这里的统治者正积蓄着力量等待崛起，创造他们文化的辉煌。当然诗乐也可以为他们提供享乐之用，但那些宣传礼制的传统诗乐，显然不再受到追捧，只是祭祀的时候偶尔使用。他们需要自己的礼乐，这时那些新兴的诗歌受到他们的欢迎。《礼记·乐记》记载魏文侯说，听古乐就想睡觉，听新乐就神清气爽。失落的诗人们抓住了时代的机遇，于是那些讽刺的、庄重的、歌颂的诗歌不再流行，代表西周文化特色的乐曲沉寂了。虽然《诗》的创作在宫廷范围内停止，但其应用却被不断的强化，地位日益被重视。而且这些创作有个人化的趋势，在民间以及个人、学术团体上还有创作。

《诗经》的编纂有献《诗》和采《诗》的说法。《国语·周语上》记载："故天子听政，使公卿至于列士献《诗》。"《左传》也有类似的记载，只是在字词上有些出入。《国语·晋语六》记载："古之王者，政德既成，又听于民，于是乎使工诵谏于朝，在列者献诗使勿兜，风听胪言于市，辨妖祥于谣，考百事于朝，问谤誉于路，有邪而正之，尽戒之术也。"《诗经》记载有寺人作诗的情况。《诗经》有的是大臣进献，还有贵族身边的侍者创作，《诗经·小雅·巷伯》说："寺人孟子，作为此诗。"① 《诗》是为统治者服务而创作，有的是王命创作歌颂大臣。《诗经·鲁颂·閟宫》云："新庙奕奕，奚斯所作。"闵公二年共仲曰："奚斯之声也。""然除杀戮用牲之外卜辞已有奚奴臣仆等字。奚奴之从俘虏而来于字形已显著。"② 于省吾考证说："则晋祈奚字黄羊，奚是带有发辫的一种奴隶，黄羊是一种黄腹的羊。奚奴与黄羊连类而及，是奴隶制社会人畜同等相待

---

① 相传在舜、禹时代已有宫刑。《尚书·吕刑》云："爰始淫为劓、刵、椓（即宫）、黥。"《周礼》则云："夏宫辟五百。"到了商代，宫刑十分普遍，成为国家正式刑罚。这一时期，俘虏、奴隶成为阉割的对象及阉人的主要来源。到了周代，宫刑作为国家五刑之一被载入成文法典之中。杨浩亮《〈诗经〉为寺人所作吗？》（《文艺研究》1996年第3期）说直到春秋中晚期，"寺人"沦落为宫廷内侍，此前"寺人"一直处于高贵受人尊敬的地位。

② 郭沫若：《郭沫若全集·历史编》第一卷《中国古代社会研究》，人民出版社1982年版，第242页。

的一个例证。"①

周代这些文人都是官员，而且是世袭的，皆贵族子弟。《周礼·天官·冢宰》记载利用典制度管理国家。《春官》记载的礼乐文化的官员比较多，多是从事礼乐制度实施，教育和管理的官员，负责重大礼乐的活动和神的祭祀，《秋官》记载的有部分外交人才，主要负责辞令往来工作，以及文书的整理记录。

在先秦时期文学以家族氏族的形态存在，虽然各个家族都掌管书册，但有的掌管史官，有的是农政，有的是军政。商代的金文有铭文史氏的乐器的记载，可知商代史官和音乐也有一定关系。从文本写作上来讲，到了西周时期，书写的字数明显增加，并形成了一套固定体式，内容上对生活有了更为深入的描写和记录，活动也不再仅仅限于家族的内部，而是涉及众多人物的事件，书写的工作和史官的地位明显强化，史官的字号也越来越多，到了周代史被刻在酒器上，《国语·周语》文风类似西周中期长篇的金文。西周晚期还明确记载了史的分职，以及史官的名字。②《国语》的书写方式在金文中有一些类似。西周金文和《周语》的语言风格类似而措词之方法有差异，金文不如《周语》之朗朗上口。

四 科学讨论

著名科学家竺可桢先生的《中国近五千年来气候变迁的初步研究》总结出四个温暖期和四个寒冷期。第二个温暖期从公元前770年到公元初年，即东周到秦汉温暖期。③春秋时代生产力的发展，进行农业生产所使用的工具与技术取得了较大的进步，农业生产工具仍然是以木制品、石制品为主，而进行耕作的主要工具绝大部分则为木制的耒耜，青铜制的农具很少，春秋末期才在长江下游一带有过较多的铜制农具，由于生产力的低下和生产工具的落后，所以在耕作的时候仍然需要共同合作。随着生产力的迅速发展，原来的生产关系逐渐崩溃，"井田制"和"工商食官制"全面瓦解，个体农民、私人手工业者、自由商人陆续出现，并在社会上形成重要力量，在政治舞台上显示了作用，从而为战国时代封建的经济和政治

---

① 于省吾：《晋祈奚字黄羊解》，《文史》第五辑，中华书局1978年版。
② 陈佩芬：《中国青铜器辞典》，上海辞书出版社2013年版，第408页。
③ 竺可桢：《中国近五千年来气候变迁的初步研究》，《考古学报》1972年第1期。

制度的全面形成奠定了基础。①

侯外庐《中国思想通史》记载："文字与铁的应用，是由野蛮末期进入文明期的标志。"②《诗经·秦风·驷铁》说"驷驖孔阜，六辔在手。"《毛诗正义》说："言襄公乘一乘驷驖色之马，甚肥大也。……铁者，言其色黑如铁。"朱熹《诗集传》"驷驖"条注："驷驖，四马皆黑色如铁也。"《国语·齐语》桓公问说："……齐国寡甲兵，为之若何？"……管子对曰："……美金以铸剑戟，试诸狗马；恶金以铸钼、夷、斤，试诸壤土。"《左传·昭公二十九年》记载："冬，晋赵鞅、荀寅帅师城汝滨，遂赋晋国一铁鼓，以铸刑鼎，着范宣子所谓刑书焉。"《管子·海王》记载有铁耙，《墨子》也记载铁耕铁镬，春秋末期晋国有铁鼓铸刑书，阖闾已经使用三百人鼓风的大型"冶铁风箱"，春秋末期长江流域已经有大规模的冶铁事业存在，到了战国则广泛用于兵器。《国语·晋语九》窦犫侍说："今其子孙将耕于齐。"《史记·仲尼弟子列传》记载："冉耕字伯牛，孔子以为有德行。"③吴王夫差曾梦见两个铁铧深耕他的宫墙。

《周礼》记载医生的等级和人数，据就诊成绩供给俸禄。在医学理论方面，《周礼·疾医》说："以五味、五谷、五药养其病，以五气、五声、五色眡（视）其生死两之以九窍之变，参之以九脏之功。"这是"五行"学说用于诊治疾病。《左传》和《国语》记有著名医生叫和。

在商周时期采用"合范法"铸造方式，对工匠的技术要求很高，一旦出现一点失误便会破坏整体效果，所以一般用来制造大型工具和器物。而春秋时期，在前者基础上进行改良，采用"失蜡法"这种新的铸造方式，可以制作多个精致的器具。春秋时期剑胡铸造技术已经达到很高水平，可以制作精美的外形和复杂的纹饰，尤其是越国和吴国的铸剑技术最为精湛，"吴越之金锡，此材之美者也"。吴人干将、越人欧冶子能够制造锋利的铁剑，说明春秋后期冶炼技术的高度发展。勾践剑的剑身刻有鸟虫书铭文"钺王鸠浅"和"自乍用剑"。剑表面有黑色菱形花纹，剑与剑鞘完全融合，没有一丝缝隙；剑首内部刻着同心圆圈，圆圈有多道，且纹理非常细致；剑柄用丝缚之，剑体毫无锈蚀，并且非常锋利，剑的不同

---

① 顾德融、朱顺龙：《春秋史》，上海人民出版社2001年版，第164页。
② 侯外庐：《中国思想通史》，人民出版社2011年版，第21页。
③ 司马迁：《史记》，中华书局2013年版，第2648页。

部位所使用的铜、锡比例也不同。伴随着冶铁技术的发展，冶铁也成为当时手工业的一个重要门类，它大约开始于春秋末期，并且在进入战国之后发展极为迅速。

春秋时期的天文学家，已能对天象作出观测，有很多恒星观测记录，认定了二十八星宿并观测到日食。春秋二百年间记载日食共三十七次。已有了冬至、夏至、秋至、秋分、春分、立春、立夏、立秋、立冬节气。《左传》记载鲁僖公五年春"正月辛亥朔，日南至"。还有一次是在昭公二十年，这是我国最早关于冬至日的记录，到战国末期二十四节气已臻于完善。《周礼·春官·神仕》记载："以冬日至，致天神人鬼。"《周礼》一书中所讲的冯相氏、保章氏是周王朝设立的掌管天文历法的职官。因为周王朝对天文历法的重视，掌管天文历法的人对各种天象的记录、历法的推算都十分注意。比如公元前周幽王六年的一次日食记录，就是世界上最早并有明确时间的记载。王念孙《读书杂志》记载："左氏春秋日食分野，凡三十七事。"[①] 在天象之中，与人们关系最密切的要算七曜和二十八宿。七曜，又称七政，即指日月和金木水火土五星。日起日落，是为一天；月圆月缺，是为一月；日远日近，冷热寒暑，在数学已成为独立科学的基础上，天文有二十八星宿的观念，将天球黄赤道附近的恒星分为二十八组，建立了便于描述的系统，也有天琴座流星雨和哈雷彗星的记录。产生了四分历，回归年长度为 365 又 1/4 日，采用 19 年七闰为闰周历法，闰年为 383 日，比欧洲早 500 年。《春秋》记录周匡王二年七月，"有星孛入于北斗"。天文学家公认这是哈雷彗星在世界上最早的记录，比欧洲记录早 670 多年。至少春秋晚期已经确立二十八星宿的体系。关于地震的记载，"地图"也随之而发展。鲁班又称公输般，春秋末年鲁国的匠师。他发明的木工工具有刨、墨斗、曲尺、钻和铁锯，提高了工作效率，他不但能建筑房屋和桥梁，而且会制造各种器械。

春秋时已有了九九乘法表和几何学，并有勾股定理，还有了筹算法，"善计者不用筹策。"《管子·轻重》记载："滤戏作造六法以迎阴阳，作九九之数以合天道。"《韩诗外传》记载："齐桓公设庭宴燎，待人士不至，有以九九见者。"《里耶秦简》和《张家界汉简》有记载九九乘法表内容的竹简。值得注意的是这时期的九九乘法表是从九九到一一，与现在

[①] 王念孙：《读书杂志》第二册，上海古籍出版社 2015 年版，第 623 页。

的顺序正好相反。清华简出土的《算表》，可以进行十进制乘法运算。

第三节 语体文学的全面繁荣

《说文》说"语，论也"，《诗经·大雅·公刘》说"于时语语"，传曰："论难曰语。"《论语·乡党》说："食不语，寝不言。"吃饭的时候不做激烈豪迈的言说，在住所不窃窃私语，语曰："唇亡则齿寒。"《榖梁传·僖公二年》指谚语、古语或成语，口头语、熟语、韵语、妙语、俚语。陈骙《文则》从《左传》中总结出春秋时代的八种文体："春秋之时，王道虽微，文风未殄，森罗辞翰，备括规摹。考诸《左氏》摘其英华，别为八体，各系本文：一曰命，婉而当；二曰誓，谨而严；三曰盟，约而信；四曰祷，切而悫；五曰谏，和而直；六曰让，辨而正；七曰书，达而法；八曰对，美而敏。作者观之，庶知古人之大全。"《文则》所说的命、誓、盟、祷、谏、让、书、对等八种文体，同太祝"六辞"、大夫。[①]《国语》可以看作春秋语书的汇编。语来源其实很早，到春秋时期蔚为大观，达到前所未有的繁荣。[②] 康有为《教学通义·言语》说："古者惟重言语，其言有定体，有定名。"[③] 先秦文献之分类大体可分为语丛、问对（对语）、论辩、事语、寓言五体。语因为主观发挥的地方比较多，其文学性也很强，不是单纯史官客观记录的体式，它对历史、政治、艺术、人物等的评论，是一种文学创作现象。李炳海《关于中国古代文体的思索》说："顾名思义，原本是话语，而记录成为篇章的文学作品，因为有高超的艺术性，所以对后代的文学的发展有很大影响。"[④]《国语》记载八国之语体文学作品，这些作品文采斐然，现在看来多是优秀的论说散文作品，战国有解经的各种传记注疏，记述西周末年至春秋时期各国贵族言论。之前这些文体的分类一是没有注意到语的话语特点，二是皆从文体功用角度分，可是变化岂能穷尽，先秦文学在体式上有一定的惯性和发展变化。到了战国时期文章的变化已经基本完成，著述成为专门之人的事情，不是所

[①] 董芬芬：《春秋辞令文体研究》，上海古籍出版社2012年版，第13页。
[②] 钱穆：《西周书文体辨》，生活·读书·新知三联书店2009年版，第12页。
[③] 康有为：《康有为全集·教学通义·言语》，上海古籍出版社1992年版，第155页。
[④] 李炳海：《关于中国古代文体的思索》，《学术交流》2010年第7期。

有贵族和士人都能够胜任。也可以看出来春秋时期的是文体产生的一个阶段。

古人有了问题就向神灵请教，神灵不可靠了就把目光转向人，尤其是那些贤者，向他们请教，从侍神变成侍人。《国语·鲁语下》孔子回答吴国使者问"骨何为大""吴伐越……"，此为禹诛防风氏的神话，此处可见孔子的博学，也可以看出当时人的一些思想状态。《论语·述而》说："子曰：子不语怪、力、乱、神。"总体的概括孔子话语原则，而不是客观的叙事。《国语·鲁语下》季桓子穿井也是孔子语怪的记录，还有一次"有隼集陈侯之庭而死"的异事，孔子说是"肃慎氏之矢"，都是为了说明孔子的博学。

论语是人物针对某一问题和现象所发表的议论话语。春秋时期的语有固定范式，如先是论断然后讲述古人的道理和制度，用同类的事物做类比分析，再联系实际，引用古代的文献等，最后以反问做结束。语以明德为目的，以道德仁义为立足点。论语的内容丰富，观点明确，分析生动细致，富于哲理。

随着制礼作乐的深入，宗教性渐趋淡薄，文献会在一定程度上代替礼仪，作为话语权的保证，这时一些不依赖仪式，只纯粹表达教化深义的文献开始出现并受到敬重，如传说为西周初年史佚的语录，或者是西周后期出现的政治讽刺性歌谣，从其内容来看已经和后世文人文献没有太大的区别。语，君子言义理之道。"语，叙也，叙己所欲说也。"[1] 因为古书多是记言语，所以有的时候以语代指内容而言，如《史记》《春秋繁露》《孝经》之"语曰"，以讲典故来说教（《孟子》也有）。《论衡·逢遇》说："马圄之说无方，而野人说之；子贡之说有义，野人不听。"[2] 语是贵族阶层的话语方式，本是训诰誓命所需之辞，是贵族职业技能和素养的重要内容。《论衡·齐世》多次说"语称上世之人"。"语称上世之人，佝长佼好，坚强老寿，百岁左右；下世之人短小陋丑，夭折早死。"[3] "语称上世之人，质朴易化；下世之人，文薄难治。"[4] "语称上世之人重

---

[1] 王先谦：《释名疏证》，中华书局2008年版，第113页。
[2] 杨宝忠：《论衡校笺》，河北教育出版社1999年版，第3页。
[3] 同上书，第614页。
[4] 同上书，第615页。

义轻身,遭忠义之事,得己所当赴死之分明也,则必赴汤趋锋,死不顾恨。""语称上世之时,圣人德优,而功治有奇。"[①] 对古人体魄和精神充满了敬意。

周代有记录口传文献的史官,汉人说左丘明是《国语》和《左传》的作者,春秋晚期鲁国著名的瞽史。春秋时期关于孔子言论的记载也很多,后世如此大量的儒家材料,虽然有些可能有子孙和弟子加工润色的地方,但师法森严不能妄说,这也是和其他诸子不同的地方,儒家很重视文献工作,对文化下移,对下层人民能够学习文献起到了巨大的作用,五经是儒家从官学那继承来的,而且还效法官学整理了大量的文献。诸子也注意文献的整理,其他诸子文献比较驳杂,可信性和思想性都略差一些。儒家有记的传统,这一方面体现儒者对知识的渴求,因为原本都是下层人,个别一些是下层的贵族和富裕者,他们能够学习文献的机会太少,对文献比较珍惜,孔子叹曰文献不足故,而且孔子又是积极好学的人,影响了他的弟子们。

马王堆和清华简中的文献有不少语书,和《国语》文风笔法很类似,而且有很多重合之处,说明从战国到汉代在贵族上层有一定的传播领域。清华简有《良臣》一篇,《左传》记载的主要人物和清华简中良臣有很多相似之处。郭店简偏重于哲学,而有一些儒家的语和传说类的语。《周易·系辞》记载孔子说:"君子之道,或出或居,或谋或语。二人同心,其利断金,同人之言,其臭如兰。"出和居是人的两种不同的状态,谋和语相对,是两个人的讨论,而语是有说教论述。《国语》记载王孙说请勿赐叔孙侨如,王孙说"以语王"。语后面通常会引出一大段的论述,并且不是就事论事,而是言道德仁义。用人物的话语评论人物的话语,说明在那个时代语的资源很丰富。

王力《古代汉语》认为,在古代汉语里,"言"是主动地跟人说话,"语"是指回答别人的问话,或是和人谈论一件事情,两者是有区别的。如《左传·僖公三十年》记载:"言于郑伯曰",这是佚之狐主动向郑伯进言,宣公二年的"叹而言曰",自己说出自己受伤,这些地方的"言",都不能换成"语"。古人以话语教育子弟,这些话语都是以前的嘉言善语,在春秋时期楚国还用来教育太子。过常宝《先秦散文研究:早期文

---

① 杨宝忠:《论衡校笺》,河北教育出版社1999年版,第617页。

体及话语方式的生成》说先秦时期正是文化、政治、官制、社会习俗等急剧变化发展的时期，不同教化层面的信仰、传播、组织方式，不同社会阶层的职事、行为方式等，都对文献本身产生着影响。

一 事语

事语是一种比较侧重记事的语，主要是治理国事的办法。语中的叙事占有很重要的地位，一般在话语的前后中间都有叙事的话语。《国语·晋语五》记载伯宗下朝回来很高兴，他的妻子问："子貌有喜，何也？"回答说："吾言于朝，诸大夫皆谓我智似阳子。"对曰："阳子华而不实，主言而无谋，是以难及其身。子何喜焉？"伯宗曰："吾饮诸大夫酒，而与之语，尔试听之。"曰："诺。"既饮，其妻曰："诸大夫莫子若也。然而民不能戴其上久矣，难必及子乎！盍亟索士整庇州犁焉。"话语简洁短促，而且是为叙事服务。《管子校注》事语张佩纶云："《战国策》刘向《别录》：'中书本号，或曰《国策》，或曰《短长》，或曰《事语》。'此篇亦名'事语'，疑子政校中秘书时，以事语之述六国时事，近于《国策》者入《国策》，而其述齐桓时事，类于《管子》者入《管子》，故仍以'事语'名篇。其为战国游士依托《管子》无疑。"郑翔凤按：《诗·公刘》"于时语语"，传："论难曰语。"就事论难曰"事语"，或曰"论语"。若一国之事，则为《国语》。《论语》《国语》皆为春秋时作，而事语独出于战国耶？张说不顾事理如此。① 刘向《战国策·叙录》取"国策""国事""短长""事语""长书""修书"六书而成。《史记·田儋列传》记载："蒯通者，善为长短说。"又《酷吏列传·张汤传》："边通，学短长。"《汉书·主父偃传》记载："学长短纵横术"，所云长短，乃指游士术说，与短长或有关，但不必即其书。事语之名缺少时代性和功能性的揭示。事语在内容上记事和记言。刘向称《战国策》为"事语"。余嘉锡说："先秦之语，以立意主，略于记事。"②

二 辩语

辩语是驳难分析对方观点的论辩话语，语言精巧伶俐，比较有针对性

---

① 黎翔凤：《管子校注》，中华书局2004年版，第1240页。
② 余嘉锡：《古书通例》，上海古籍出版社1985年版，第77页。

和逻辑性。《国语·鲁语》记载"主亦有以语肥也"。言是主动对人说的话，语是回答别人问话和谈论事情。上博简《昔者君老》记载："于是乎始语天地人民之道。"① 语是论述，言是诵读。信阳楚简将"君子之教"的简文，教书三岁，教言三岁，教射与御。②《晏子春秋》多是辩语。《墨子·小取》或称为立身处世之明德，或为立说论辩之资始，名家之来源。"夫辩者，将以明是非之分，审治乱之纪，明同异之处，察名实之理，处利害，决嫌疑。焉摹略万物之然，论求群言之比。以名举实，以辞抒意，以说出故。以类取，以类予。有诸己不非诸人，无诸己不求诸人。"《墨子·经上》说："辩，争彼也。辩胜，当也。"《墨子·经说上》说："辩，或谓之牛，或谓非牛，是争彼也。是不俱当。不俱当，必或不当。不当若犬。"《墨子·经说下》说："辩也者，或谓不是，或谓之非，当者胜也。辩其狱讼。狱，重事也。"《墨子·修身》说："辩是飞不察者，不足与游。"《墨子·非命上》说："辩论必立仪，言而无仪，……收费利害之辩，不可得而明知也。"《周礼·乡士》说"分争辩讼"，《礼记·曲礼》说"辩者言之信"，《韩非子·八经》说"勿辩乃司"，《尚书·酒诰》说"辩，治也"，《国语·齐语》说"辩其功苦"，"辩"是明辨是非的议论。说是古代用以记叙、议论或说明等方式来阐述事理，一种古代析理推论的议论文体。《国语·晋语三》记载公子絷和公孙枝的论辩，论语诸方的话语都各自有其道理和论述，而不像《论语》是一元的结构。公子絷曰："晋君之无道莫不闻，公子重耳之仁莫不知。战胜大国，武也。杀无道而立有道，仁也。"公孙支曰："耻一国之士，又曰余纳有道以临女，无乃不可乎？若不可，必为诸侯笑。战而取笑诸侯，不可谓武。杀其弟而立其兄，兄德我而忘其亲，不可谓仁。若弗忘，是再施不遂也，不可谓智。"君曰："然则若何？"公孙支曰："不若以归，以要晋国之成，复其君而质其适子，使子父代处秦，国可以无害。"是故归惠公而质子圉，秦始知河东之政。可以看出来这个语是至少两个语合成，所以是语丛丰富积累之后的结果。论辩有武公对栾共子的劝诱和对答。献公和史苏关于卜辞的问对。史苏和郭偃的论辩，围绕着国家的命运，二者观点鲜明。《文心雕

---

① 马承源：《上海博物馆藏战国楚竹书〈昔者君老〉》，上海古籍出版社2002年版，第256页。

② 同上书，第196页。

龙·论说》说："论也者，弥纶群言，而研精一理者也。"也就是说，论说文就是概括各种不同的言论和意见，精密的研求出唯一的道理。刘勰这类文章的体制和协作特点："原夫论之为体，所以辨正然否，穷于有数，追于无形，迹坚求通，钩深取义；乃百虑之筌蹄，万事之权衡也。"辩语可以明辨是非，它通过对客观事物现象的深入观察，推求到隐藏于现象背后的道理，要求写作者要有艰苦钻研以求贯通、深入底里以认识本质的精神，然后通过这种手段，来权衡各种事物的是非得失，是从语录逐渐发展起来的，如《论语》墨子十论，孟子一个主题，《庄》《荀》《韩》论文，姚鼐《古文辞类纂》有"论辩类"，也叫"论辩"或"驳难"。耿相新《中国简帛书籍史》记载："春秋时代，著述文字只有做与述两种。"① 述作为一种书体形式，可分为两大类：一是史传，一曰论说。② 史传是论述体的大宗。③《文心雕龙·议对》记载："驳者，杂也，杂议不纯，故曰驳也。自两汉文明，楷式昭备，蔼蔼多士，发言盈庭；若贾谊之遍代诸生，可谓捷于议也。"

三 论语

论要有所凭借，要有自己的思想。《文心雕龙·论说》说"论也者，弥纶群言，而研一理者也"。④《论语集解序》说"论理也，次也。有一定次序的，论说"。《周礼·考工记》记载"坐而论道"。注："谓谋虑治国之政令也。"《国语·齐语》记载"权节其用，论比协材"。《管子·五辅》说"论贤人，用有能，而民可使治"。论语，古人之论，一定要在前人那里找到根据，不是从自己冥想出来的。吴曾祺《涵芬楼文谈》论辩类"论之名夐自昉哉，古之圣贤与人相问答之辞，人因籍而记之，以垂训万世。如齐、鲁《论语》是也，而非今之论体也"。"辨之义主于反复诘难，务达其初意而止，与论大同而小异"。⑤《文选》中有"难""对""辞""论"。张舜徽说"载籍极博，非一人之力所能读尽记而皆不忘也，亦惟择去其精要之语而记诵之耳。于是善学之士，于群书多有节抄之本，

---

① 耿相新：《中国简帛书籍史》，生活·读书·新知三联书店2011年版，第137页。
② 同上书，第138页。
③ 同上书，第139页。
④ （南朝梁）刘勰撰，范文澜注：《文心雕龙注》，人民文学出版社2000年版，第327页。
⑤ 吴曾祺：《涵芬楼文谈》，金城出版社2011年版，第95页。

而选精录要之业兴焉"。① 论，作史者用以议论史事、表达思想的文体，用以阐发作者或注家对人物、事件的评论。论语是人物对自己观点的阐述，一般开宗明义明确提出自己的观点，然后旁征博引，联系事理和现实情况深入分析。一般篇幅较长，内容丰富，逻辑严密，气势凛然。《国语》中《周语》《楚语》主要为论语，内部结构似是零散的语句，人物的话语是核心和主体，论理观点清晰，逻辑严密，环环相扣，旁征博引，前后事件因果交代完整。《文心雕龙》说"昔仲尼微言，门人追述，故仰其经目，称为论语，盖群论立名，始于兹矣。"《释名》说"伦也，有伦理也"。《诗经·大雅·灵台》说"于论鼓钟"，《传》"思也"。郑《笺》曰"论之言伦也"。朱《传》曰"言得其伦理也"。《礼记·王制》说"凡制五，必即天论"。《注》"天论，天理也。与伦同"。《尚书·周官》记载"论道经邦"，《传》论者，讲明之谓。《礼记·王制》说"凡官民材，必先论之"。《注》谓考评其行艺之详也。至于《庄》《荀》聘雄辩，已经用论名篇《庄子·齐物论》《荀子·礼论》《荀子·乐论》。《文选》分论为二体，一为论史，一为品评人物。② 王构说："言其伦而析之者，论也。"陈绎曾说："论，依事理之正，而论其是非者。"③ 杨树达《释说》记载："谈说乃早文之始义"，④ 还认为说是犀利的言辞，论，分析事理者⑤。《文心雕龙·论说》说"论理也，次也"。

四 对语

对语主要是人物就某个主题所进行的谋议和商讨，君臣一人主发问，一人主论答，既可以是单独的小节，也可以是许多小节组合而成的一个大章节，如《国语·齐语》《国语·郑语》《国语·越语》。《文心雕龙·议对》说："周爰咨谋，是谓为议。议之言宜，审事宜也。《易》之《节卦》曰：'君子以制度数，议德行。'《周书》曰：'议事以制，政乃弗迷。'""议贵节制，经典之体也。昔管仲称轩辕有明台之议，则其来远矣。洪水之难，尧咨四岳，宅揆之举，舜畴五人；三代所兴，询及刍荛。

---

① 张舜徽：《经典名言——经传诸子语选》序言，岳麓书社1998年版，第5页。
② 曾枣庄：《中国古代文体学》附卷2，上海人民出版社2012年版，第75页。
③ 曾枣庄：《中国古代文体学》附卷1，上海人民出版社2012年版，第1129页。
④ 杨树达：《积微居小学金石论丛》，上海古籍出版社2014年版，第58页。
⑤ 同上书，第60页。

春秋释宋，鲁桓预议。及赵灵胡服，而季父争论；商鞅变法，而甘龙交辩：虽宪章无算，而同异足观。迄至有汉，始立驳议。议，又称驳议，也是一种反驳、辩论性质的文体。"刘勰《文心雕龙·章表》云："表以陈情，议以执异。"《尚书·尧典》有尧就洪水为灾向四岳咨询商议的记载。《左传·襄公四年》载穆叔云："《四牡》，君所以劳使臣也，敢不重拜？"《诗经·小雅·皇皇者华》君教使臣曰："必咨于周。"臣闻之："访问于善为咨，咨亲为询，咨礼为度，咨事为诹，咨难为谋。"杨伯峻说《诗经·小雅·皇皇者华》言"周爰咨诹"，"周爰咨谋"，"周爰咨度"，"周爰咨询"。[①] 王充《论衡·问孔》篇批判儒家的问对，可见其具有代表性和问对情况之多。无论出土文献还是传世文献中儒家的问对都很多，体式比较固定。主要是应帝王的诏命而陈述政事，或自己探取的试题而呈献意见。问对，在春秋时期的儒家文献中很多。有弟子问答，或是鲁公和大臣询问的对话。当时孔子和弟子们的生活，经常是谈论治国为人为学的各种问题。有的时候学生看老师有空闲就去请教，休闲时候也讨论一下人生理想。《国语·郑语》记载"桓公为司徒，甚得周众与东土之人，问于史伯"。都是针对别人的问而作出回答。梁萧统《文选》、宋吕祖谦《宋文鉴》、清吴曾祺《涵芬楼古今文钞》为"对问"名；宋姚铉《唐文粹》为"言语对答"名；北宋初李昉等人合编的《文苑英华》、明吴纳《文章辨体序说》、明程敏政《明文衡》、明徐师曾《文体明辨序说》皆名为"问对"；清庄方仲编《宋文苑》为"答问"名，尽管这些著作中的称谓相异，但其体实同。《文心雕龙》中虽有"议对"一章，但陈氏所指与刘勰不同，刘勰是特指皇帝询问、臣下对答，此为名同而实异之体。周时有问对之风俗，君王天子有咨询之体制。申繻答桓公问妖，这完全是一种诗性的联系思维方式，凭借主观的感受和综合的体悟来判断体察。《左传》还记载士弱对晋悼公，子产答子太叔，孔子答史伯骞、齐景公问，也都是比较有特色的对语。

五 寓言

寓言是有所隐含的语言。寓言是用比喻、象征、类比以及事理的联系和类同的方法，将两个不同的事物进行相关性阐述。大约在夏代前后已经

[①] 杨伯峻：《春秋左传注》第三册，中华书局1999年版，第933页。

出现。殷代末年是我国古代寓言的大量孳乳时期。① 《国语·周语上》记载"文章比象"。《国语·楚语上》记载:"教之训典,使知族类,行比义焉。"《国语·楚语下》记载:"其知能上下比义,其圣能光远宣朗。"王引之《经义述闻·国语下》说:"以上三言'比义',义字皆当读为'仪',《说文》曰:'仪,度也。'比仪者,比之度之也。"比,《说文》说:"二人为从,反从为比。"春秋时期的文学大体呈现一种寓言化的趋势,注重立象以尽义,象征比兴、微言大义。在西周、春秋时期劝谏很直接,到了战国时期的语言,则要凭借历史故事委婉的表达,战国时期的劝谏氛围已经减弱,专制代替了民主,虽然西周和春秋时期也会有集权的做法,但会有劝谏制度的制约。如周厉王专政被召公劝谏。而到了战国时期政权一统,君主的地位达到了无以复加的地步。寓言常带有讽刺或劝诫的性质,用假托的故事或拟人手法说明某个道理或教训。崔适《史记探源·辨寓言》认为,不是实录时说寓言之类有三:曰托名,曰托言,曰托事。② 托名者,古实无此人,设为此人之名与其言行,以发其所欲抒之意见,如许由、务光之属是也。这些事实大部分不是真的,而是根据真实的改编。这些已经不大好分别,托人之言几乎多少都有一些,只不过有的比较明显。《国语》中有不少明显的虚假,其言论有很强的目的性。还有孔子的几个故事也是如此,至于托言《国语》中有很多评断之言不都是作者所说,而是有所托。托名的例子如鉏麑刺杀赵盾而自杀,明显是托人之言,还有《左传》中楚王城濮之战称赞晋国,托事如倒叙插叙的地方,人物言论中所引各种典故,记载先王之制度、德行、政事,纣王如何不好,召公、太子晋言治理水,每个论语都要引事理,伯阳父论周亡托三川的事情,内史过托神降。作者的思想通过内史过、内史兴言晋文公晋惠公的兴衰。《国语》人物的双方和现实可能并不一样,《国语》有理想化色彩,有不真实的地方。褒贬托于他人之言,对晋文公赞扬,晋惠公的贬低,陈、虢之灭亡托于单襄公,鲁大夫的兴衰托于刘康公,晋国内乱托于单襄公,作者对单靖公的夸赞托于叔向的话语,对景王铸造大钱的反对托于单穆公伶州鸠的话语。以宰周公言齐侯好示,预言晋侯将死,惠公后悔杀里克,托此言来说作者的观点。这时候的寓言和历史密不可分,通过阳人来说晋文公。

---

① 白本松:《先秦寓言史》,河南大学出版社2001年版,第1页。
② 崔适:《史记探源》,中华书局1986年版,第24页。

作者对教育的重视通过胥臣来说，又以范文子之口说晋国的内乱，《国语》以言来说理、说义、说历史，对言语的选择有其目的。范文子的话语，羊舌氏的灭亡，这些贤者的话语也有作者的倾向。

希腊的伊索寓言也不是伊索的创作，在当时的生产模式和生产力情况下，不可能一个人完成，《国语》用历史人物来比拟，伊索寓言喜欢用动物拟人来写，崇尚智慧和勤俭等优秀品质。《说苑》和《新序》是给皇帝讲的寓言故事集，不过这些寓言故事都是根据历史，与汉初的《新语》和《新书》相比，那时候是比较正式的说教，当然也采用一些的通俗的形式，以及一些有趣的故事。廖平《国语义疏凡例》说"藉事寓言非有意为文"。寓言用另外一个意象和故事来比类，一般是杜撰的不切实际的故事，可以是把动物按人写出来的故事，也可以是编造的，现实故事。

《国语·周语中》记载："国有效牧，疆有寓望"，韦昭注："境界之上，有寄寓之舍，候望之人也。"寓望是古代边境上所设置的以备瞭望、迎送的楼馆，亦指其主管官员。董增龄《国语正义》说："寓望，谓寄寓之楼，可以观望。亦曰候馆，馆有积，遗人掌之，其官中士、下士，而宾客羁旅，则委人以甸稍之畜供之。"《国语·周语中》说："国无寄寓。"韦昭注："民生于地上，寓也。"《礼记·郊特牲》说："诸侯不臣寓公。"《礼记·曲礼》说："大夫寓祭器于大夫。"《左传·僖公二十八年》记载："得臣与寓目焉。"《左传·襄公二十四年》记载："子产寓书于子西。"《左传·僖公二十八年》记载："请与君之士戏，君凭轼而观之，得臣与寓目焉。"《国语》中有不少这类的解释训诂的话语。在周代，《国语》和《诗》、《书》是大学的内容。常带有讽刺或劝诫的性质，用假托的故事或拟人手法说明某个道理或教训。寓言的道理是话外之音，这样会产生一种言有尽而意无穷的效果，反而能直达对方的心灵，也更能让对方接受，引发其思考，从而实现以退为进、以持为破的效果，不过这要求在所讲的故事和所说的话语上要有所加工，其实是一种没有完成论说的半论语模式，说出自己的观点和目的，但是对方也可以根据语的模式主观进行完成。

《国语》所记载的既是过去之事，也是现实正在发生之事，而且对未来也有情感寄托，《国语》本身具有寓言性，对话中的故事虽然都是说已然的事，经验教训却可以在未来仍给人们以启迪。寓意化倾向是施加于读者的一种约束，也就是读者不应拘泥于字面意义，而必须寻求词语的第二意义①;《国语》中带有寓言色彩的文字,如宾孟见雄鸡自断其尾,与《左传》所记相仿佛,单襄公论晋周将得晋国中的"且吾闻成公之生也,其母梦神规其臀以墨"一段,如阎没、叔宽谏魏献子无受贿中"同辞对曰"一段,以"贪食"比喻"贪贿",深刻巧妙,生动机智,且有较强的情节性和鲜明的性格特征。另外,叔向谏杀竖襄、叔向论忧德不忧贫、史黯谏赵简子田于蟠、白公子张讽灵王宜纳谏等几则中的一些文字也是寓言。

---

① [法]托多罗夫:《巴赫金、对话理论及其他》,蒋子华、张萍译,百花文艺出版社2001年版,第122页。

第三章

《国语》的编辑与语体文学的示范意义

柏拉图认为,"艺术一经排斥对生活的实际意义",它就变成"空洞的玩乐"。①《国语》也有类似的现实作用。《国语》是春秋时期语书汇编,是语体文学繁荣时期的作品。《诗经》是春秋时期语的教育的课本,当时贵族的外交和宴会有赋《诗》风尚。② 孔子说"不学《诗》,无以言"。古时候史官记录和编纂文献,以此来为国君和国子贵族提供治国经验,《国语·楚语上》记载有九艺,都能有所教化,经典有教化的意义,《庄子》《礼记》也有记载。《国语》编辑的目的是教育国子,具有"使明其德"的体用特征,内容上注意经验教训的总结,话语中有不少关于教育的内容和诠释的话语,《国语》为瞽史传诵文本,出于教育活动的需要,同一人物的相关言论汇集,呈现纪传化趋势。为了达到好的话语效果,《国语》喜欢用一些有感情色彩的词语。作者立足于维护礼乐制度,比较关注下层社会,语言质朴、典雅而趋于口语化,大量使用虚词,使得句子感情色彩浓烈,既亲和又生动,富于变化而适宜诵读,句式整齐排偶,时而用韵,使得句子朗朗上口,还多用生动简明类比方式说明抽象的道理。

第一节 《国语》编纂目的——使明其德

春秋时期贵族立言不朽的追求和史官载录言论的自觉,这两种因素相

---

① [俄]车尔尼雪夫斯基:《车尔尼雪夫斯基论文学·论亚里士多德的诗学》,上海译文出版社1976年版,第196页。

② 魏源《诗古微》中说《诗经》有作诗者之心,又有采诗者、编诗者之心;有说《诗》者之义,又有赋《诗》者、引《诗》者之义。

辅相成，共同促进了"语"的文献的编纂和盛行，为《国语》的编纂提供了必要而丰富的素材。《国语》正是承"语"类文献编纂之余绪，遴选列国文献之精华，披沙拣金，"采众美以成芳，集群苞而成秀"，最终编订成功，是"语"类文献的集大成之作。① 文学在任何时候都是为了某种特殊目的而从生活中选择出来的。②

西周经常有"明"的称法，如周公曰"明保"。《尚书》观测太阳建立历法，设立国政。《文心雕龙·祝盟》说"牺盛惟馨，本于明德"。《文心雕龙·祝盟》说"盟者，明也。……神明者也"。明德是一种重要的政治素养，是一种处理统治阶层内部的能力，只有具有这样的能力才能治理百姓和国家。《尚书·伊训》说"居上克明，为下克忠"。"明"表示一定的称赞意义，《尚书·五子之歌》说大禹"明明我祖，万邦之君主"。伊尹迎接太甲，王拜手稽首曰："予小子不明于德，自厎不类。欲败度，纵败礼，以速戾于厥躬。天作孽，犹可违；自作孽，不可逭。既往背师保之训，弗克于厥初，尚赖匡救之德，图惟厥终。"《尚书》也记载国子的教育要重视德的养成，记载"修身明德"，"三德""六德""九德"等，关于德的内容有好几处。周人比较重视德的素养，殷商无德所以灭亡。《尚书·康诰》记载"克明德慎罚"，《尚书·梓材》记载"先王既勤用明德，怀为夹，庶邦享作，兄弟方来。亦既用明德，后式典集，庶邦丕享。皇天既付中国民越厥疆土于先王，肆王惟德用，和怿先后为迷民"。《尚书·多士》记载"惟天不畏不明厥德"，《尚书·多方》记载"自成汤至帝乙，罔不明德恤祀"，《尚书·文侯之命》记载"克慎明德"，《尚书·召告》记载"惟不敬厥德，乃早堕厥命"，《尚书·召告》记载"肆惟王其疾敬德，王券命用懋，王其疾敬德"。《尚书·召告》记载"王敬所作，不可不敬德"。《尚书·无逸》周公说："……则皇自敬德。"《尚书·尧典》言舜"克明俊德，以亲九族"，"九族既睦，平章百姓。百姓昭明，协和万邦。黎民于变时雍。"《周书》说："明德慎罚。"文王所以造周也。"明德，务崇之之谓也；慎罚，务去之之谓也。若兴诸侯，以取大罚，非慎之也。君其图之！"（《尚书·康诰》）《周书》曰："'不敢侮

---

① 史继东：《〈国语〉文学研究》，中国社会科学出版社2013年版，第50页。
② [美] 勒内·韦勒克、奥斯汀·沃伦：《文学理论》，刘象愚等译，江苏教育出版社2005年版，第247页。

鳏寡。'所以明德也。"(《尚书·无逸》)《尚书·吕刑》记载:"断制五刑,以乱无辜,上帝不蠲,降咎于苗。"孔颖达疏引郑玄云:"天以苗民所行腥臊不絜,故下祸诛之。"《诗经·大雅·大明》记载"明明在下,赫赫在上"。《毛诗序》说:"文王有明德,故天复命武王也。"《诗经·小雅·小明》记载"明明上天,照临下土"。这种现象可能源自对太阳的崇拜,太阳是能量之源泉,人们信仰和依赖它,明明是体现对太阳神的崇拜,何新《诸神的起源说》说十的很多意象都是指太阳。① 四十二年来鼎记载"翼在下,穆秉明德"②,四十三年来鼎记载"穆穆秉明德"③。《诗经·大雅·皇矣》记载:"帝迁明德,串夷载路。"朱熹《集传》曰:"明德,谓明德之君,即太王也。"《国语》、《老子》说唯德是辅。《左传》记载楚王问鼎,王孙满答曰"在德不在鼎"。《左传》说"有先君之明",用"明"来形容德行。《诗经·大雅·荡》说"不明尔德,时无背无侧。尔德不明,以无陪无卿"。《诗经·大雅·皇矣》说文王"其德克明",文王具有"明德"的品质。上帝告诫文王说"予怀明德"。《诗经·大雅·既醉》说"介尔昭明"发言光大,明德流传,"昭明有融"。《诗经·鲁颂·泮水》说"明明鲁侯,敬明其德","明明鲁侯,克明其德"。《诗经·大雅·荡》文王训诫殷商俘虏说,你们的本性昏聩不明,不能善用辨明人才。"文王曰咨,咨女殷商。女炰烋于中国。敛怨以为德。不明尔德,时无背无侧。尔德不明,以无陪无卿。"《诗经》说鲁侯有明德的品质。先秦时期"德"观念的起源及其发展;中国古代思想研究中,"德"是一个内涵比较丰富的观念。中国古代思想主要关注人的自身能力的认识与开发,寻求人与自然以及人与人之间关系的和谐与平衡。"德"观念的发生与发展的道路,对此起到了十分重要的作用。《燹公盨》记载:"……乃尚方执征,降民监德。……往我王作,颐久沫,唯德民,好明德,忧在天下。用久绍好,益养懿德,康亡不懋。……心好德馨。……燹公曰:'民唯克用兹德,无侮!'""如秉明德,民好明德,秉元明德。"④《商周金文辞类纂》记载"明德"33次。对于当时的贵族来说,主要是

---

① 弗雷泽《金枝》说欧亚非美各洲的古今许多文明和原始民族都存在太阳崇拜的宗教信仰。杨希枚:《先秦文化史论集》,中国社会科学出版社1995年版,第738页。
② 刘雨、严志斌:《近出殷周金文集录二编》第一册,中华书局2010年版,第358页。
③ 同上书,第385页。
④ 陈国庆:《汉书艺文志注疏汇编》,中华书局1983年版,第57页。

从事统治工作，这也是衡量的主要标准。

《国语》通过说理的方式阐述道德的意义和修身的重要性，传授从政经验，用前人的故事教育和警戒后人。《国语·周语上》内史过论神说"明神不蠲而民有远志"。韦昭注："蠲，洁也。"《国语·楚语上》说"教之语，使明其德"。先王对晋文公说"叔父其懋昭明德，物将自至"。《国语·周语中》记载："晋文公既定襄王于郏，王劳之以地，辞，请隧焉。王许曰：叔父其懋昭明德，物将自至，余何敢以私劳变前之大章，以忝天下，其若先王与百姓何？"话语态度恳切，论理充分，委婉的拒绝了晋文公请求。《国语·周语下》晋叔向评论单靖公说"膺保明德，以佐王室，可谓广裕民人矣"。单公朝夕不忘成就王业的美德，可算是不辱前贤；保有正大的德行，用以辅佐王室，可算是广被民众。《国语·晋语四》每到这种功业成就的时候就用叙事来颂赞，还有一些三言流畅整饬，朗朗上口。《国语·楚语下》记载："是以先王之祀也，以一纯、二精、三牲、四时、五色、六律、七事、八种、九祭、十日、十二辰以致之，百姓、千品、万官、亿丑，兆民经入畡数以奉之，明德以昭之，和声以听之，以告遍至，则无不受休。"《左传·宣公十五年》记载："士伯庸中行伯，君信之，亦庸士伯，此之谓明德矣。"后人代言之而讽喻本朝。以精妙的语言来教育国子。《左传·襄公十九年》臧武仲谓季孙曰："且夫大伐小，取其所得以作彝器，铭其功烈以示子孙，昭明德而惩无礼也。"《大戴礼记·主言》记载"明主，乃明德之王"。孔子曰："道者所以明德也。德者，所以尊道也。"《尔雅》曰："明，成也。"《礼记·大学》说"大学之道，在明明德"，郑玄认为"曾子所作"，"以其记博学可以为政"，朱熹认为大学是古代太学教育方法。首先突出了明德的思想要求把经世治国建立在明德基础之上，而后才能亲民、至善、修身、齐家、治国、平天下。《大学》认为教育的根本目的是使明其德。《国语》记事主要不在于事件本身，而在于注重经验教训的阐发，人物言语分析。

徐复观《中国艺术精神》说：上古"以乐为教育的中心"。刘师培指出："古代教民，口耳相传，故重声教。而以声感人，莫善于乐。"《周礼》记载以乐德教国子品德以乐语教国子言论。以乐舞教国子：舞《云门》《大卷》《大咸》《大韶》《大夏》《大汉》《大武》。《周礼·大司乐·乐德》说"以乐语教国子兴"，郑玄注：乐语，即下文兴、道、讽、诵、言、语六种说话应答的技巧，兴，郑注曰："以善物喻善物。""兴、道、讽、诵、言、语"郑注曰："道，读曰'导'。导者，以言以剀今也。"孙诒让解释说："导引远古之言语，以摩切今所行之事。"郑《注》又曰："倍文曰讽。以声节之曰诵。"据孙诒让说，讽是直言之，诵则是吟咏而有声调。郑注曰："发端曰言。答述曰语。"钱大昭《汉书辨疑》按《食货志》王莽诏曰："乐语有五均。"邓展曰："乐语，乐元语，河间献王所传，道五均事。"

《国语·晋语九》记载邮无正说赵氏"择言以教子"。《国语·楚语上》记载："教之语，使明其德而知先王之务用明德于民也。"韦昭注："语，治国之善语。"把其归为事语类史书。[①]《礼记·文王世子》记载有"乞言""合语"之礼。古人的宴会上有一定的规则和程序，《诗经》只要谈到宴会就是欢声笑语、其乐融融的样子，音乐都是十分和谐优美，礼仪举止进退有礼仪节制。

朱自清《经典常谈》说："《国语》和《左传》的思想主旨是相通的，这书的说教，也不外尚德、尊天、敬神、爱民。和《左传》是很接近的。"[②]《国语》崇尚贤德君臣，思想上崇尚节俭，如《周语中·刘康公论鲁大夫俭与侈》：

> 定王八年，使刘康公聘于鲁，发币于大夫。季文子、孟献子皆俭，叔孙宣子、东门子家皆侈。
>
> 归，王问鲁大夫孰贤？对曰："季、孟其长处鲁乎？叔孙、东门其亡乎！若家不亡，身必不免。"王曰："何故？"对曰："臣闻之：为臣必臣，为君必君。宽肃宣惠，君也；敬恪恭俭，臣也。宽所以保本也，肃所以济时也，宣所以教施也，惠所以和民也。本有保则必固，时动而济则无败功，教施而宣则遍，惠以和民则阜。若本固而功成，施遍而民阜，乃可以长保民矣，其何事不彻？敬所以承命也，恪所以守业也，恭所以给事也，俭所以足用也。以敬承命则不违，以恪守业则不懈，以恭给事则宽于死，以俭足用则远于忧。若承命不违，

---

① 顾静：《国语译注·前言》，上海古籍出版社1991年版；李零：《简帛古书与学术源流》，生活·读书·新知三联书店2004年版，第88、203页。俞志慧认为，语是古代曾经有过的一种文类和教材，其体用特征是明德，主要表现形式是嘉言善语。见其《事类之"语及其成立之证明"》（《淮阴工商学院学报》2005年第4期）一文提要。

② 朱自清：《经典常谈》，生活·读书·新知三联书店1980年版，第47页。

守业不懈，宽于死而远于忧，则可以上下无隙矣，其何任不堪，上任事而彻，下能堪其任，所以为令闻长世也。今夫二子者俭，其能足用矣，用足则族可以庇。二子者侈，侈则不恤匮，匮而不恤，忧必及之，若是则必广其身。且夫人臣而侈，国家弗堪，亡之道也。"王曰："几何？"对曰："东门之位不若叔孙，而泰侈焉，不可以事二君。叔孙之位不若季、孟，而亦泰侈焉，不可以事三君。若皆蚤世犹可，若登年以载其毒，必亡。"

十六年，鲁宣公卒。赴者未及，东门氏来告乱，子家奔齐。简王十一年，鲁叔孙宣伯亦奔齐，成公未殁二年。

作者通过讲述鲁国四家的节俭与家族命运的关系教育国子要厉行节俭。定王八年，王派遣刘康公给鲁国各位大夫送礼物，发现季文子、孟献子很俭朴，而叔孙宣子、东门子家比较奢侈。回来之后他跟周王说叔孙氏和东门氏要败亡了，因为忠敬、谨慎、谦恭、俭朴是臣之道，而他们不去遵守，又怎么能忠诚地侍奉君主，况且节俭可以丰足财用，减轻国家和人民的负担，奢侈而不体恤贫困者，必然会遭到忧患，东门氏和叔孙氏地位不是说最尊贵，但生活奢侈腐败，不会事君超过两三代，一定会灭亡，后来果然如此。季文子节俭的事，《国语·鲁语》也有记载，两者可相互参照：

季文子相宣、成，无衣帛之妾，无食粟之马。仲孙它谏曰："子为鲁上卿，相二君矣，妾不衣帛，马不食粟，人其以子为爱，且不华国乎！"文子曰："吾亦愿之，然吾观国人，其父兄之食粗而衣恶者犹多矣，吾是以不敢。人之父兄食粗衣恶，而我美妾与马，无乃非相人者乎！且吾闻以德荣为国华，不闻以妾与马。"

文子以告孟献子，献子囚之七日。自是，子服之妾不过七升之布，马饩不过稂莠。文子闻之，曰："过而能改者，民之上也。"使为上大夫。

季文子在鲁宣公和成公时期担任国相，可是他家"妾不衣帛，马不食粟"，妾不穿丝帛，马不喂精料，仲孙它觉得这和他上卿的身份不相符，而且还是辅佐过两代的国君，人们会觉得过于吝啬，对国家也不光彩，可是他却觉得，国家还有那么多贫苦的百姓，作为一个国家的重要大臣，如何能锦衣玉食，心安理得去享受富贵生活，而且只有高尚的德行才能为国增加光彩，却没有听说过以妾和马匹来夸耀的。

一　《国语》的忧患意识

《国语》中有一大批贤臣大夫，他们有远见卓识，能觉察到灾难的来临。《国语》很多篇章写这些人物的言论和分析，这种选材体现了其作者忠诚和大爱的思想，多是带有忧患意识的预言，如厉王弭谤和太子晋劝谏雍谷水，两者都是在说堵塞的坏处，《尚书》中已有记载，在古代中国饱受水患的时候这个论说具有很强的说服力，还有单穆公劝谏景王铸造大钱、大钟，伶州鸠通过音乐理论来侧面劝谏他，这种劝谏性的言辞《周语》从开篇到结尾有很多，都有一种忧患意识。有一种则是旁观者的评判，评价者多是受到了不公正的待遇而产生的预言，如晋惠公必无后、王孙满观秦师、单襄公论陈必亡、论郤至滔天之功、论晋将有乱，预言往往都被印证，当然作者也有所曲解，有的是赞颂性的，如晋文公必霸；有的内容涉及礼制的论述，如襄王拒晋文公请隧，拒杀卫成公、定王，都是礼制的记载。有的只是简单的预言，如王孙说请勿赐叔孙侨如，有些是人物品评，如晋羊舌肸论单靖公，古人的思维很喜欢联系，这与当时的生活有关，宾孟见到雄鸡自断其尾巴就认为是不祥之兆，王想要杀单子，他却突然死了。

《国语》记载不少关于国家兴霸和家族兴衰以及个人存亡的内容。春秋是一个霸权迭兴的时代。[①]《国语·晋语》主要是写文公之霸业，前面是献公强国和骊姬之乱，晋重耳流亡、归国、争霸，悼公复霸。《国语》各篇记载内容的时代背景是春秋时期的大国争霸、世家兴亡时期，《国语·晋语》襄王时期记载得最细致，《国语·周语》记载襄王的对话，《国语·晋语》记载晋文公时期，《齐语》记载齐桓公时期，《国语·鲁语》记载鲁庄公时期。《左传》对襄昭时代的记载最为丰富。《国语·郑语》虽然完全记载西周末事情，但已经对春秋的形式有所揭示。春秋政局的特点是大国争霸，春秋五霸中晋与楚长期角逐于中原。晋楚之间大战凡三（城濮、邲、鄢陵），偏师十余遇，迭进迭退，互有胜负。《国语·

[①]　晁福林：《霸权迭兴——春秋霸主论》，生活·读书·新知三联书店1992年版，第3页。

周语上》前十章记载有西周后期穆王、恭王、厉王、宣王、幽王时的衰败史迹。《国语·郑语》前一章记有幽王时史官伯谈论"王室将卑，戎狄必昌"，西周将亡，秦、晋、齐、楚将轮流兴起的形势。《国语·楚语下》多教化之言，多兴霸之内容。《国语》讲述七个国家的兴衰事迹。《国语·鲁语》多言礼制的维护，主要是国君和贵族的小事。鲁国虽然没有称霸，但也有其辉煌的时期，《国语·鲁语》开篇就是齐鲁长勺之战，鲁国大败强大的齐国，这在齐鲁的战争中是少有的，鲁国也随之迎来它的强盛时期。鲁国赫赫有名的三桓正是庄公的兄弟，三桓的势力也是从这个时期发展起来。别的国家都把注意力放在对外的争霸，而鲁国主要是内部三桓的政治斗争，这是鲁国的一个重要时期。齐、晋、郑只是介绍了开始，楚进入由强盛转为没落阶段，还有吴、越的争霸历史和经验教训的总结。"君子"的言论集中在晋国骊姬之乱到文公称霸的这段时期。有几个还是相互连接的。《国语》写了五百年的风云历史，五百年来周代礼乐制度日益没落，不断被破坏，又不断被强化，记载年代比《左传》还长二百多年。《国语》是写周没落和士族的兴起称霸，《左传》则是以士族的兴霸为主。《国语》作者有强烈主观、鲜明的态度，批评那些破坏礼制的行为，对事物有其独到的见解和体悟，但他又比较公允，对人物的一些侧面也有所揭示。

从人物的言论可看出作者的教育意图，兴亡图霸是他们的立足点。《国语·晋语五》记载："是故舜之刑也殛鲧，其举也兴禹。"《国语·晋语六》记载："故兴王赏谏臣，逸王罚之。"《国语·晋语九》记载："国家之将兴也，君子自以为不足，其亡也，若有余。""夏之兴也，周弃继之，故祀以为稷。""昔者之伐也，兴百姓以为百姓也，是以民能欣之，故莫不尽忠极劳以致死也。""丧田不惩，祸乱其兴。""底着滞淫，谁能兴之。""天之所兴，谁能废之？""实沈之墟，晋人是居，所以兴也。"

二 《国语》的事君教育

晋国狐突、阳处父、里克、叔向、范武子、楚国士亹都做过太傅，他们都是《国语》的重要人物，还提到了公族大夫任职情况。《大戴礼记·保傅》篇帝入太学承师问道退习而端于太傅。凡是之属太傅之任也。古文经学家则据《周礼》以为太傅、太师、太保为三公。《尚书·周官》记载："惟周王抚万邦，巡侯甸……立太师、太傅、太保，兹惟三公，论道经邦,燮理阴阳,官不必备,惟其人。"《百官公卿表》中一面依《周官》谓:"太师、太傅、太保是为三公。盖参天子,坐而议政,无不总统,故不以一职名官。"一面又称:"或说司马主天、司徒主人、司空主土,是为三公。"贾谊是长沙王的太傅,其著作多有《国语》和《左传》的内容,《文选》有《吊屈原文》,云"谊为长沙王太傅,既以谪去,意不自得"。《郑语》事君进言,《郑语》还提到"训语"。①

　　《国语》很注意讲如何事君。国子成人之后就要直接授予官职,以后他们是国家的管理者,所以要学习怎样辅助国君。《国语·周语上》记载"夫事君者险而不懟,怨而不怒"。"古者,先王既有天下,又崇立上帝、明神而敬事之,于是乎有朝日、夕月以教民事君。诸侯春秋受职于王以临其民,大夫、士日恪位著以儆其官,庶人、工、商各守其业以共其上。"《国语·鲁语上》记载"在上不恤下,居官而惰,非事君也"。《国语·鲁语下》记载"夙之事君也,不敢不悛"。《国语·楚语下》记载"吾先人以善事君,成名于诸侯,自斗伯比以来,未之失也"。《国语·鲁语》《国语·郑语》《国语·吴语》《国语·越语》不言事君。孔子教育冉雍给季氏当家臣的时候说,上博简三《仲弓》记载:古之事君者(上残)中(仲)弓曰:"敢问事君。"孔子曰:"雍,古之事君上者,以忠与敬唯丌(其)难也,女(汝)隹(惟)以中(下残)丌(其)各。"

三　《国语》的立场和对历史的阐释

　　用口头证据呈现出来的历史,会有各种新的可能性。② 故事必须由人叙述,作者挑选什么样的叙述者,通过谁的眼睛和感觉把故事叙述出来,会对作者想要传达给读者和听众的作品意义和文学效果产生很大的影响。③《国语》寓褒贬于话语之中,作者的主观性比较明显,许多人物和事件的立场和观点都比较明确,也有的是含蓄蕴藉表达,只在一个单元主要塑造一个人物,并突出其人物形象。《国语》中也有比较客观的一面。顾颉刚说《国语》所说的事实和《三国演义》差不多,事件是真的,对

---

① 赵炳清:《昔者君老与楚国的太子教育》,简帛研究网,http://www.bamboosilk.org/,2005年4月30日。
② [英]保尔·汤普逊:《阐释:历史的构成》,《过去的声音——口述史》,张旅平、渠东、覃方明译,辽宁教育出版社2000年版,第287页。
③ 王靖宇:《中国早期叙事文研究》,上海古籍出版社2003年版,第30页。

于这件事的描写很多是假的。它又经过了汉代人的窜乱，当然里边所说的古代史事杂糅着汉代的成分。①《国语》所记的各国世系，凡是出力写的恐怕都是"有所为而为"的，至于无意中说到的地方，或者很有些真材料，为别种书里所看不见的。②而且不可能没有主观色彩，况且《国语》是先秦语之缀合。《国语·晋语》赞申生孝顺仁义，对一些小人者贬低，褒赞晋文公，贬惠公与其子；褒扬悼公，贬低灵公；褒扬三家、范氏、叔向而贬栾、郤氏、智氏。作者也对人物的一些小缺点和命运必然性有所揭示，如里克抉择时的细致刻画，栾怀子被迫反抗和得众的事实以及失败的悲剧。《国语·周语》褒扬公卿之贤智而贬王不纳谏，贬其穷兵黩武而褒扬文教。《国语》对越勾践、楚恭王、晋文公、晋悼公褒扬，对大多数国君都有批判，对周天子少有称赞，只是称赞先王的功业，称赞大夫劝谏之睿智博识仁德，鲁褒扬文伯母、褒扬孔子。

《国语》记载多是国君称霸的丰功伟绩和卿大夫贤德、胜败兴亡的取祸之道，英雄人物负面内容选取得少。《国语》有自己主观的阐释判断，如"大国道，小国袭焉曰服。小国傲，大国袭焉曰诛。民疾君之侈也，是以遂于逆命。除暗以应外谓之忠，定身以行事谓之信。夫国非忠不立，非信不固"。③

《国语》内容上有很强的伦理意识，强调弘扬德的精神、尊崇礼的规范，认为"礼"是治国之本，而且非常突出忠君思想。《国语》政治观比较进步，反对专制和腐败，重视民意和人才，具有浓重的民本思想。《国语》有对《诗》最早注解训诂，《国语·晋语四》周颂《天作》，带有一定的语境和倾向性，在《诗经·周颂·天作》曰："天作高山，大王荒之。"荒，大之也。大天所作，可谓亲有天矣。《国语》作者是在向别人作概念的阐释，这一点和《左传》凡例类似，不过《国语》中作者是借着言论者来说的，而《左传》弱化了这些解释的言辞，并单独拿出来解释。当然，《国语》中有一些话语也带有作者的一些偏见。

有些前代史官的资料带有倾向性，一年所记一般是一两件事情，当然基本上基于当时的礼乐文化标准，有的几十年后追记，甚至后人追加记

---

① 顾颉刚：《中国上古史研究讲义》，中华书局2002年版，第13页。
② 同上书，第19页。
③ 上海师范大学古籍整理研究：《国语》，上海古籍出版社1995年版，第296页。

载。《左传》记载家族的也有一定的针对性,如臧氏、三桓、孔子一脉、子产族、晋文公族记载得比较多。钱钟书先生认为,"历史只是史书,既往之事渺难追寻,惟残存于史书,而史书乃文学创作的一种"[1]。话语带有一定的倾向性,如果没有倾向性,秉承绝对的客观和中立的态度,那样就变成了平铺直叙,悼公始合诸侯章涉及人物众多,唯独赞赵文子有文德,而且借着羊舌赤之口称赞魏绛"有事不避难,有罪不避刑",羊舌赤的话语放在此处令人感到怀疑,《国语》作者喜欢借他口来表达自己的褒贬。

《国语》立场比较自由灵活而有一定主观性,虽然符合当时的价值取向,但通过那些针砭时弊的肺腑之言中可以看出人物的赤诚之心和作者忧国忧民的爱国热忱。其语言率真,平实自然,还有一些贴近中下层人思想。《国语》作者视角不是统治者的视角,而是比较贴近中层立场。W. C. 布斯《小说修辞学》中专列"讲述"与"显示"一章,认为早期的叙事讲述者有种"专断的论述",叙述总是直白而毫不掩饰地表达自己的憎恶。

《国语》作者个人思想主要通过两种方式表述,一是引用前代贤人话语、《诗》、《书》等文献来阐释道义,在行文中通过人物材料的组织安排。《国语》写作风格以记实为主,注重客观描写,它不像《左传》《史记》那样,在文中加"君子曰""太史公曰"以表明作者立场之类的评语,而是通过客观具体的描述,让读者自己去细细品味作者写作意图。《国语》记载公族被庶族杀掉,强家被小家瓜分,晋国公族虽腐败奢侈,却有很高的文化素养,小家族野心勃勃,却能得到下层的支持,《国语》《左传》很多的褒贬评价和事迹都有倾向性,有不少的杜撰和曲解,甚至是臆造,如赵、韩、魏都是后来建立了国家。

四 《国语》的阐释方式和目的达成

《国语》人物阐释的话语一般有一定程序。经常的模式"A者,B之C也"。这和比兴、比喻、寓言、象征的原理一样,象征也是 A 如 B。"礼者,国之干","礼者,身之干"。"忠信,礼之器也","卑让,礼之宗也","礼,人之干也",[2] "礼,国之干也,敬,身之基也"[3],"夫令

---

[1] 钱钟书:《管锥编》第一册,中华书局1979年版,第161—162页。
[2] 杨伯峻:《春秋左传注》第四册,中华书局1990年版,第1295页。
[3] 杨伯峻:《春秋左传注》第三册,中华书局1990年版,第1177页。

名,德之舆也;德,国家之基也"①,《国语》阐释方式有其目的性。《左传》阐释为人处世经验说"耳不听五声之和为聋,目不别五色之章为昧"。柏拉图通过吟诵声调起伏来诠释,西方诠释学家一般认为书面语言缺乏口语的原始表现力,因此像"荷马史诗"那样的作品须通过大声的吟诵才能获得这种语言表现力。伽达默尔说:"在古代希腊,'观'具有相对于其他一切感觉的优越性。这便是希腊人著名的视觉性。"②《国语》中有凡例解释的内容。《国语·鲁语上》记载"自是晋聘于鲁,加于诸侯一等,爵同,厚其好货。卫侯闻其臧文仲之为也,使纳赂焉"。《国语》反映了当时贤者的思想认识,后来到了战国时期人们将这类的语整理出来,称为语丛,用于言说论辩和为自己著书立说讲学,这是大体的脉络,当然这个过程当中语日益泛化,吸收了不少东西。各家传承过程中也发现其阐释和哲学思辨的意义,于是各家也在不同程度的继续哲学化。《国语·鲁语上》记载:"夫位,政之建也;署,位之表也;车服,表之章也;宅章之次也;禄,次之食也。"其他阐释痕迹还有解释和训诂字意。古代的解释很有意思,和现代的科学解释不同,如"土,吐也,吐生万物也",诗性的阐释渗透思想,再如"夫边境者,国之尾也",《国语》的解释如先秦训诂著作、自然现象以及道德礼乐等抽象概念。语言是思想的直接现实,无论是思想还是语言,都不能自己组成特殊的王国,它们只是现实生活的表现。③ 帕默尔《语言学概论》记载:"语言是所有人类活动中最足以表现的。获得一种语言就意味着接收某一套概念和价值。"④ 解释是"人类思维的最基本的行为",因为人类的生存本身就是一种"从不间断的解释过程"。当他要评断是非、论辩道理的时候就要一个真理评价标准,然后他会把自己的思想加在议论之中,给人启示和警戒。

　　《国语》作者喜欢用归纳概括的方式来表达。《国语·周语中》邵公以告单襄公曰:"背宋之盟,一也;德薄而以地赂诸侯,二也;弃壮之良而用幼弱,三也;建立卿士而不用其言,四也;夷、郑从之,三陈而不整,五也。罪不由晋,晋得其民,四军之帅,旅力方刚;卒伍治整,诸侯

---

① 杨伯峻:《春秋左传注》第三册,中华书局1990年版,第1089页。
② [德] 伽达默尔:《论倾听》,潘德荣译,《安徽师范大学学报》2001年第1期。
③ 马克思:《马克思恩格斯全集》第三卷,人民出版社2005年版,第525页。
④ [英] 帕默尔:《语言学概论》序言,李荣等译,商务印书馆1984年版,第3页。

与之。"西周以后序数用于表示人为的次序，范围的扩大是很明显的。①在当时的历史背景下，对礼乐制度的内容以及道德品质的解释比较注意，周礼有乐德之教育，很重视品德培养。首先是字意，对字意和含义的解释，如"夫兽三为群，人三为众，女三为粲"。"夫粲，美之物也"。"且礼所以观忠、信、仁、义也，忠所以分也，仁所以行也，信所以守也，义所以节也。忠分则均，信守则固，仁行则报，义节则度。分均无怨，行报无匮，守固不偷，节度不携。若民不怨而财不匮，令不偷而动不携，其何事不济！中能应外，忠也；守节不淫，信也；施三服义，仁也；行礼不疚，义也。臣入晋境，四者不失，臣故曰：'晋侯其能礼矣，王其善之！'树于有礼，艾人必丰。"对各种德行的关系，以及和礼乐制度的关系都进行了阐释。有的是道义判断，"章怨外利，不义；弃亲即狄，不祥；以怨报德，不仁。""夫义所以生利也，祥所以事神也，仁所以保民也。不义则利不阜，不祥则福不降，不仁则民不至。古之明王不失此三德者，故能光有天下，而和宁百姓，令闻不忘。王其不可以弃之。"通过判断句式来体现作者的意图，如"夫婚姻，祸福之阶也"，"夫礼，新不间旧"，"夫人性，陵上者也，不可盖也"，"夫郤氏，晋之宠人也"。来进行意识形态的教育。"为臣必臣，为君必君，宽肃宣惠，君也；敬恪恭俭，臣也。""考中度衷，忠也；昭明物则，礼也；制义庶孚，信也。"有的是对事物概括分类，如"楚有五败，晋不知乘，我则强之。背宋之盟，一也；德薄而以地赂诸侯，二也；弃壮之良而用幼弱，三也；建立卿士而不用其言，四也；夷、郑从之，三陈而不整，五也。三军，故有中军之鼓，有国子之鼓，有高子之鼓。……"管子对曰："制鄙。三十家为邑，邑有司；十邑为卒，卒有卒帅；十卒为乡，乡有乡帅；三乡为县，县有县帅；十县为属，属有大夫。五属，故立五大夫，各使治一属焉；立五正，各使听一属焉。"

　　语的内容丰富，既可以记载言论，也可以侧重记事，还可以记载典故和制度。"吾三逐楚君之卒，勇也；见其君必下而趋，礼也；能获郑伯而赦之，仁也。"讲述的目的在阐释怎么做才是礼，才是仁和勇，这个事是个例子。"夫敬，文之恭也；忠，文之实也；信，文之孚也；仁，文之爱也；义，文之制也；智，文之舆也；勇，文之帅也；教，文之施也；孝，

---

① 郭锡良：《汉语史论集》，商务印书馆2005年版，第319—320页。

文之本也；惠，文之慈也；让，文之材也。"《国语》用先王形象来感召，还有文字的训诂解释。"夙夜，恭也；基，始也。命，信也。宥，宽也。密，宁也。缉，明也。熙，广也。亶，厚也。肆，固也。靖，和也。其始也，翼上德让而敬百姓；其中也，恭俭信宽帅归于宁；其终也，广厚其心固和之。"《国语·楚语上》专门讲了教育的科目和方法。这种文字的训诂也就是后来的《墨子》的《经》篇，也是立论的根基。以夫字引起解释和判断的话语，《墨子》的《经》也是这一类话语。这些发自肺腑的话语是主观的认识和体会，以"闻之"来引人之言佐证。

《国语·越语下》吴越之论没有相对章法和规制。《国语》中有不少判断句式，如"夫国家之事，有持盈，有持倾，有节事"，"夫勇者，逆德也；兵者，凶器也；争者，事之末也"。这些解释是论说基础，后面的论述也由此衍生出来，而这些应该是当时人的共同认识。《国语·吴语》和其他以记事为主的诸《语》相比说教色彩淡很多，主要是以故事本身来说教，以情节来渲染，而不单纯以话语的说教，其说教婉约寄寓事中，使领悟者处于第三人的位置，在气势上比较和缓，不像《国语·周语》那样长篇大论的语说。《国语·吴语》人物话语之间比较平淡，没有激烈的矛盾冲突，没有气势上的起承转合。如："臣闻之，得时无怠，时不再来，天予不取，反为之灾"，"臣闻之，为人臣者，君忧臣劳，君辱臣死"，"夫太子，君之贰也，夫太子，君之贰也，太子，国之栋也"。

五 《国语》教育内容和经验总结

《国语》有很多关于教育的内容。《尚书·说命下》记载："惟学逊志，务时敏，厥修乃来。"蔡沈《集传》曰："逊，谦抑也。务，专力也。时敏者，无时而不敏也。逊其志如有所不能；敏于学如有所不及，虚以受人，勤以励己，则其所修，如泉始达，源源乎其来矣！"《尚书·说命下》记载"好问则裕，自用则小"，《尚书·仲虺之诰》记载"日就月将，学有缉然于光明"。《尚书·周官》记载"不学，墙面，莅事惟烦"。《诗经·周颂·敬之》记载"日就月将，学有缉熙于光明"。《左传·昭公十八年》记载："夫学，殖也。不学将落。"注："殖，生长也，言学之进德，如农之植苗，日新日益。"《左传》记载："学而后入政，未闻以政学者也。"《新序·杂事》叶公诸梁问乐王鲋曰："晋大夫赵文子为人何若？"对曰："好学而受规谏。"叶公曰："疑未尽之矣。"对曰："好学！智也；

受规谏，仁也。"①

《国语·晋语四》记载晋文公和胥臣关于教学的对话。晋文公想让阳处父作自己儿子的老师，问于胥臣，胥臣说："蘧蒢节余不可使俯，戚施不可使仰，僬侥不可使举，侏儒不可使援，矇瞍不可使视，嚚瘖不可使言，聋聩不可使听，童昏不可使谋。"这种铺排辞令的句式，《左传》中没有。《国语·晋语》范献子聘鲁归遍戒其所知说："人不可以不学。"《国语·晋语七》记载栾伯请公族大夫，公曰："荀家惇惠，荀会文敏，黡也果敢，无忌镇静，使兹四人者为之。夫膏粱之性难正也，故使惇惠者教之，使文敏者导之，使果敢者谂之，使镇静者修之。惇惠者教之，则遍而不倦；文敏者导之，则婉而入；果敢者谂之，则过不隐；镇静者修之，则壹。使兹四人者为公族大夫。"赵简子诫赵襄子曰："晋国有难，而无以尹铎为少，无以晋阳为远，必以为归。"古代以言教育，择言以教子，"今吾子嗣位，有文之典刑，有景之教训"，赵简子答应使少室周为宰，曰："知贤而让，可以训矣。"《国语·楚语上》记世和语有明德的功用，《春秋》和世、语并列，此春秋为大事记，世系为《系年》类。《国语·楚语下》楚庄王也想让士亹做太子的老师，先是被拒绝，但最终还是答应了，士亹又去向申叔时请教，申叔时提了一些建议。《国语·晋语九》记载"顺德以学子，择言以教子，择师以教子"。韦昭注："学，教也。"

朱熹《朱子语类》记载："《国语》中多要说人有不可教则勿教之之意。"《国语·晋语四》记载："夫教者，因体能质而利之者也。"对话中对文王时期的介绍，很多正史看不到。"臣闻昔者大任娠文王不变，少溲于豕牢，而得文王不加疾焉。文王在母不忧，在傅弗勤，处师弗烦，事王不怒，孝友二虢，而惠慈二蔡，刑于大姒，比于诸弟。《诗》云：'刑于寡妻，至于兄弟，以御于家邦。'于是乎用四方之贤良。及其即位也，询于'八虞'，而谘于'二虢'，度于闳夭而谋于南宫，诹于蔡、原而访于辛、尹，重之以周、邵、毕、荣，忆宁百神，而柔和万民。故《诗》云：'惠于宗公，神罔时恫。'"国语有很多训导之辞，在风格上也是多说教。在内容上侧重对礼乐概念的解释和说教。《国语·晋语七》记载：晋悼公与司马侯登台而望说："乐夫！"对曰："临下之乐则乐矣，德义之乐则未

---

① 石光瑛：《新序校释》，中华书局2001年版，第604—608页。

也。"公曰："何谓德义？"对曰："诸侯之为，日在君侧，以其善行，以其恶戒，可谓德义矣。"公曰："孰能？"对曰："羊舌肸习于《春秋》。"于是就在司马侯的举荐下，让叔向做了太子的老师。

通过人物对话再现让人们能设身处地直观感受到历史真实，是中国的历史表述的一种很重要的方式。中国的历史、小说、诗歌在戏剧上相互融合。中国早期的诗歌都是描述性、再现性、戏剧性的。《国语》作者兼诗人与历史学家于一身。语言既是生活的需要，也是情感的宣泄需要。《国语》所处的时期是在一个"诗歌时代"，又是周代的礼乐社会之中，所以语和《诗》关系密切。在结构方式上往往采用复沓手法回环跌宕，具有很强的音乐性和节奏感。诗乐是文学音乐表演相结合的综合艺术，语言具有很强节奏和韵律感。《国语》有一些诗歌的特点，叙事艺术特征的总体风貌上呈现简约的特点，诗原本也是记事和抒情一体，两者处于同一时期并且相互影响。

第二节 文本语体类型分析

《国语·齐语》和《国语·郑语》主要是问对谋议，《国语·楚国上》令尹子木的楚才晋用典型的论语，还有最后楚王和史老对语。《国语》中很多语都不是单一形式，而是由问对、论语、事语组合的复合模式。《国语·周语》主要是论语，论语于用途上说多为劝谏，《国语·周语上》多是论说不听劝谏的严重后果。《国语·周语》风格雍容典雅，主要是劝谏的论语。

《国语·鲁语》论述更为精简，夹叙夹议，主要是事语。一般的结构为记事＋记言＋记事的模式，也有些只有语的部分，或者只有前后的记事，即记事＋记言，记言＋记事，还有单纯记言以及夹叙夹议的形式。短小的如《国语·晋语》只有几十字，长则如《国语·周语》千余字，以记言为主体。记事篇幅长短适中，一般为二三百字的短篇，言事结合，也有一些短篇和长篇论语。《国语·周语》论语篇幅较长，基本是人物的言论，偶尔有一些记事，以论语为主要，但也有一些事语短章。由于功用的不同，才分成不同的语。公父文伯之母对季康子问是典型问对，有子夏的评论话语。公父文伯之母论老逸，有孔子的评论话语。公父文伯的几个语都是家语。《国语·鲁语》记载的内容都是家庭飨宴婚丧等礼，多是论语训导之言。公父文伯之母欲室文伯诗乐之论，以闻之引出论述。在《鲁语》中孔子对季氏族家很称赞。《国语·鲁语》所选家语的多是和孔子有关或是其赞同者。《国语·齐语》鲍叔荐管仲为宰管仲，对桓公以治国之术问对不记事，管仲对治国之策，主人物要是对话，以管仲的对策为主。

《国语·晋语》主要是事语。《国语·晋语一》其形制和其他语相比已经有不同，并不那么工整简单，而是比较复杂，将两个问对列在一起，夹叙夹议，形制比较自由，内容丰富。郭偃论辩三人而话语又组成了一个谋议对话讨论。献公伐翟柤介绍了郄虎一个比较完整的故事，是内容丰富的事语，问对和论述结合，叙事和话语兼顾，事件因果完整，叙事简洁情节曲折丰富，人物话语生动。优施教骊姬远太子连续三个问对，问对话语更为成熟，长度和内容增加，只有开头和结尾一句叙事。记载了骊姬唆使"二五"所进的逸言，性质和劝谏之辞类同。《国语·晋语》的一个特色就是人物话语的场面更大，出现了不少对话，而这需要一定的语言驾驭能力，不同时间和人物的相关话语多个话语连编，此先写士蔿和大夫们的对话，再说士蔿和献公的多次问对，然后又写出来之后对大臣们所说的预言论语，而到此还没有结束，又接着写太子听到其论的话语和事件的最终结果，可谓波澜曲折。《国语·晋语》虽在话语长度上比较简短，但在话语的生动叙事曲折完整上，《国语》中诸语无法与之相比。《国语·周语》《国语·楚语》《国语·郑语》主要还是记言，记言风格典重，尤其是人物的论述最具特色。《国语·鲁语》也主要是事语，却不如《国语·晋语》生动，《国语·齐语》主要是记载问对和谋划，只有结尾处一段叙事，话语轻灵流畅，《国语·吴语》《国语·越语》语言风格清丽。《国语·晋语》在发言词语前面加上副词和动词来强调话语的生动性，《国语·周语》加功用词语，如"谏曰"。《国语·晋语》以闻之的形式来升华话语的主题。《国语·晋语》《国语·鲁语》基本上是事语，记事和记言并举。叙事主要是通过两个语丛结合在一起。

《国语·晋语二》骊姬潜杀太子申生，十分曲折生动的故事，矛盾冲突激烈，话语生动而富于个性，还有对人物形态的刻画，骊姬见申生而哭之，写出其虚伪和狡诈，刻画其质朴厚重而缺少谋略的杜元款愚忠形象，还有里克犹豫的个性。舟之侨知虢将亡的故事，是三个对话组合在一起形成的完整的事语。宫之奇知虞将亡论辩，没有写劝谏的具体情况，而是写其劝谏之后的论辩话语。《国语·晋语》不是语的初级形态，而是发展到一定阶段的产物，融合了不同形式的语，而且出现了叙事化倾向，话语和记事很成熟，结合自然紧密。冀芮和公子夷吾的故事，记载夷吾对公子挚许诺，和之前形成鲜明的对比，且有些话语模式一样。《国语·晋语》将许多语的单元组合在一起，形成一个前后贯通的完整故事。

《国语·晋语三》记载惠公背外内之赂话语连接顺畅。惠公改葬共世子和上一个结构完全一致，都是先以国人之诵引出郭偃的议论话语。惠公悔杀里克话语的模式和上面一致，只不过不是国人之诵而是惠公之言，以话语引出议论的话语。惠公杀丕郑是三个事语组合在一起。丕郑聘秦主要是叙事性话语。共华代死先倒叙，又多次问对。叙事性话语主要为叙事服务，没有多少思想性和哲理性的话语，非问对语言，连战斗场面也是通过对话来写。针对放不放惠公的问题，穆公向大臣们提问。《国语·晋语》话语思想性变弱，分析性、现实性、逻辑性、针对性增强。如惠公斩庆篇中蛾析和庆郑问对论辩，此处记事日期明确。

《国语·晋语四》记载重耳自狄适齐，是论语和叙事结合。齐姜劝重耳勿怀安论辩，记载了自言自语。齐姜对《诗》《书》很熟悉，与子犯谋遣重耳话语幽默俏皮。卫文公不礼重耳，曹共公不礼重耳，宋襄公赠重耳以马论辩。郑文公不礼重耳谏论，只有叔詹一个人的言论，只有两句记事话语。《国语·晋语四》的对话有共同性，以论述为主，形式上也类似，主要是叙事、论、叙事的模式。公子济河段皆是叙语，日数记载详细，叙事简洁。寺人勃鞮求见文公的论辩，叙事呈现逐渐扩展的趋势，从最初的一句话、几个字，到一个段落详细的叙事。元年春一段结尾叙事叙语，话语流畅整齐连贯。论辩话语之前的部分有省略，而其他人话语直接就论辩，缺少针对性和承接。文公出阳人是事语，此时的《国语·晋语》的叙事性被强化，而话语被弱化。《国语·晋语》的话语有残缺。一些叙事后是王拒绝话语，直接就到了仓葛的论辩话语，然后是评判之语，仓葛话语缺少话语的背景和角色，如论说人物和之前仓葛和其他人物的话语都省略。《国语·晋语》多论辩和小人物话语。文公弗杀郑叔詹有很强戏剧性的效果，前面文辞从容，说了"烹之"就据鼎而号。文公问元帅于赵衰由问对话语、"辞曰"、文公赞语三个部分组成。文公学读书于臼季论辩只有一句话。《国语·晋语》话语模式此条和上条类似。文公问胥臣傅谨之效问对，狐偃谏文公用民连续三次问对。和《国语·越语》的连续、《吕氏春秋》周武王伐纣的虚幻情节类似。

《国语·晋语五》臼季举荐冀缺把前面问对的话语转变为三句叙事的话语，语说的次数在减少，而且形制也在变得精练短小。问对话语比较复杂，不大符合问对，模式有些变形。宁嬴氏论貌与言连续问话被省略，只以"曰"代替，为了追求表达效果，对话变得频繁。赵宣子论比与党由"闻之"演化而来。灵公使鉏麑杀赵宣子，叙事简洁却让人兴趣盎然。郤献子分谤是篇幅很短的精品，全段的重心都在最后的"敢不分谤乎"几个字上，此时的语已经泛化，从经典的话语变得平实简洁，话语再隐没浓缩成为一个核心，叙事占据了大量的篇幅。张侯御鼓励的话语不再集中于固定的体式，更加的泛化，如谈论话语。传统的大段体式没落，绛人论梁山崩的对话哲理性下降，变得通俗化含义内敛，不像《国语·周语》《国语·鲁语》讲道德仁义。话语组合也更加自由化，有些记载只是普通的对话却寄寓深意。伯宗妻谓民不戴其上的问对，话语的组合过于频繁，叙事性得到强化，话语的主体性变弱。《国语·晋语》所采用不是哲理思辨的话语，而是记事生活化的，所以需要频繁的组合，否则便难以自立，也就是说话语的特殊性和前后叙事性的差异变小，而且还有补充的作用，所以整段的叙事性就强化。《国语·周语》的话语无论是思想性还是语言的容量上都足以自立，而叙事反而成为其补充。《国语·晋语五》开始，《国语·晋语》越来越短，内容上也越来越生活化。

《国语·晋语六》赵文子冠是仪式辞令的组合，有强烈的对比效果。郤至勇而知礼，范文子论内睦而后图外，全篇以"闻之"领起一人反对的话语。范文子论外患与内忧有"范文子不欲"的论述。针对主战的想法进行驳论，可见《国语》作者反战，所以范文子论胜楚，栾武子不听他的劝谏，这里有不少叙述的语言，结尾处的叙事得到延展和扩大，因果有偏颇臆断的地方。鄢之战的语模式，先说鄢之战叙战争的晋楚情况，然后介绍大夫们的态度，这时候因为范文子不赞同出现了矛盾。从语言表述上来看，《国语》因果论断往往出于主观论断。范文子论德为福之基，范家在话语上得了大教训，范文子是个有思想的人，却喜欢乱说话。范文子暮退朝篇记范武子对文子的评价和预言也有说明。此处和之前几处的范文子的话语类似。在问对话语的前面加上动作情态等修饰限定的句子或词语来增加问对的生动性和故事性。范文子论私难必作类似随感。栾书发郤至之罪毫无哲理性的言语，但对于事件却很关键，记言目的已经发生了变化。对言也是如此，整段的对话为记事做准备，更好的展现事件的因果，展现人物的形象。长鱼矫胁栾中行论辩，与晋公对话，晋臣多以"臣闻之"言。韩献子不从栾中行召辞曰，此处以"人有言曰"引出话语。"人有言曰"和"臣闻之"的不同在于，"臣闻之"往往对君的答对态度谦和，不是十分确凿的意思，而"人有言曰"则比较肯定，语气上更为强一些，前者比较概括，后者较为具体。《国语·晋语》有很多赞同或者反对论述人物观点的话语，是一种新型的论语。

《国语·晋语七》栾武子立悼公都称呼谥号，比之前篇章严格，作者着力于记言。悼公在清原讲话，众大夫的对语是问对和论结合。记事时间详细，句式整齐连贯，如一种特定的赞语，文公修政纳襄王处也是。悼公即位对吕宣子、㦄恭子、令狐文子册命皆称谥号，无谥号的称官职加上名字，不知官职则称名。作者叙述则称名字，叙述册命的官职情况，使四人为公族大夫，前来迎接的栾、智、㦄三家没有进行分封。悼公始合诸侯第一段全是复霸之前的人才任用情况，其文辞类似《左传》的叙事，《国语·晋语七》比较近似《左传》，公对臣不再询问，而变成了行政性命令。在话语间增加人物以及活动的词语，故事性、戏剧性强化，精彩的不再仅仅是话语。祁奚荐子午问对，突出祁奚果敢的个性。悼公使魏绛佐新军这一篇多言悼公人事任用的情况。《国语·晋语七》围绕晋悼公复霸展开，先写他回国即位，然后分封册命各家，最终实现了复霸。然后又回去写任用各家的情况，悼公联合各家，唯才是用，其中很多不是拥立其归国的有功之臣。《国语·晋语七》就是讲述悼公复霸一事，无栾氏语，到了《晋语八》灭栾氏。

《国语·晋语八》在悼公时期栾氏的势力就被压制，栾氏也因为之前参与作乱的事，行事变得比较低调。辛俞从栾氏出奔的论辩精彩，以彼之矛攻彼之盾，利用别人的话语来说明自己的正确。叔向母谓羊舌氏必灭，叙事生动，用词精练。叔孙穆子论"死而不朽"采用问对论辩组合模式，《国语·周语》有问鲁大夫谁贤的对话，说叔孙氏奢侈且有文辞。范宣子与和大夫争田，一人问多人对答，话语结构扩大，问了六个大夫，只有叔鱼明确帮助，祁奚直言劝谏，其他委婉的不同意，可见这些人物的个性。叔向、司马侯、祁午劝导其慎重，訾跄从范氏的历史经验讲述，以及结合宣子自身的情况，劝谏不要这样做。此一篇共有十一个大夫先后出场发言。对当时晋国的政坛历史人物，有比较全面的展现。范宣子劝勉范献子篇中范宣子的话语充满了感情，范献子的话语诚恳和尊敬。师旷论乐语言辞文雅，论语精练概括。叔向谏杀竖襄有情态描写，论辩话语正话反说。叔向论比而不别，篇中记叔向论结交，另外韩献子论党，可见语有模式和类似性。叔向与子朱力争，先对话引出论辩，还有细致动作描写。叔向论忠信，用一句话语引出一次问对，精彩在于其中一次论辩，结尾之处与前呼应。赵文子为室与其他的问对不同在于，首先一张老不谒而贵，后赵文子又"驾而往"追问，赵文子听取了张老的话之后，工匠请求重新削砍，赵文子又不允许，说要给后代留教训。赵文子称贤随武子，采用连续问对形式，同一个问题答案却不同，而且评价也不同。秦后自为赵孟将死，由前者引出后者。

《国语·晋语九》记载中行穆子围鼓，类似《韩非子》说体。范献子聘于鲁，论辩呈现出一种结合的趋势。董叔将娶于范氏前面的话语为后面做铺垫，最后论辩的话语才是关键，语言幽默机智。赵简子欲有斗臣的论辩话语很像是普通的对话，句子很简洁。阎没叔宽谏魏献子劝谏精彩，其中论辩不是一句，而是一个话语交互的过程。赵简子以晋阳为保障记载邮无正谏赵简子。赵简子等三人夸功显得是没有主题的对话，三个人的话语都夸自己。《国语·晋语》话语类型多而现实化。史黡谏赵简子田于蝼的论辩劝谏虽然短小但精练。少室周知贤而让的论辩话语十分精警。史黡论良臣采用论辩形式，但也有问对的话语。赵简子问贤的内容，有"问于""臣闻"的词语，也是对语。窦犨谓君子哀无人的论辩针对叹气的行为引人入胜。智伯国谏智襄子、晋阳之围都是论辩，可以看出《国语·晋语九》辩论篇目较多。

《国语·郑语》史伯论兴衰。《国语·楚语上》申叔时论傅太子之道，用若、且字领起一段。蔡声子论楚材晋用。采用今昔对比方式。《国语·鲁语》《国语·晋语》《国语·楚语》都有反对奢侈建筑的话语。《国语·周语》《国语·晋语》《国语·楚语》都有献《诗》诵谏。范无宇论国为大成，左史倚相儆申公子亹、白公子张讽灵王宜纳谏皆论辩。《国语·楚语下》观射父论绝地天通、子常问蓄货聚马斗，《国语·楚语》连续采用"古者"论辩模式，也可以是先昔今后预言。蓝尹亹避昭王而不载的论辩，或礼于君或礼于父论辩。蓝尹亹论吴将毙，《国语·鲁语》《国语·周语》《国语·晋语》为亡，而《国语·楚语》为毙，对感叹发表议论，《国语·晋语》也有，还有不让楚王上车的那节，为和晋惠公背庆郑拒载类似。王孙圉论国之宝、鲁阳文子辞惠王所与梁论辩。叶公子高论白公胜必乱楚，此处和前面劝谏白公的立场不同，《国语·楚语》两次提到三郤因为长鱼而灭，《国语·楚语》作者知道《国语·晋语》的事情。

《国语·吴语》注重行人辞令。刘师培说以前的大夫没有不会写文的。[①]《国语·吴语》作者知道《国语·楚语》的内容。语体形式有问、对、论、辩、谏、请、辞、诫、祷、训、告、议、属、命、儆、讽、诵、箴、叹、白、释、诬等。申胥自杀采用昔今对比是语的一种普遍的模式，《国语·周语》《国语·郑语》《国语·楚语》论语最多。《国语·吴语》记事得到强化，叙事也很精彩。《国语·吴语》由多个问对重复组合，字句上也很类似。《国语·晋语》将多个对语重复组合，字句上不一定类似。《国语·吴语》多记载外交辞令和命令言语，以及对国政战争等谋话语问对。四次告诫的四句话基本相同，在时间上层层递进，逻辑上层层递进。叙述和话语的循环和重复强调容易接受，不落俗套和正常的比较容易引发思考。"徇"多次的循环重复，其实本可以用几句话解决，用《左传》式的简洁的叙事，但作者不厌其烦，反复的重叠，形成一种感染、震撼的力量来补充和增加语言的效果。此处整段基本是叙事，不像前面的欢快激昂，只有一句吴军的惊骇之言。语变成了十分简单的话语，一句两句或简单的推辞话语，答对体式已经不明显，话语的张力已经不如前面，尤其不如《国语·晋语》。

《国语·越语上》记载君臣对语论辩和行人辞令。循环多次问对攻伐时间，又开始注重语的体式，人物话语变得规范。《国语·越语下》比《国语·越语上》规整，《国语·越语上》又比《国语·吴语》规整。各个《语》的叙事都统一采取排偶的形式，这是其一个特色，也是语的文体决定的。语的体式又呈现的比较明显，和《国语·吴语》不同，有一些接近《国语·晋语》。《国语·吴语》特有的，各语之间的侧重不同。《尚书·泰誓中》有"王乃徇师而誓"的说法。《国语·越语》的语体有令、命、盟、谚、讴、骇、说、誓、请、辞、劝勉等。

[①] 刘师培：《刘师培史学论著选集》，上海古籍出版社 2006 年版，第 101 页。

第三节　典型的示范意义

《国语》对后来语体体式确立和语体发展起到了重大意义，其形制手法风格对后代语体文学以及语体文学变化之后的文学形式都起到了示范作用。

金春峰《汉代思想史》说："帛书使用了许多很具有特点的名词、用语，其中不少在战国默念已不大使用了，如'天极'、'天当'、'天刑'、'天德'、'阳节'、'逆节'、'雌节'、'雄节'、'柔节'等等。这些词汇唯在帛书、《管子》、《国语·越语》中多见。"《国语·越语下》记载："古之善用兵者，因天地之常，与之俱行。后则用阴，先则用阳；近则用柔，远则用刚。后无阴蔽，先无阳察，用人无艺，往从其所。所言兵法之事。"《经法·国次》说"毋阳窃，毋阴窃，毋土敝，毋故执，毋党别"。此类的还有很多。对《国语》有学习和吸收，文字有所俭省，在意义上后者没有超出前者的地方，所以是后者学习前者。说两者相距不远，恐不能有据，不能成立，但两者似乎存在顺承的关系，直接或者间接的。[①]《礼记·仲弓》记载季康子问孔子，后代都有很多的模仿制作。《国语》对战国著述的影响很大，用词上的一致，方法上的继承，诸子对语的征引较多，也明显表现为文本对比差异的地方，书籍的流传中的异体字也较多。李梦得《古代文献的演变》中说："无论是在那些流传到今天的古代文献，还是最新出土的古代文献中，我们都可以遇到余量相当可观的平行文本。换句话说，整个文献或者是其中的一部分，或者与灵异文本几乎相同，或者在词语或者文本模式上存在相当程度的相似，以至这种相似无法用纯属巧合来解释。无论是谁撰写了这些文本，他们借鉴了一些语言材料，也就是说所要讨论的文本并不是作者从头到尾的个人创造，相反，这些文本使用了它们之前的文本中的一些词语、句型或者段落。"[②]《国语·越语下》记载"夫勇者逆德也，兵者凶器也争者事之末阴谋逆德好用凶器，始于人者人之所卒也，淫佚之事，上帝之禁也先行此者不利"。可以看到《国语》的一个流散的过程，诸子对《国语》的继承情况。

[①]　金春峰：《汉代思想史》，中国社会科学出版社2006年版，第48—49页。
[②]　[美] 李梦涛：《简帛》第三辑，上海古籍出版社2008年版，第431页。

出土简帛与《国语》文献的重合现象。语体文学的资源有共享的情况，也有各自演绎的成分，但都是一个故事，大体类似说明这个事之前存在。这些简帛的用词和《国语》很类似。郭店简《老子》中"临""视""治"。《国语·晋语》"临长晋国者"。贾注："治也。"马王堆帛书《二三子问》，圣人之有口也，……衣食庶物所由生也。① 刘娇博士学位论文《言公与剿说：以出土简帛比对古籍相似内容现象研究》指出从出土简帛古籍看西汉以前古籍中相同或类似内容重复出现现象指出，帛书以上语与《国语·周语》上所载以下邵公之言相近："民之有口……是乎生。"长沙马王堆《称》篇列举了很多和《国语》类似者，如："……天有还刑，反受其殃"。《国语·越语下》记载"得时不成，反受其殃。失德灭名，流走死亡。有夺，有予，有不予……"又"得时不成，天有还刑"，都讲予和取的事情，而且观点相同和语言近似。《国语》中的论语中有许多上古帝王的事迹，夏商周三代以及上古帝王，成为论说的重要的材料和说理的佐证，在《国语》中有很多，出土材料中也出土了不少（如《容成氏》），一般是单独成篇，《国语》中应该是概括引用之后的样子，而出土的多是原本的，可能有所简略。很多内容和《国语》有关，文法和《国语》类似。战国文献的殊途同归者多矣。《国语·越语下》记载："夫勇者，逆德也；兵者，凶器也；争者，事之末也。"《老子》也说"兵者，凶器也"。② 《礼记》是从阐释礼制角度，《国语》记言也有此类话语，有些探讨话题相同。

诸子和《国语》一样也喜欢引用话语、文献和历史典故。《墨子》多记载春秋及其以前的历史人物和事件。儒家在下层广泛的传播，很多又是来源于传闻，官学下移之后的文献，墨子学过《诗》《书》，"春秋"类的书或是语以及其他的书。《国语》和其他同类文献流散到社会底层成为社会共同的资源。诸子的引用往往不是文献原封不动的征引，而是取其典故，可能是来自风闻，在当时的历史条件下，有的时候引用比较灵活，甚至发生变化或者讹误。《韩非子》中曾引《国语》内容。《韩非子·存

---

① 裘锡圭编：《马王堆帛书〈二三子问〉》，《长沙马王堆汉墓简帛集成》（叁），中华书局2014年版，第46页。

② ［美］李梦涛：《古代文献的演变：马王堆帛书甲本老子第八章为例》，《简帛》第三辑，上海古籍出版社2008年版，第431页。

韩》且臣闻之:"'唇亡,则齿寒。'夫秦、韩不得无同忧。"后加议论之辞。《韩非子·孤愤》典型的论语。和氏化用《国语·楚语》之事,《韩非子》的论语形式和《国语》的论语有类似,但在体式上有延展。《韩非子·亡征》记载:"排比可亡之征兆。故《桃左春秋》曰:'人主这疾死者不能处半。'"俞樾认为《桃左春秋》是《梼杌春秋》。《韩非子·说林上》的内容大部分是语和《春秋》之类的文献。《韩非子·安危》记载:"安术有七,危道有六。'语曰:莫三人而迷。'"看来很多春秋时期的文献不在了,但是在战国诸子这里一些得到了一定的整理和保存,诸子并不都是寓言化的,也体现为语的流变。对春秋时语吸收内容和技法,又有所发展和变化,在形式上越来越复杂,在技法上更为丰富。《韩非子·储说》以及其他的文献记载了嘉言善语的撮要,不是都见于《国语》,可能有些是根据被记载的事实,而有些语亡佚了。

　　章学诚《文史通义·诗教上》记载:"其辞敷张而扬厉,变其本而加恢奇焉。"《国语》发展为《战国策》,变得多用比喻铺排、旁征博引,注重论辩技巧,层次条分缕析。有时候故设惊人之笔,审时度势,很有说服力,着重选取典型人物、事件的典型情节。《战国纵横家书》虽不如《战国策》的文章铺张扬厉、骈偶排比,但更能窥见其原始面目,没有后人修饰加工的痕迹。从散文角度审视,其纵横捭阖"因势而为资,据时而为划"的风格以及这时的语被称为真实、具体的语言运用都颇具特色,如其中有关苏秦的十多章文字。① 还有《春秋后语》《春秋时国语》。从《论语》《管子·短语》、陆贾《新语》到《世说新语》,我们可以发现语脱离了礼乐制度社会背景,与《国语》时代的语存在明显不同。春秋事语后的语体文学受到他的不同程度的影响。出土文献中的许多语体文学作品都多少有些《国语》的影子。诸子则在其基础上进行改革,语越来越世俗化。《国语》对后代文学家和文学创作的影响。《国语》体例对后世的影响。第一是分国体式。刘咸炘《推十书·戊辑贰·杂史》记载:"《国策》与《国语》同体,刘向释:或曰国事,或曰事语。可知非专纪言。刘勰谓为录而弗叙,故即简而为名。二语极精明,其为记注之体,所以名为策也。人入纵横家,诚谬也。"② 《战国策》的体例学习《国语》,

---

① 刘衍:《刘衍论著集》第四卷,湖南文艺出版社2008年版,第131页。
② 刘咸炘:《推十书·戊辑贰·杂史》,上海科学技术文献出版社2009年版,第714页。

在内容上承接《国语》尤其三晋、齐国、楚国。体例上还是按照刘知几所说的,《国语》自为一体,后世言《事语》之分类,是就其内容而分,根据汉人称呼《战国策》的特点为"事语"而言,而且为了避免两书重复所以称呼为事语体,其实乃一脉相承,后世诸子乃其末流。就其本源则当为《国语》之体。《战国策》讲究权谋,《国语》讲求道德。《国语》用大量的篇章论述帝王、大臣以及后代子孙优秀的品德与国家事业兴衰成败的关系,如《国语·晋语》记载了重耳的出奔、流亡和复国的史实,多次提到重耳流亡在外十八年颠沛流离饱尝艰辛。《国语》《国策》都言国家兴衰称霸之道,《国语》偏重礼乐教化之道,而《国策》多灭国利益之道。《推十书·戊辑贰·杂史》记载:"有总记偏霸事者,原于《国语》、国策"。① 刘知幾《史通·六家》记载曰:"至孔衍,又以《战国策》所书,未为尽善。乃引太史公所记,参其异同,删彼二家,聚为一录,号为《春秋后语》。除二周及宋、衞、中山,其所留者,七国而已。始自秦孝公,终于楚、汉之际,比于《春秋》,亦尽二百三十余年行事。"

《史记》《汉书》都涉及《国语·越语下》"天予不取,反之为灾",简帛文献也有。《史记·张耳陈余列传》记载有人劝告张耳说:"臣闻'天与不取,反受其咎'。今陈将军与君印,君不受,反天不祥。急取之!"②《汉书·张耳陈余传》客有说耳曰:"天予不取,反受其咎。"《汉书》直接引《国语》,《汉书·韦贤传》也引过。《史记·匈奴传下》冒顿书于吕后曰"愿以所有,易其所无",《国语·齐语》也有此话。朱鹤龄《愚庵小集》卷一三《读〈周本纪〉》谓马迁"记幽、平间事甚略,为考订之",其文有足刺取者。③ 史书分为两种类,一是瞽史乐官掌握的语类,一是史官掌握之史记。两者在功用上有差异,在文体、文风、创作原则上也有差异。他们的取材往往很近似,但视角和选择的侧重不同,前者主要是记言,后者则记事兼及言论,属于两个系统。最近一些年出土了一些这样的书,《左传》很大程度上对两种书做了较为全面的整理,对诗、书、列国世系、令、春秋史记、《国语》、古人云、百国春秋、故志、训典等都很熟悉。春秋指的是史记,史官的记载主要体现为记录功能,其

---

① 刘咸炘:《推十书·戊辑贰·杂史》,上海科学技术文献出版社2009年版,第714页。
② 司马迁:《史记》,中华书局2013年版,第3112页。
③ 朱鹤龄:《愚庵小集》,上海古籍出版社1979年版。

产品是志、史、书之类的文献，而语类则主要体现为教化传播功能。《史记·五帝本纪》记载"予观《春秋国语》，其发明《五帝德》《帝系姓》章矣"。《史记》在内容上引用很多《国语》的记载，文风上则学习战国散文，受到战国学术的影响。《汉书》风格在《左传》和《国语》之间，更贴近《国语》，平实而不奢华，含蓄而文雅丰富。这是从《尚书》那里继承而来的史传文学的优良传统，尚朴实而不崇尚华美。《左传》和《史记》较为特殊，二书受诸子文风影响很大，（司马迁说成一家之言）《汉书·律历志》记载《春秋外传》曰："曰少昊之衰，九黎乱德，颛顼受之，乃命重黎。苍林昌意之子也。金生水，故为水德。天下号曰高阳氏。"这在《国语·楚语下》有所记载。又《春秋外传》曰："颛顼之所建，帝喾受之。清阳玄嚣之孙也。水生木，故为木德，号曰高辛氏。"《国语·周语下》也有记载。刘知幾《史通·汉书五行志错误》记载："今班《志》所引，上自周之幽厉，下终鲁之定哀，而不云《国语》，惟称《史记》，岂非忘本徇末，逐近弃远者乎？"①

《国语》对后代散文的影响很大。陆贾《新语》如同政论散文集，句式近乎骈文，文采斐然、辞藻华丽。梁君出猎的记载和《国语·晋语八》晋平公射鹄相似。贾谊的《新书》有不少采用连语形式。晁错之文多就事论事，偶有征引前代诸子，无引《诗》《书》，具有明显的赋化倾向：语句多对偶，四字句居多，简短凝练，易于表达；大量运用排比句式；用韵约束，读来朗朗上口，语句铿锵，增加了文章的气势。汉代的制文的体制基本还是保持了《国语》的体式。董仲舒《春秋繁露》有《郊语》一篇言郊礼制义，先是嘉言善语、联系实际，而后引用《诗》《书》。汉的学术著作也多有对《国语》的征引。《国语》，汉人也称呼为《春秋国语》。《风俗通义》记载"五帝《易传》、《礼记》、《春秋国语》、《太史公记》"，《春秋国语》是根据春秋史官记载分国编纂的记言史书。《风俗通·五霸》引《国语·郑语》，彭城相袁元服引《国语·越语》，又引《国语·晋语》《国语·鲁语》《国语·周语》以及关于先秦时期关于祭祀的记载。《左传》称为《春秋左氏传》。②

国语的体例对后代小说、笔记也有一定影响。《世说新语》其中主观

---

① 莫砺锋：《程千帆选集·史通笺记》，辽宁古籍出版社1996年版，第323页。
② 应劭、吴树平：《风俗通义校释》，天津人民出版社1980年版，第15页。

的发挥和艺术手法的使用更为明显，魏晋时期崇尚复古之风，士人喜欢清谈，此书也记录汉魏人物言语事迹。语言颇具文采，文学手法更加的自觉。语类原本是记载训诫话语的，后来衍生出语录、家训。《论语》开启先河，对于师门学派而言则有语录之体。《国语》对后代的文学有较大的影响。语是很有包容性的体裁，既可以讲故事，也可以讲道理；既可以记录事实，也可以有所发挥；既真实又富于艺术性和戏剧性。

第四章

《国语》论说的知识背景与春秋士人心态

《国语》的论说成就显示了春秋时期的"思想突破"和历史进步，而这种进步是在春秋知识背景下实现的。《国语》记载的许多意味深长的对话，充满了知识和逻辑的力量，展示了春秋士人的精神世界和心理世界。这一时期的思想家和贤相君子，往往都具有良好的礼乐文明修养，言谈间对礼乐经典常常信手拈来，作为思想理论的依据；另外，他们的对话显示了他们的知识修养，对阴阳、对数学、对物理、对历史，不仅表现出极大的热情，也表现出他们化用科学化用人文知识的能力。

第一节　知识背景

《国语·楚语上》庄王使士亹傅太子箴，问于申叔时，申叔时说太傅要教太子学九艺，其中包括《春秋》《世》《诗》《礼》《乐》，还有《令》《语》《故志》《训典》。韦昭解说："以天时纪人事，谓之春秋。""世，谓先王之世系也。为之陈有明德者世显，而阍乱者世废也。""令，谓先王之官法、时令也。使议知百官之事业。""语，治国之善语。故志，谓所记前世成败之书。""训典，五帝之书。"此外在士大夫的言论中还常涉及其他的一些知识。儒家有《诗》《书》《礼》《易》《乐》《春秋》六艺。申叔时谈到教育王室公子时所开列的教材即包含了儒家五经。孔子曰："吾自卫反鲁，然后乐正，《雅》、《颂》各得其所。"是《诗》与乐相须，不可谓乐无书。再看出土的先秦文献：《时》（读为诗）、《箸》（读为书）、《嘞》（读为礼）、《乐》，亓司（读为始）出皆生于人。《时》，又

（读为有）为为之也；《箸》，又为言之也；《嘞》、《乐》，又为（读为举）之也。郭店楚简《性自命出》篇第十五、十六简中的文字，谓《诗》《书》《礼》《乐》诸书的创作都产生于人，都是反映人们的作为的。郭店楚简《六德》第二三至二五简：古（读为故）夫夫、妇妇、父父、子子、君君、臣臣，六者客（读为各）行亓碧（读为职）而批（读为恢）爹（读为逆）亡繇连（读为作）也。（读为观）者（读为诸）《时》（读为诗）、《箸》（读为书）则亦才（读为在）考（读为矣），箻暑硒（读为礼）、《乐》则亦为才雍，骦者《易》、《春秋》则亦才。马王堆三号墓出土帛书《要》篇亦谓《乐》为书：孔子……戒门弟子曰：……六经之中以《诗》《书》最为重要。赵衰说："《诗》《书》，德义之府也"。《周礼》记载保氏教春秋国子礼、乐、射、御、书、数六种基本技艺。段玉裁《说文解字注》记载："周人所习之文，以礼乐诗书为急。故《左传》曰：'说《礼》《乐》而教《诗》《书》'；《王制》曰：'春秋教以《礼》《乐》，冬夏教以《诗》《书》'。而《周易》，其用在卜筮，其道取精微，不以教人。《春秋》则列国掌于史官，亦不以教人。故韩宣子适鲁，乃见《易》象与鲁《春秋》：此二者非人所常习明矣。"

一 《春秋》

《国语·楚语上》申叔时言"教之《春秋》，而为之耸善而抑恶焉，以戒劝其心"。《国语·晋语》叔向习于《春秋》，郤縠学《春秋》。叔向习于《春秋》而为当时称颂。他们对于前代君王的情况很熟知，胥臣对文公曰："臣闻昔者大任文王不变，少溲于豕牢，而得文王不加疾焉。文王在母不忧，在傅弗勤，处师弗烦，事王不怒，孝友二虢，而惠慈二蔡，刑于大姒，比于诸弟。"《墨子》所说竹帛之书，主要是指周、燕、宋、齐等国的《春秋》。晋悼公因为听司马侯说叔向"习于《春秋》"，懂得"德义"，能够"以其善行以为恶戒"，便把叔向召来"使傅太子彪"。[①]贵族把历史作为教科书，为了从历史当中吸取经验教训。《左传·成公十八年》有"《春秋》之称，微而显，志而晦，婉而成章，尽而不污，惩善而劝恶"，内容重视劝解的作用。

《国语》与《诗》的起止重合，《诗经》中很多作品作于西周早期，

---

① 杨宽：《战国史》，上海人民出版社2003年版，第662—663页。

但其编辑和整理要晚一些，起于西周早期结束于春秋中期。《国语》起于穆王结束于春秋晚期，《国语》经历了诗乐的创作期和诗乐使用期。《国语》和《诗经》创作和应用是同时，原本都是单独成篇，这一点可以从出土文献上看出来。如《国语·周语》实际上只到敬王十年（叙事延续到定王时期），也就是孔子的中晚年的昭公三十二年前后。《史记·周本纪》记载敬王"十六年，子朝之徒复作乱，敬王奔于晋。十七年，晋定公遂入敬王于周"。① "三十九年，田氏代齐。四十一年，楚灭陈，孔子卒。定王十六年，三家灭智"。《国语·吴语》《国语·越语》的主要记载时期。语和礼乐制度紧密依存。《国语·鲁语》亦终于孔子在归鲁之后。《国语·齐语》只讲桓公称霸一事，不过二十多年，涉及鲁之事，"鲁有诸侯，庆父之乱，二君弑死，国绝无嗣"，概括简练，规整而自由。《国语》叙事概括，语言经过加工润色。战国时期《国语》逐渐成为文本形态。《国语·晋语》在《国语·周语》结束之后还有一些年的语，主要是关于赵氏和智氏的争斗，《左传》《国语》记载赵氏有家史。《国语·楚语》从庄王到惠王，主要是昭王灵王时期之事。吴王还自伐齐，乃讯申胥曰："昔吾先王体德明圣，达于上帝，譬如农夫作耦，以刈杀四方之蓬蒿，以立名于荆，此则大夫之力也。"申胥释剑而对曰："昔吾先王世有辅弼之臣，以能遂疑计恶，以不陷于大难。"《国语·越语上》多说利益、形势、兵法。《孟子·离娄下》亦说："王者之迹熄，而《诗》亡，《诗》亡然后《春秋》作。晋之《乘》，楚之《梼杌》，鲁之《春秋》，一也。其事则齐桓、晋文，其文则史。"② 汉贾谊《新书》有《春秋》，长沙马王堆汉墓帛书有《春秋事语》。《韩非子·奸劫弑臣》有"《春秋》记之曰"，《战国策·楚四》有"《春秋》戒之曰"，《韩诗外传》卷四亦曰"故《春秋》志之曰"，明云引自《春秋》，其文稍有不同。③ 章学诚《文史通义·永清县志文征序例》记载："然而古者十五《国风》、八国《国语》，以及晋乘、楚梼杌、与夫各国春秋之旨绎之，则列国史书，与其文诰声诗，相辅而行。"④ 章太炎《文学略说》记载："《左》《国》《史》《汉》中之

---

① 司马迁：《史记》，中华书局 2013 年版，第 197 页。
② 杨伯峻：《孟子译注》，中华书局 1996 年版，第 192 页。
③ 屈守元：《韩诗外传笺疏》，巴蜀书社 1996 年版，第 414 页。
④ 叶瑛：《文史通义校注》，中华书局 2014 年版，第 915 页。

奏议书札，皆独行之文也。西汉以前，文集未著。"①

二 世

《国语·楚语上》申叔时说："教之《世》，而为之昭明德而废幽昏焉，以休惧其动。"国子安学习氏世系。《周礼·春官·小史》记载："小史掌邦国之志，奠系世，辩昭穆。若有事，则诏王之忌讳。"郑司农认为，"系世，谓帝系、《世本》之属是也。小史主定之，瞽矇讽诵之。"瞽史熟悉世系。《史记·五帝本纪》司马迁说："予观《春秋》、《国语》，其发明《五帝德》、《帝系姓》章矣。"《国语》的文本中融合不少世系的内容，《系年》文本中有些话语和《国语》相似②，《系年》和《纪年》时间大体相同，大体和屈原、庄子、孟子所生存的时代近似。③

李学勤的《初识清华简》，从《系年》看《纪年》，人物的称呼、叙事的概况以及字句上有出入，但是文风类似，字句有重合之处，叙事用词近似。《纪年》主要站在是魏国立场，《系年》是楚国立场。李学勤《初识清华简》记载："《系年》的作者志在为读者提供了解当前时事的历史背景，也起到以史为鉴的作用。篇中时代较后的一些章，有时还明显结合当时形势。"④ 廖名春、李学勤认为《系年》为纪事本末体，⑤ 李学勤认为《纪年》的体例不是像《春秋》那样按年排列，而是更为接近《系年》。⑥ 关于这篇文献的性质，陈伟先生认为，《系年》以一些大事件为线索综述始末，不像《春秋》那样属于单纯的编年史，也不像是《春秋》那样记事繁多而行文简略。这与《铎氏微》"采取成败" "撮抄"的特征颇为相符。⑦ 把幽王晚期到春秋交替兴霸的过程写得清楚。《系年》体经常说年号，前后多少年然后叙事。《国语·周语》记载《世系》，事件也有记

---

① 章太炎：《国学十六讲·文学略说》，中国友谊出版社 2009 年版，第 290 页。
② 李学勤：《初识清华简》，中西书局 2013 年版，第 158 页。
③ 李学勤：《初识清华简》，《〈系年〉出版的重要意义》，原载《邯郸学院学报》2011 年第 4 期，系 2011 年 12 月 19 日在《清华大学藏战国竹简》第二辑成果发布暨学术座谈会上的介绍辞，中西书局 2013 年版，第 157—158 页，李学勤认为在楚肃王前 380—前 370 年。
④ 李学勤：《清华简〈系年〉及有关古史问题》，中西书局 2013 年版，第 90 页。
⑤ 廖名春：《清华简系年管窥》，《深圳大学学报》2012 年第 3 期；李学勤：《清华简：学术史研究新贡献》，《中国社会科学报》2011 年第 241 期。
⑥ 李学勤：《由清华简系年论纪年的体例》，《深圳大学学报》2012 年第 2 期。
⑦ 孙飞燕：《清华简系年初探》，中西书局 2015 年版，第 7 页。

载。《左传》把各国历史以世系编纂成一部书，没有《系年》的严格要求，如后代的《春秋》都是小故事性质，而《系年》则是年事相系的叙事。《国语·周语上》祭公明确先王后稷事迹。《系年》像是对《国语》类书概括而成。《系年》第一节说昔周武王和祭公那段昔先公的论述很类似，记载的事情也是基本一致，但在称呼上有"周"字，而《国语》只是称呼文王武王，《系年》应该更晚。《国语·晋语》叙事比重增加，在论外还出现了专门的叙事。《国语》开头都要说系年月，是世系和语的集合。《国语·周语上》祭公谋父的话语，比《系年》更烦琐，不紧凑琐碎之言更多，但思想比较近似。而且记载不仅是世系，还把世系作为线索来整合其他文献。整个《国语》尤其是《周语》王室的世系记载比较清楚。《系年》所说的内容有《国语》没有的，如伍子胥为太宰。关于骊姬之乱的内容，《系年》采用概括叙事，《国语》要具体生动得多。《左传》和《国语》对于人物的官职记录详细，①《国语·晋语七》有《秩官》记录。仲山父谏也有官职的记录，还有鲁武公以括与戏见王，讲述为官处理政事的方法。刘知幾《史通·表历》记载："周撰世本，式辨诸宗。"世系和语相互配合，言世系家族必也提到嘉言善语和故事。更不可能只背诵世系，而是用有趣的事物和生动事迹介绍。彼此之间并不重合，但可以组成一个完整而丰富的故事。

三 《诗》

《国语·楚语上》申叔时言"教之《诗》，而为之导广显德，以耀明其志"。古代贵族还要学习诗乐，祭公说周公作颂，邵公告厉王有诗乐教育，厉王说荣夷公芮良夫引《诗经》。《周诗》曰："莘莘征夫，每怀靡及。"《郑诗》云："仲可怀也，人之多言。亦可畏也。"《国语》记载《诗》曰："恺悌君子，求福不回。"《诗》曰："四牡骙骙，旟旐有翩，乱生不夷，靡国不泯。"又曰："民之贪乱，宁为荼毒。""《诗》云：'殷鉴不远，在夏后之世。'观之《诗》《书》，与民之宪言，则皆亡王之为也。"《曹诗》曰："彼己之子，不遂其媾。"《国语·晋语》秦伯享重耳以国君之礼，秦伯赋《采菽》，重耳赋《黍苗》。秦伯赋《鸠飞》，公子赋《河水》。秦伯赋《六月》，子余使公子降拜。《国语》记载了《诗》

---

① 《左传》记载"赵盾将中军，先克佐之……"，将佐记载详细。

之由来、创作方式，校对和使用情况，并且收录了《诗》的逸篇。《诗》的创作主要是三个时期。一是立国初期，文武开国时期和周公成王制礼作乐，这是颂诗创作的高潮时期，主要是为了祭祀和仪式的需要。二是西周中晚期，这是雅诗创作的高潮时期，主要是为了表彰功绩和讽谏之用。三是春秋初期，是国风创作的高潮，主要是采集了解民风和讽谏，供天子诸侯欣赏。"《诗》云：'刑于寡妻，至于兄弟，以御于家邦。'《诗》云：'惠于宗公，神罔时恫。'《国语·楚语上》引《周诗》曰：'经始灵台，经之营之。庶民攻之，不日成之。经始勿亟，庶民子来。王在灵囿，鹿攸伏。'《周诗》有之曰：'弗躬弗亲，庶民弗信。'"以及前代的典故。引述先王故事说："今王既变鲧、禹之功，而高高下下，以罢民于姑苏。天夺吾食，都鄙荐饥。今王将很天而伐齐。夫吴民离矣，体有所倾，譬如群兽然，一个负矢，将百群皆奔，王其无方收也。越人必来袭我，王虽悔之，其犹有及乎？"春秋时期有品评《诗》的风气。周代的礼乐制度十分完备。礼乐密切集合，吉凶军宾嘉都有一定的乐制之配合，所谓"礼乐相须为用，礼非乐不行，乐非理不举"。原始社会巫术文化中娱神的乐舞和祭神的仪式密不可分，这时仍然保留原始的宗教色彩，但性质已经不同。诗乐舞三位一体。《墨子·公孟》说"诵《诗》三百、弦《诗》三百、歌《诗》三百，舞《诗》三百"。《诗》可以被之管弦，合以舞蹈，也可以徒诵。子曰："兴于《诗》，立于礼，成于乐。"周代有采《诗》制度。官学下移，上层有一种文化向心力，下层会学习。《国语·楚语》天子和贵族子弟都要学习乐舞。王国维说："故诗书礼乐者，古代之公学，亦儒家之外学也；《易》，春秋者，儒家之专学，亦其内学也。"[①] 孔子重视诗乐教育，认为"不学《诗》，于礼缪；不能乐，于礼素"（《礼记·仲尼燕居》）。不学《诗》，无以言（《论语·泰伯》）。"汝为《周南》《召南》矣乎？汝不为周南、召南，其犹正墙面而立也与？"（《论语·阳货》）

四 乐

《国语·楚语上》申叔时说"教之乐，以疏其秽而镇其浮"。柏拉图在《理想国》中，把"音乐和体育"作为教育的基本要素。他主张

[①] 彭华：《王国维儒学论集》，四川大学出版社2010年版，第2页。

把音乐排在第一位，因为它有助于形成完美的灵魂，唯此才能促使健美体魄的形成。他说体育必须与音乐达成和谐，否则会流于粗暴；而音乐如果没有体育相辅助，则会失去活力。①惠王三年，边伯、石速、芮国出王而立子颓。王子颓饮三大夫酒，子国为客，乐及遍舞。那时候的用乐有一定的等级差别，不能随便使用。英国文艺批评学者佩特说过，一切艺术到精微境界都求逼近音乐；因为艺术须能泯灭实质与形式的分别，而达到这种天衣无缝的境界的只有音乐。②《庄子·徐无鬼》女商曰："先生独何以说吾君乎？吾所以说吾君者，横说之则以《诗》、《书》、《礼》、《乐》，从说之则以《金板》、《六韬》，奉事而大有功者不可为数，而吾君未尝启齿。……"《周公之琴舞》以周公还政、成王嗣位为内容，这不仅是佚诗的发现，也是佚乐的发现。乐本为六经之一，随着春秋以降"礼坏乐崩"，古乐归于衰微。《汉书·艺文志》说："周衰俱坏，乐尤微眇，以音律为节，又为郑、卫所乱，故无遗法。"到了汉代就只存留《乐记》，而没有所谓"乐经"了。《周公之琴舞》对于研讨古乐，有很重要的参考价值。《采风曲目》宫商徵羽四声所属歌曲篇目，除了《硕人》见于《诗经·卫风》，其他不见文献记录。声名所附前后缀词前后，曾侯乙墓也有某一时期流行的歌曲曲目。《硕人》从乐律角度来说属于宫穆调。上博简《交交鸣鹭》歌咏君子的"若玉若英"的品性与"若虎若豹"威仪以及彼此交好的"偕华偕英"。《多薪》歌咏兄弟二人之间亲密无比的关系。《国语·晋语四》说："豫，乐也。"《国语》中经常强调不要沉湎于乐。乐者，乐也，听好好音，人之性也。过度沉迷，毁国败家。正面的例子，如《国语·楚语下》："夫阎闾口不贪嘉味，耳不乐逸声，是故得民以济其志。"反面的教训，如《国语·吴语》申胥谏曰："夫固知君王之盖威以好胜也，故婉约其辞，以从逸王志，使淫乐于诸夏之国，以自伤也。"《国语·越语下》："卑辞尊礼，望好女乐，尊之以名。"以女乐来对付吴国。范蠡说："宫中之乐，无至酒荒。"而吴王夫差"因于乐而忘其百姓，乱民功，逆天时"也是其失败的一个因素。《礼记·乐记》记载了魏文侯对新声的痴迷。魏文侯问于子夏曰："吾端冕而听古乐，则唯恐卧；听郑卫之音，则不知倦。敢问：古乐之如彼何也？新乐之如此何也？"子夏对

---

① 约瑟夫·韦克斯贝格：《西方音乐史》，王嘉陵译，四川大学出版社1998年版，第14页。
② 朱光潜：《朱光潜全集》第一册，安徽教育出版社1989年版，第501页。

曰："今夫古乐，进旅退旅，和正以广。弦匏笙簧，会守拊鼓，始奏以文，复乱以武，治乱以相，讯疾以雅。君子于是语，于是道古，修身及家，平均天下。此古乐之发也。今夫新乐，进俯退俯，奸声以滥，溺而不止；及优侏儒，糅杂子女，不知父子。乐终不可以语，不可以道古。此新乐之发也。今君之所问者乐也，所好者音也！夫乐者，与音相近而不同。"魏文侯喜欢新乐，听到古乐就想要睡觉，但新乐旋律上美妙，没有道古语说，不能对施政有什么帮助。

五 令

《国语·楚语上》申叔时说："教之《令》，使访物官"。礼制教育也包括时令，如里革断宣公，记载先王的训诫、制度、事迹。还有的记载传说中的三王五帝及其以前的君主，如臧文仲论爰居。襄王使太宰文公及内史兴赐晋文公命，上卿逆于境，晋侯郊劳，馆诸宗庙，馈九牢，设庭燎。及期命于武宫，设桑主，布几筵，太宰莅之，晋侯端委以入。太宰以王命命冕服，内史赞之，三命而后即冕服。既毕，宾、飨、赠、饯如公命侯伯之礼，而加之以宴好。之后是礼制记录，类似后代《礼记》，《国语·鲁语上》主要是礼制记载。晋文公既定襄王于郏，古代礼制记录和语。晋侯使随会聘于周，定王享之肴烝，原公相礼，礼制记录。定王使单襄公聘于宋，遂假道于陈，以聘于楚，《先王之教》曰："雨毕而除道，水涸而成梁，草木节解而备藏，陨霜而冬裘具，清风至而修城郭宫室。"故《夏令》曰："九月除道，十月成梁。"其时儆曰："收而场功，待而畚梮，营室之中，土功其始，火之初见，期于司里。"《先王之令》有之曰："天道赏善而罚淫，故凡我造国，无从非彝，无即慆淫，各守尔典，以承天休。"还有宣王即位不籍千亩篇虢文公谏的话。

六 语

《国语·楚语上》申叔时说："教之《语》，使明其德，而知先王之务用明德于民也。"施行政事，判诀刑狱，要根据前代的遗训，寻问以前的解决办法。《国语·周语中》襄王十三年郑人伐滑，富辰劝谏时引用了古语和诗说："古人有言曰：'兄弟谗阋，侮人百里。'周文公之《诗》曰：'兄弟阋于墙，外御其侮。'先人有言曰：'伐柯者其则不远。'天予不取，反为之灾。"吴越争霸的最大的经验教训就是"天予不取，反之为灾"。

《国语·越语上》请求讲和说："寡人之师徒，不足以辱君矣。请以金玉、子女赂君之辱。"勾践对曰："昔天以越予吴，而吴不受命；今天以吴吴予越，越可以无听天之命而听君之令乎！"《国语·越语下》记载范蠡说："蠡闻之，上帝不考，时反是守，强索者不祥。得时不成，反受其殃。失德灭名，流走死亡。有夺，有予，有不予，王无蚤图。夫吴，君王之吴也，王若蚤图之，其事又将未可知也。"吴人闻之，出而挑战，一日五反。王弗忍，欲许之。范蠡进谏曰："臣闻之，得时无怠，时不再来，天予不取，反为之灾。赢缩转化，后将悔之。天节固然，唯谋不迁。"范蠡乃左提鼓，右援枹，以应使者曰："昔者上天降祸于越，委制于吴，而吴不受。今将反此义以报此祸，吾王敢无听天之命，而听君王之命乎？"这句话在后来《史记》《汉书》的人物对话中也有引用。以荥阳为分界，楚河汉界，范增说"天予不去，反之为灾"。《国语·吴语》《国语·越语》主要引用传闻的语，也就是语丛格言，而少引《诗》《书》，说明当时的被言说者已经对这些不大感兴趣。范蠡对曰："夫人事必将与天地相参，然后乃可以成功。"越王勾践即位三年而欲伐吴，范蠡建谏曰："夫国家之事，有持盈，有持倾，有节事。"范蠡进谏曰："夫勇者，逆德也；兵者，凶器也；争者，事之末也。持盈者与天，定倾者与人，节事者与地。"再就是言现实的形式和利益。有可能是自己的创作。《国语·吴语》《国语·越语》的韵越来越多，不像前面那么错落质朴。《谚》曰："从善如登，从恶如崩。"《国语·晋语》叔詹曰说："《谚》曰：'黍稷无成，不能为荣。黍不为黍，不能蕃庑。稷不为稷，不能蕃殖。所生不疑，唯德之基。'"和前面重合。《国语·吴语》引谚语说："夫谚曰：'狐埋之而狐搰之，是以无成功。'"王召范蠡而问焉，曰："谚有之曰：'觥饭不及壶飧。'"诸子中记载很多的"语曰"，风格和《国语》类似，而多不见于《国语》，这些语曰不是谚语俗语，诸子都是直接说是"谚语""俗语"，《庄子》称呼其为"法言"。《国语》是春秋时期的语的重要组成部分，左丘明整理先代的语并传诵教育国子，在春秋晚期战国时期语的创作日益多元化，各诸侯国也有继续整理和创作语，到了汉代陆贾编《新语》，高祖对语很感兴趣，汉初对《国语》的研究逐渐兴起，诸子也多有征引，司马迁用其著作编著《史记》称呼其为《春秋国语》，这与汉初的问话政策有关，除去挟书令，广收篇籍，流散的各类语书都汇集到秘府，而现在看到的《国语》只是其中的部分。落后的书写方式使得人依赖口传文献。傅斯年《文学革新申义》说:"古人竹书繁重,流传端赖口耳。"①

七 故志

《国语·楚语上》申叔时说"教之《故志》,使知废兴者而戒惧焉"。前人记载的史书档案,如夏商时期的文献,以及各个诸侯国前代的文献,史官在记录当代的同时也进行文献的整理。《国语·楚语上》记载:"教之故志,使知废兴者而戒惧焉。"韦昭注:"故志,谓所记前世成败之书。"如《左传》有《郑志》《军志》等书。

八 训典

《国语·楚语上》申叔时说"教之《训典》,使知族类,行比义焉"。训典是前代圣王话语,可教化后代成为典。教之训典,王者教导民众的法则。《尚书·毕命》记载:"弗率训典,殊厥井疆,俾克畏慕。"孔传:"其不循教道之常,则殊其井居、田界,使能畏为恶之祸,慕为善之福。"先王典制之书。后泛指奉为典则的书籍。《左传·文公六年》记载:"告之训典,教之防利。"杜预注:"训典,先王之书。"杨伯峻注:"《国语·楚语上》'教之训典,使知族类',又下'又有左史倚相能道训典以叙百物',《国语·晋语八》说'缉训典',训典盖典章制度之书。"《尚书》教育是养成德行,而乐舞可以塑造性格和体魄,周代是礼乐社会,所以能看得出来其人的情感之丰富。②子夏对曰:"《书》之论事也,昭昭如日月之代明,离离若星辰之错行,上有尧舜之道,下有三王之义。"《国语·齐语》不涉及《诗》《书》中的文献内容,也不讲道义。《国语·周语上》内史过论晋惠公必无后连续引用《尚书》:"《夏书》有之曰:'众非元后,何戴?后非众,无与守邦。'在《尚书·汤誓》曰:'余一人有罪,无以万夫;万夫有罪,在余一人。'在《尚书·盘庚》曰:'国之臧,则惟女众。国之不臧,则惟余一人,是有逸罚。'"《国语·鲁语上》记古代帝王事迹。

---

① 傅斯年:《傅斯年全集》,湖南教育出版社2003年版,第9页。
② 武汉大学中国文化研究院编:《郭店楚简国际学术研讨会论文集》,湖北人民出版社2000年版,第111页。

九 礼

《国语·楚语上》申叔时说"教之礼，使知上下之则"。《国语》作者是坚决维护礼制的，《国语》记载了许多礼的观念，对礼的重要性做了多方面的解释，并对非礼行为进行严厉批评，对守礼行为进行积极褒扬，同时还记载了大量的礼仪制度。《史记·孔子世家》说"孔子以诗书礼乐教，弟子盖三千焉，身通六艺者，七十有二人。如颜浊邹之徒，颇受业者甚众"。《文史通义·原学中》记载："古人之学，不遗事物，盖亦治教未分，官师合一，而后为之较易也。司徒敷五教，典乐教胄子，以及三代制学校，皆见于制度。……官师分，而诸子百家之言起，于是学始因人品以名矣。"① 大司乐以乐语教国子兴、道、讽、诵、言、语。兴，托物兴词。道，直言其事。讽，微言以动之。诵，以声节之。言，发端曰言。语，答述曰语。在语言上，夏言是与越言、楚言不同的中原夏音。华夏音被当做标准的雅音或正音，故郑玄注云"正言其音"。何谓执礼？《礼记·文王世子》云："秋学礼，执礼者诏之。"演习礼典仪式要按赞礼者宣唱行事。孔子教弟子，诵读《诗》《书》书本用夏言，担任赞礼宣唱也用夏言。前者是诵读文字而后者是演习仪式，故郑玄注云"礼不诵，故言执"。②

第二节 《国语》中思想家性格特征和心理动态

钱穆先生说："中国传统之士，有崇奉，亦有创新，二者可以相和合。"③ 春秋时期的士人在精神上坚持刚健激进的人生态度，自强不息、厚德载物。礼乐文化可以塑造人的品格，陶冶性情，所以春秋时期的人文质彬彬，性情受到乐舞和其他艺术影响既显得直率细腻又开朗。古希腊文化注重逻辑和理性，中国文化注重性灵孔子文化心灵自觉集中的反映。孔子最重视诗教，"'发乎情，止乎礼义'，他指点中国文化和人生的方向。'仁'是文化心灵的表现，'不学《诗》，无以言'集中地揭示了中国文

---

① 叶瑛：《文史通义校注》，中华书局 2014 年版，第 175 页。
② 沈文倬：《宗周社会礼乐文明》，杭州大学出版社 1999 年版，第 3 页。
③ 钱穆：《宋代理学三书随札》，生活·读书·新知三联书店 2002 年版，第 193 页。

化艺术的特征。"① 时代的变迁会对思想家们的心态产生了很大影响。

杨树达《积微居小学述林》卷三《释士》："说文：'士，事也。'士，古以称男子；事，谓耕作也。《汉书·蒯通传》曰：'不敢事刃于公之腹'。李奇《注》：'东方人以物臿地中为事'。事字又作菑。《汉书·沟洫志注》云：'菑亦臿也。……盖作始于立苗，所谓臿物地中也。士、事、菑，古音并同。男字从力田，依形得义。士则以声得义。'"② 士，金文像是有手柄的宽刃战斧。手持大斧作战的武夫。《说文解字》说："士，事也。数始于一，终于十。从一从十。"孔子曰："推十合一为士。"《周礼·秋官·司寇》记载："士师下大夫四人，乡士上士八人，中士十有六人，旅下士三十有二人。"后来士才有了文武等的划分。春秋时期的士不分文武，既能赋《诗》歌吟也能治国谋政，既能驰骋疆场也能纵横捭阖，多才多艺。到了春秋晚期士的分化更为明显。《国语·越语上》强调士是否为军士，说明当是军士与其他士的分别已然产生。

士是负责具体做事的人，从事劳作、战斗、管理工作，是国家统治的直接的执行者。顾炎武《日知录》记载："士何事士、农、工、商，谓之四民。是以殷王小乙使其子武丁旧劳于外，知小人之依。而周之后妃亦必服浣濯之衣，修烦辱之事。及周公遭变，陈后稷、先公王业之所由者，则皆农夫、女工、衣食之务也。古先王之教，能事人而后能使人。其心不敢失于一物之细，而后可以胜天下之大。舜之圣也，而饭糗茹草；禹之圣也，而手足胼胝，面目黧黑。此其所以道济天下，而为万世帝王之祖也，况乎其不如舜、禹者乎！"③ 士是一种身份的指代，原指能够劳动的人，后来指代能够办事的人。"士"字的含义经历了演变。西周时期"士"的地位很高，是王身边的重要辅助大臣。一般身边的能任大事的叫作士，最尊者为卿士，进而衍生出士大夫，以及一般的士人。这个过程是由于家天下的宗法分封造成的贵族子弟逐渐分散，他们也把一些贵族的技艺带到了下层，而上层又逐渐腐朽，他们则成为了主要是施政者。士之初文见于商代甲骨文，作（《金璋》七八）、（合集二八二〇三"吉"字从从）西周金文作（鸟口文尊），（臣辰）（黄文簋"吉所从"）均为斧钺之形，《尚书·

---

① 金春峰：《孔子的心灵（之一）——诗的心灵》，《孔子研究》2011年第2期。
② 杨树达：《积微居小学述林》，上海古籍出版社2007年版，第112页。
③ 顾炎武：《日知录集释》，上海古籍出版社2006年版，第439—440页。

尧典》治狱之官称作"士",(《尚书·尧典》:"汝作士,五刑有服")江声集注引马融曰:"士,狱官职长";又引郑玄曰:"士,察也,主察狱讼之事"是其证也。)和王字同形,后王上标一横作为区别。西周时期的"士"地位很高。"既,荣公为卿士……"韦注:卿士,卿置有事者。俞志慧韦昭补注谨按:韦注"卿置有事者"或系源于以下材料:《尚书·牧誓》说"是以为大夫、卿士"西汉五帝时人孔安国传曰:"士,事也,用为卿大夫,典政事。"《说文·壬部》记载:"壬,善也。从人、士。士,事也。"但《尚书·牧誓》之"卿士"为一为二尚不可必,而孔安国释"大夫、卿士"。

　　《国语·周语》大部分是国家最高统治者和其辅助者谈论和谋议。《国语·鲁语》有很明显的家语倾向,主要的人物都是贵族的上层,或者延伸到中层,而不是一般意义上的士,可以用来教育国子以及后来的士人都是有德者,大部分是有地位的君子。

　　士具有忠勇和献身精神。《礼记·檀弓上》记载鲁庄公与宋人战于乘丘:

> 鲁庄公及宋人战于乘丘,县贲父御,卜国为右。马惊,败绩。公队,佐车授绥。公曰:"末之,卜也!"县贲父曰:"他日不败绩,而今败绩,是无勇也!"遂死之。圉人浴马,有流矢在白肉。公曰:"非其罪也。"遂诔之。士之有诔,自此始也。

　　《史记》卷八十六《刺客列传》还记载智氏家臣豫让杀赵襄子的故事。豫让范氏、中行氏的家臣,并没有受到重视,后来投靠智伯才受到重用。

　　春秋早期士人的生活还比较优越,人的心态表现得比较平衡,但随着时代的变化,有识之士开始忧患家国命运。晏婴叔向论楚晋季世体现了晏婴和叔向对两国公室衰的忧虑。子产在郑国铸造刑书,叔向给他写信表达自己的担心,子产回复说还是先拯救现世,至于子孙无能力顾及了,表达了子产的担当精神。环境的恶化也给贵族文人的心理世界蒙上一层阴霾。让他们从之前的放浪激越变得沉思和稳重。如子产和晏婴的对话,家族的沦落、国家的衰弱、政治的混乱让这些有识之士疲惫不堪。但昔日的辉煌与祖先的荣光让他们注定无法选择放弃和随波逐流,而只能是迎难而上。

《诗经·唐风·蟋蟀》云"今我不乐""云何不乐""独行踽踽",孤独的身影出现在诗歌中,忧虑越来越多,如"忧心靡乐""我心伤悲兮","心之忧矣""我心西悲""我心伤悲""忧心愈愈""忧心且伤",只有贵族的宴会是其乐融融。《诗经》中也有因为感情的事情而忧伤,《诗经·周南·关雎》说"辗转反侧,无法求得"。这种忧伤不仅仅是感情的问题,也和当时时代变迁对的人物心理的影响有关。顾颉刚写过那时候的男女关系的论文,当时的贵族违背礼乐制度的事情很多,① 在家庭层面传统的稳固的家庭生活,由于经济和社会的变化也发生了变化,变得分裂的不只是政治问题,也有社会伦常破坏之苦。在那个时代礼乐制度的废弛,新的制度的崛起,造成了人们的迷茫和蹉跎。

春秋时期在君臣的关系上,君主按照礼的规定来对待臣下,臣下也得对君以忠诚。春秋时期,君权绝对这一点尚未严格确立。② 孔子曰"臣事君以忠",主张"君君、臣臣、父父、子子",对君上尽力服侍,"事君,敬其事而后起食"(《论语·卫灵公》)。但尽力事君,不是毫无条件的。"与臣事君以忠"是相互的,是"君使臣以礼"(《论语·八佾》)。如果君行无道也就无所谓忠。"邦有道,则仕;邦无道,则可卷而怀之。"(《论语·卫灵公》)

气节是士人的崇高的品质。《韩诗外传》记载子贡去看望原宪,原宪出身贫寒,做过孔子家宰,孔子给他九百斛的俸禄,他推辞不要,孔子死后生活十分困苦,子贡于是问:"夫子岂病乎?"原宪说:"吾闻之,无财者谓之贫,学道而不能行者谓之病。若宪,贫也,非病也。"他认为自己只是没有钱,但实践了孔子的思想,子贡脸色很羞愧,不辞而去。③ "原宪乃徐步曳杖歌《商颂》,声满天地,若出金石。"士的荣誉感比生命还重要,这一方面是来自其高贵的血缘和家族信念;另一方面,他们都受过良好的教育,想建立崇高的事业,具备与此相匹配的品德。宗主尊敬他们的职业和荣誉,给予应有的尊重。他们履行职责,效命于自己的使命和责任,不负自己的才华和现实期许。

在周代靠有信仰有知识的史官来管理国家,而到了后来士逐渐崛起。

---

① 顾颉刚:《由烝、报等婚姻方式看社会制度的变迁》,《文史》1982 年第 15 辑。
② 罗宗强:《玄学与魏晋士人心态》,天津教育出版社 2005 年版,第 1 页。
③ 屈守元:《韩诗外传》,巴蜀书社 1996 年版,第 35 页。

《国语·齐语》记载"令夫士,群萃而州处,闲燕则父与父言义,子与子言孝,其事君者言敬,其幼者言弟。少而习焉,其心安焉,不见异物而迁焉。是故其父兄之教不肃而成,其子弟之学不劳而能。夫是,故士之恒为士"。在等级森严的历史背景条件下,让士人居住在一起,闲着的时候父辈们谈论的都是君臣之义,子弟间谈论的都是孝顺之道,当官的谈论的都是恪尽职守,年幼的谈论都是互相友爱。让孩子从小就耳濡目染,安于士的生活,乐于士的职业,不用严厉的教育,自然熟识这方面的技能,并且恒久的从事士的职业。《国语》中记载很多士人言语。曹刿论战于鲁君,《左传》《国语》简帛都有,认为肉食者鄙,很多人不理解他,认为他不应参与其中。春秋时期士是贵族最低一个等级,他们和国家统治者血脉相连,享有特殊权利,对国家有特殊的感情,他们是国家统治的直接管理者和实施者。士是统治阶层的最低一等。《公羊传·隐公元年》说:"宰,士也。"太宰是卿,小宰是中大夫,宰夫是下大夫四人,还有上士八人,中士十六人,旅下士三十有二人。士是最低等贵族,卿大夫的家臣,多数有自己的食田,[①] 以下就是庶民工商。《礼记·王制》记载选士曰:"王者之制禄爵,公侯伯子男,凡五等。诸侯之上大夫卿,下大夫,上士中士下士,凡五等。"《国语·鲁语下》记载:"王后亲织玄紞,公侯之夫人加之以纮、綖,卿之内子为大带,命妇成祭服,列士之妻加之以朝服,自庶士以下皆衣其夫。"士分上下,最低为庶士。

春秋时期有养士的风尚。齐桓公创霸时养游士八十人,给予车马衣裘财币,让他们到四方宣传,号召天下贤士来齐国。齐懿公想要谋篡君位,出家财召士,后来果然成功。晋国栾盈喜欢养士,执政范宣子都惧怕他,只好驱逐了他。当时的士主要靠俸禄生活。[②]《国语·楚语上》记载:"使富都那竖赞焉,而使长鬣之士相焉,臣不知其美也。"《国语·越语上》记载:"夫虽无四方之忧,然谋臣与爪牙之士,不可不养而择也。"春秋时期士有的有土地和爵位,有的由卿大夫之家供养。战国时代养士之风盛行,宗主的观念也就发生了变化,由忠君变成忠于家主。有一定的数量的食田,受过六艺的教育,春秋后期上层贵族已经腐朽无能。春秋战国之际

---

① 公卿大夫亦有无地者,参考王锷、魏了翁《礼记要义整理与研究》,高等教育出版社 2016 年版,第 57 页。

② 范文澜:《中国通史》,人民出版社 1978 年版,第 144 页。

第四章 《国语》论说的知识背景与春秋士人心态

由于经济和政治的变革，文化学术相应地发生变革，得到进一步的发展，士就活跃起来，① 游说和养士之风盛行。② 诸侯之下士视上农夫，禄足以代其耕也。中士倍下士，上士倍中士，下大夫倍上士；卿，四大夫禄；君，十卿禄。次国之卿，三大夫禄；君，十卿禄。小国之卿，倍大夫禄，君十卿禄。士西周主要是行政人员，到了春秋晚期和战国时期，士的群体日益扩大，不少原本贵族都变成了士，士根据技艺的不同产生了很多的分化。

士原主要是指阶级，后主要指精神和道德的追求。子路曰："士不能勤苦，不能轻死亡，不能恬贫穷，而曰我行义，吾不信也。"《左传·桓公二年》师服曰："吾闻国家之立也，本大而末小，是以能固。故天子建国，诸侯立家，卿置侧室，大夫有贰宗，士有隶子弟，庶人工商各有分亲，皆有等衰。"《国语·楚语上》记载："祭祀，国君有牛享，大夫有羊馈，士有豚犬之奠，庶人有鱼炙之荐。"《国语·晋语》记载："天子之室，斫其椽而砻之，加密石焉；诸侯砻之；大夫斫之；士首之。"《礼记·曲礼下》载："天子死曰崩，诸侯死曰薨，大夫死曰卒，士曰不禄，庶人曰死。"《国语·齐语》记载："士之子恒为士。"《国语·国语九》赵简子问于壮驰兹曰："东方之士孰为愈？"《礼记·少仪》记载："士依于德，游于艺；工依于法，游于说。"《论语》子贡问曰："何如斯可谓之士矣？"子曰："行己有耻，使于四方，不辱君命，可谓士矣。"曰："敢问其次。"曰："宗族称孝焉，乡党称弟焉。"曰："敢问其次。"曰："言必信，行必果，硁硁然小人哉！抑亦可以为次矣。"曰："今之从政者何如？"子曰："噫！斗筲之人，何足算也。"（《论语·侍坐章》）《韩诗外传》孔子曰："士有五：有势尊贵者，有家富厚者，有资勇悍者，有心智惠者，有貌美好者。势尊贵者，不以爱民行义理。受命之士，正衣冠而立俨然，人望而信之；其次，闻其言而信之；其次，见其行而信之；既见其行，而众皆不信，斯下矣。"《诗》曰："慎与言矣，谓尔不信。"③ 《礼记·王制》记载天子的官属有三公、九卿、二十七大夫、八十一上士。大诸侯国的官属有三卿，由天子直接任命，下大夫五人，上士二十七人。中等诸侯国的官属有三

---

① 杨宽：《战国史》，上海人民出版社2003年版，第462页。
② 同上书，第464页。
③ 屈守元：《韩诗外传笺疏》，巴蜀书社1996年版，第208页。

卿，其中两个是由天子直接任命，一个是国君任命，下大夫五人，上士二十七人。小诸侯国的官属也有三卿，其中一个是由天子直接任命，两个是国君任命，下大夫五人，上士二十七人。至于天子、诸侯的中士和下士，其数额均为上士的三倍。统治者为了霸业扩张的需求，需要招募士，《国语·晋语九》记载赵简子欲有斗臣，羡慕人家有勇士而自己没有。

士和普通人的区别的在于志，有志才能向学，才会注重道德修养，才能坚守操守，他们希望生命有意义和价值。《论语·学而》说"父在观其志"，孔子很早就立志向学，《论语·为政》说"三军可夺帅也，匹夫不可夺志也"。孔子说："军队可以被夺去主帅，男子汉却不可被夺去志气。"《孟子》说"夫志，气之帅也"。

士人言行在礼乐制度的规范之下。《礼记·记载》说"士饮酒可以奏乐"，士无故不彻琴瑟。子路原本诗歌粗野的人，后来受到孔子教诲而尊崇礼仪，至死而不免冠。《礼记·檀弓上》记载一次生病躺在季孙赐给他的席子上，这是不符合礼仪的，于是就病中挣扎着让换掉席子。《礼记·檀弓上》有子曰："夫子制于中都，四寸之棺，五寸之椁，以斯知不欲速朽也。昔者夫子夫鲁司寇，将之荆，盖先之以子夏，又申之以冉有，以斯知不欲速贫也。"《礼记·玉藻》记载"士于大夫，不敢拜迎，而拜送。士于尊者先拜，进面，答之拜则走。士于君所言大夫，没矣则称谥若字，名士。与大夫言，名士，字大夫。于大夫所，有公讳，无私讳"。

《国语·周语》记载了很多卿士对王的劝谏话语。《国语·周语中》仓葛出来说了一套辞令，主要是强调两点，一是这里原是周王的属地，二是居住的多是周王的亲戚。可以看出仓葛这个人善于辞令和威武之下而不屈服的个性。

子产是春秋时期以为重要的思想家。清华简六有《子产》内容，记载子产道德修养和执政措施、成绩：子产所嗜欲不可知，纳君子无辨。他不要大宅子，选良臣，崇法令，政绩卓然。① 清华简三《良臣》中载子产之师、之辅凡十人。子产之师：王子伯愿、肥仲、王蓍、斲斤。子产之辅：子羽、子剌、蔑明、卑登、富之厚、王子百。【简9—10】②《左传》对一些思想家记载实在详细，有些不是史官范围之内的事情，体现了英雄

---

① 李学勤：《清华大学藏战国竹简（陆）》下册，中西书局2016年版，第137—138页。
② 李学勤：《清华大学藏战国竹简（叁）》下册，中西书局2012年版，第158页。

时代与思想时代的过渡。《左传》中思想家、圣贤被孔子和其弟子由衷歌颂，如孔子对叔向和子产称赞的话语。当然《左传》主要应该记载英雄人物，写得也比较出色，如先轸、郤至这类贵族都很精彩。《国语》有子产坏垣的记载，从中可以看出《国语》所记载有猎奇幽默的特点，甚至有点诡辩意味，也写出子产聪明。《论语·公冶长》记载孔子曾发出了"以是观之，人谓子产不仁，吾不信也"的感叹。叔向言"子产有辞"，这篇文章比喻精彩娓娓动情。《左传》记载子产不毁乡校，可这里却毁坏晋的墙壁，一毁一不毁，形成了强烈的对比效果。子产的父亲是郑穆公的儿子公子发，在这次事件之前，郑国大败陈国，但君臣担心晋楚谴责，于是决定出使晋国，贡献从陈国所获得的战利品。当时晋国范匄刚下任赵武成为执政，想要责备郑国伐陈的行为，正好子产和郑简公来献捷，韩起和赵武商量决定把他们安置在馆驿，而晋侯却托辞不见。于是就出现上面的故事。赵武又让中大夫士文伯去接见郑国的执政子产和国君，这不符合古代的朝聘仪礼。士文伯也是个善于辞令的人，虽然是来责难说得也比较委婉。子产应对的话语更是十分恳切周到，虽然知道他们是故意不见，也知道因为什么，语言上比较克制，话语恰到好处句句在理、理由充分，让对方心悦诚服。士文伯也无话可说，只好去回复赵武，赵武也表示钦佩赞同，于是晋平公就隆重接待了郑国国君。孔子说子产善于辞令，而且说"言之无文，行之不远，其言也文"，强调了其语言文的特点，肯定了语言的意义。其实古代的辞令往往不是随口而出的，都是经过精心的准备。通过此段来看，子产在辞令上很巧妙，在办事上比较机智，既聪明能干又细致周到，他曾说"为国而已，岂能趋避之"，也很有责任感。

　　子产虽然位高权重却能够容纳不同的意见。有个下属告诉他许多贵族在乡校议论抨击国政，建议把乡校拆了，子产不同意，他认为如果他们说的对，就向他们学习，不对也不需要去遵从。子产也是个有仁爱之心的人，孔子说他是"古之遗爱"。他临终时告诉自己的继承人子太叔，他死了之后让其做执政，只有有德的人才能以宽来使得人民信服，但是很少有人能够做得到；其次不如以猛，就像是熊熊燃烧的大火，人们看着就会害怕，就不会去触犯法律，这也对他们有好处，水倒是显得柔弱，人们喜欢亲近它，在水里玩耍，常常会被淹死，孔子听说后十分感动，他书："善哉！政宽则民慢，慢则纠之以猛。猛则民残，残则施之以宽。宽以济猛；猛以济宽，政是以和"。子产对现实有着深刻的认识，他觉得抱残守缺不可取，西周的礼制已经回不去，不如现实一点，采取有效的改革措施，是一位极具现实主义精神的思想家，子产还是一位无神论者，他认为"天道远，人道迩"。①

春秋时期还有一个重要的思想家叔向。叔向是个既有思想又有道德的人。有一次叔向去拜见韩宣子，韩宣子正在为贫困而发愁，叔向却向他表示祝贺。宣子很不解，于是叔向就跟他说，以前栾武子还不到一百顷的土地，祭祀的礼器都不够，可是他能够修养德行、遵守法制，声望远播于诸侯，各国都亲近归附他，使晋国安定下来，执行法律也没有弊端，所以才能避免灾祸。而到了栾桓子的时候，他贪得无厌，胡作非为，于是遭到灾祸，但幸好仰仗他父亲还有些功德才得以善终。到了怀子栾盈的时候，他虽然能改变他父亲的不好的做法，学习他祖父的德行，本应避免灾祸，但受到他父亲罪孽的连累被迫流亡楚国。郤昭子的财产抵得上公室财产的一半，他家里的亲属占据三军将佐的一半，依仗着这样的财力和势力，在晋国过着奢侈生活，最后家族灭亡暴尸于朝堂，不再被宗庙祭祀。郤家有五个大夫三个卿，他们位尊到极至，可是一旦灭亡，没有人对他们感到一点悲哀，只是因为无德。现在您有栾武子的贫困，我觉得您也有他那样的德行，所以表示祝贺。如果不忧愁德行的不足，我表示哀怜还来不及呢，哪里会祝贺。叔向的话语是比较委婉的劝勉，不要把精力放在财富上。拿栾氏和郤氏的覆灭来阐述无德富则家亡的道理。从叔向的话语中能够看他德治的政治思想，把统治者自身的道德修养和政治紧密相连，后来晋楚争敌的论述也是基于这一思想。这一点上他和子产不同，子产更为睿智和务实。

有一次在宋之盟的时候，楚国人要先歃血，赵文子不知道该怎么办，叔向说是否是霸主的关键在德，不在于谁先歃血，如果您能以忠信辅助晋君，而补诸侯的不足，即使后歃也能够得到诸侯的支持。如果违背道德而即使先歃，诸侯也不会支持，过去周成王在岐山之阳盟会诸侯，楚国和鲜卑都是实力弱小的蛮夷，所以不让他们盟誓。而今天却能和晋国一争高下，也是因为有德，"子务德无争先，务德，所以服楚也"，于是最终还是让楚国人献歃血。

叔向也是个很耿直的人。祁奚说他"谋而鲜过，惠训不倦"，为人谋

---

① 郑克堂：《子产评传》，商务印书馆1941年版，第6页。

划一定尽量避免带来不利的情况，教训别人也不知疲倦。因为栾盈之乱的影响，叔向受到牵连被关进监狱，这时候很多人都出来求情，叔向的庶族弟乐王鲋对叔向说会去为他求情，可是叔向却不在意，虽然当时乐王鲋正得势，他说解救我的只能是祁奚大夫，乐王鲋什么事都顺从君主，所说的没有不听从的，而祁奚外举不避亲，内举不避仇，又怎么会落下我一个。后来晋侯向乐王鲋询问叔向的罪过，他并未袒护叔向，此时祁奚已经告老，可当他知道此事，就坐着快车去见范宣子为叔向辩解，他说当年鲧犯了过错尚且用大禹治水，伊尹放逐了太甲后来却又辅佐治理朝政，太甲并没有怨恨，发生管蔡之乱，周公仍辅助成王，现在叔向的弟弟羊舌虎帮助乱臣，怎么能让叔向这样的贤者被牵连。范宣子听了他的话就去和晋君说，于是赦免了叔向，祁奚不见叔向就回家了，叔向也没有见祁奚感谢他救了自己。还有一次秦景公派他的弟弟来求和，叔向让召行人子员来接待，而当时值班的子朱很生气，叔向还是坚持让去召，子朱说职位和爵位都相同为什么不让他去，并且"抚剑就之"，叔向说秦晋两国多年战争，今天终于可以坐下来谈判，这是子孙的福气，如果谈不好三军将士难免继续流血牺牲，而且子员引导宾客的话语客观无私，而你却常常主观更改，说完"拂衣从之"。晋国的董叔娶妻于范氏，但有一次他惹自己的老婆，他老婆向岳父告状，于是就把他绑在树上，叔向经过，他便求叔向帮忙，叔向说："求系既系矣，求援既援矣。欲而得之，又何请焉？"有一次和赵文子游览九原，赵文子说如果让这些死去的复活，你觉得哪个最好，叔向说阳处父。阳处父的性格和叔向有类似的地方，他因为正直而得罪了人最后被刺杀。一次范宣子和大夫打算去攻打别人，叔向听说之后去见宣子说："闻子与和未宁，遍问于大夫又无决，盍访之訾祏？訾祏实直而博，直能端辨之，博能上下比之，且吾子之家老也。吾闻国家有大事必顺于典刑而访谘于耆老，而后行之。"奉劝他要多多听取老臣们的意见。

因为这种耿直的个性，所以叔向在处理事情上正直而不偏私。有一次士景伯到楚国去，叔鱼就代替他处理案件，正赶上邢侯和雍子争讼田地，雍子把他的女儿给了叔鱼来收买他，于是到了断案那天就偏袒雍子，于是邢侯一怒之下杀死了这两个人，韩宣子不知道该怎么处理，叔向说三个人都有罪，应该杀掉活者戮死者。还有一次秦后子和楚公子都来晋国投奔，秦后子带来的人马多而楚公子带来的人马少，当时叔向是太傅，韩宣子问他怎么给二人俸禄，叔向说两者都是公子，应该和上大夫一样，给一卒之田就可以，韩宣子觉得秦后子那么富有，给两者一样的俸禄可能不妥，叔向则说那些商人每个人都很有钱，穿着华丽，财富丰盈，可是国家却不给一点俸禄，因为他们没有给国家和人民做出一点贡献，而且秦晋都是大国应该同等对待。

　　《国语》中有很多劝谏的篇章，也记载了不少推辞的话语。体现了当时士人积极维护礼乐制度但最终还是失败了，悲剧、乱难的情景层出不穷。《国语》记载了很多言语控诉，记载了春秋由盛到衰、由强而弱的过程，《国语·郑语》记载周衰秦晋齐楚代兴的过程。傅道彬先生《变风变雅与春秋时期的精神转向》说："新与变正是春秋文学的主要特征。"① 变风变雅的创作体现了文学风格的转变，西周的雍容典雅变成大声疾呼，对于那些破坏礼制行为，人们强烈的批判。孔子对郑卫之音、八佾之舞都很不满。周族历经五世三迁才逐渐崛起，在周原又发展了三四世遂兴起。《诗经·王风》中充满了哀叹，西周时期的王城已经长满了庄稼，武王克商在人们的心中是何等的宏伟功业。当年武王率领周人浩浩荡荡进入商都，周公和召公执斧钺随，改社易国，何等壮阔。周公辅助成王又是何等的贤明，那时良臣武将济济。可是自穆王以来国力逐渐衰弱，平王东迁之后王权日益衰微。公室衰弱，世家凋零，诸侯崛起使得礼乐制度逐渐被破坏，社会秩序混乱，各个诸侯间的矛盾也越来越大，贵族忙于纵横捭阖以存其家国，士人备受劳逸征伐之苦。新兴的地主阶层逐渐在社会中崛起，新风尚日益得到人们的追捧，人们的思想备受考验。史料多记载上层的淫乱的生活，国风也记载下层人感情上的动荡。人们天道的信仰也受到挑战，有识之士开始寻求自我的探索，理性主义日益发展，不信天命和鬼神，日益重视民的重要，信仰的缺失带来的是思想上的无所寄托。西周时期认为周的确立和商的灭亡都是天意，但到了春秋时期逐渐对天命产生了怀疑，觉得昊天有不平，"人之云亡、心之悲矣。心之忧矣、宁自今矣。人之云亡、心之忧矣。忧心且伤。无思百忧、祇自疧兮。"这个时代出于一个由盛大到衰弱的过程。政治上的苦闷、小人的谗言让他们感到失望。《诗经·国风》中多揭露下层的辛苦，不是中层的对威仪举止的热衷，《诗经·国风》中的贵族形象是那么美好，下层民众的生活，叙述其悲欢离合的生活情境。生活的艰难、宗族和神道思想的瓦解、自身品质的忠

---

① 傅道彬：《"变风变雅"与春秋文学的精神转向》，《文艺研究》2016年第2期。

诚，更增添了他们的慨叹与悲凉。

晚年孔子的执政理念上也和鲁国的当政者相左。他们想有一番作为，但他们所学已经不太适应时代。他们舍生取义从容不迫，谈《诗》论乐讲求礼仪，评论政事臧否人物。新旧思想矛盾交织，一方面深受商周礼乐思想的影响，仍尊天神的权威，另一方面也受到春秋时期的开明之士的进步思想影响，强调人的地位和尽人事的作用，淡化鬼神观念，尊天命，笃信仁义道德。《朱子语录》曰："《左传》所载春秋人物，又是一般气象；战国人物，又是一般气象。"士人要有仁爱之心。曾子曰："士不可以不弘毅，任重而道远。仁以为己任，不亦重乎？死而后已，不亦远乎？"子路问曰："何如斯可谓之士矣？"子曰："切切、偲偲、怡怡如也，可谓士矣。朋友切切、偲偲，兄弟怡怡。"在这样的背景之下他们互相督促、勉励和睦相处，对待生活持有达观态度。子张问："士何如斯可谓之达矣？"子曰："何哉，尔所谓达者？"子张对曰："在邦必闻，在家必闻。"子曰："是闻也，非达也。夫达也者，质直而好义，察言而观色，虑以下人。在邦必达，在家必达。夫闻也者，色取仁而行违，居之不疑。在邦必闻，在家必闻。"但终究不是他们的心意归宿，是士人就不能贪图于居家安逸。《论语·宪问》子曰："士而怀居，不足以为士矣。"

《韩诗外传》传曰："所谓士者，虽不能尽备乎道术，必有由也；虽不能尽乎美者，必有处也。言不务多，务审所行而已，行既已尊之，言既已由之，若肌肤性命之不可易也。《诗》曰：'我心匪石，不可转也；我心匪席，不可卷也。'"[1] 他们言行有规范和根由，对事有自己的看法。如孔子非难季康子以田赋。李泽厚《李泽厚集·杂著集》记载："中国古代思想史论认为，血缘宗法是中国传统文化心理结构的现实基础，而'实用理性'就是它关注于现实社会生活，不作纯粹抽象的思辨，也不让非理性的情欲横行，事实强调'实用'、'实际'和'实行'，满足于解决问题的经验了的思维水平，主张以理节情的行为模式，对人生世事采取一种既乐观进取又清醒冷静的生活态度。"[2]

春秋时期的士无文武之分。《国语·齐语》说："好外，士死之。戎士冻馁，戎车待游车之，戎士待陈妾之余。"《国语·齐语》桓公曰："成

---

[1] 屈守元：《韩诗外传笺疏》，巴蜀书社1996年版，第41—42页。
[2] 李泽厚：《李泽厚集·杂著集》，生活·读书·新知三联书店2008年版，第212页。

民之事若何？……故夜战声相闻，足以不乖；昼战目相见，足以相识。其欢欣足以相死。居同乐，行同和，死同哀。是故守则同固，战则同强。君有此士也三万人，以方行于天下，以诛无道，以屏周室，天下大国之君莫之能御。"又说"罢士无伍"。"为游士八十人，奉之以车马、衣裘，多其资币，使周游于四方，以号召天下之贤士。皮币玩好，使民鬻之四方，以监其上下之所好，择其淫乱者而先征之。"《国语·晋语》记载："师少于我，斗士众。"

士人是人才的主体，各个世家和之后称霸的各国要想能够发展壮大必须要招揽士人。赵简子问于壮驰兹曰："东方之士孰为愈？"壮驰兹拜曰："敢贺！"简子曰："未应吾问，何贺？"对曰："臣闻之：国家之将兴也，君子自以为不足，其亡也，若有余。今主任晋国之政而问及小人，又求贤人，吾是以贺。"战国时期给了士人更为广阔的舞台，各国纷争，迫使其统治者争相笼络贤士，而这时期的士对历史所产生的影响也是空前的。他们于各国纵横捭阖，甚至与国君分庭抗礼，兵甲百万不如寸言巧舌，论辩之士趋之若鹜。郭店简《鲁穆公问子思》从中可以看到我们一直在讲的古代知识分子"以德抗位"的情形。庞朴说知识分子的风貌与时代背景很有关系。后来到了大一统时代，敢与君主分庭抗礼的人就少了。

第五章

《国语》语言的思想力量和论说艺术

思想蕴含深刻哲理和话语论说精妙是语书的两个重要特点，也是其为人们所喜爱的主要原因。《国语》作为崇尚思想和辞令的春秋时期语书的代表，在这方面体现的尤为明显。春秋时期的贵族们通过这些嘉言善语吸收人生和政治的经验教训，学习论说技巧。当然，这种技巧的采用也是为了更好的达成教育的目的。所以，《国语》大量的使用排比、对偶等修辞手法，在形式上富于韵律，气脉通畅，大量使用虚词，使得语调富于变化，运用比喻、类比使得抽象的道理深入浅出，而且在使用修饰过的话语，也就是文言，使得文章通俗易懂。有的时候还会记载富于个性的幽默生动话语，增加文章的趣味性。《国语》的文章结构和词语句式的使用上存在很多重复循环的地方。

第一节 《国语》语言的思想力量

葛兆光说："思想者的思想常常受制于那个时代的一般知识水准，我所谓'一般知识水准'是指构成一个时代的知识与文化的平均值，它由一些当时人们普遍接受与理解的观念支持，由人们对应外在变化的通常知识表现，经实践这些知识的技术显示，并通过普通的教育而代代相传，它并不是思想的精髓却是思想家们的出发点，思想史的真正背景就在这种普通的知识土壤之中。"[①] 春秋时期的知识土壤中，孕育了一大批思想家，

---

① 葛兆光：《中国思想史》第一卷，复旦大学出版社2001年版，第71页。

在《国语》当中,通过他们的言论可见其深邃的思想。

《国语·楚语上》记载灵王建造了章华之台,自己觉得很美,伍举说国君应该把有德而受到尊崇当作美,没听过国君以土木之崇高、雕镂为美的,先君庄王建造刨居之台,却能爱惜民力,节省财用,并使其充分体现国家的威仪,建造章华之台劳民伤财,除了便于享乐没有什么实际的用处,甚至还有很大的害处,伍举认为无害才是美,美不仅仅要用眼睛看,不仅仅是直观的感受,更看重其在社会性上的是否有害。伍举否定了"土木崇高雕镂为美",主张有德为美。从这里我们可以看到《国语》提出了两种美的见解:一种是目观之美,即视觉对象的悦目之美,主要包括雕绘文饰之美和建筑形象的"崇高"之美;另一种是观念之美,即理想的政治道德之美。伍举论美所强调和肯定的正是后者,他说:"夫美也者,上下、内外、小大、远近皆无害焉,故曰美。若于目观则美,缩于财用则匮,是聚民利以自封而瘠民也,胡美之为?……其有美名也,唯其施令德于远近,而小大安之也。若敛民利以成其私欲,使民蒿焉忘其安乐,而有远心,其为恶也甚矣!"《国语·晋语五》记宁嬴氏说貌与情、身与文之间的内在联系,反映出对于形式与内容相统一并且决定于内容的充分肯定,这可以视为对伍举否定目视观之美的片面性的批判和补充。《国语》注意到多样化的统一与美的关系,指出"声一无听,物一无文,味一无果,物一不讲"(《国语·郑语》)。韦昭注:"五声杂,然后可听;五色杂,然后成文,五味合,然后可食;讲,论校也。"杂即错杂,是按照一定顺序的排列。这实际是揭示了音响、色彩、形状、味道等形式因素的有规律的组合与美的关系;单一形式,缺乏这种组合以及违背客观规律的组合都会破坏美。这完全符合美存在于多样性的统一这一重要美学原则。关于审美主体与审美对象之间的关系,《国语》也有所触及:"夫耳目,心之枢机也,故必听和而视正。听和则聪,视正则明。"(《国语·周语下》)"是以和五味以调口,刚四支以卫体,和六律以聪耳……"(《国语·郑语》)人在欣赏美的同时其主观世界得到了丰富,五官得到了改造,听和则耳聪,视正则目明,音乐创造了能够欣赏的耳朵,绘画创造了能够欣赏绘画的眼睛。审美立体与审美对象的这种相辅相成的辩证关系以朴素的形式得到了初步的阐释。此外《国语》对于审美感受的生理基础的论述,对于音乐在人们精神生活中的影响和所起作用的阐明也都是比较深刻的。这一切对于中国古代美学的发展都产生了重要的影响。

第五章 《国语》语言的思想力量和论说艺术　　　　　　　　　　161

第二节 《国语》的论说艺术

　　章学诚《文史通义·易教上》记载："古人未尝离事而言理，六经皆先王之政典也"。"事有据而理无定形，故夫子之述六经，皆取先王典章，未尝离事而言理。"① 谢昆恭《先秦知识分子的历史述论》说："春秋时期没有私人著述，而个别知识分子对于时局不能没有论议，求诸春秋文献，最重要的除了《左传》，尚有《国语》。"②《左传》《国语》中知识分子巧妙的运用语言技巧，将历史的往旧迹辙穿插在整体的言辞述里，传达了他们的思想。③ 他们说的都是当时人的共识，也是他们思想的载体。《国语》记言手法精妙，善于说理辩诘，思维缜密，通俗晓畅，修辞丰富。④《国语》记载了不少思想家的嘉言善语。《国语》记言朴实平易，含义深永；或幽默生动，或寓庄于谐，妙趣横生；有不少长篇宏论说古道今，已经具备论说文的格局。张舜徽《经传诸子语选·序》记载："古人说理之文，至为繁富，奚由能奚举其辞？……大抵唐以前书，说理为多，今所存经传诸子皆是也。率以立意为宗，而精要之言甚简。至于引申发挥之语，连篇累牍而不已。就事论事，道德阐发，他们原本是一个语应该具备的共同的体，先是从共同认识历史经验社会的事理入手，就事论事的分析，后来都单独可以自己成立。"《国语》之文多骈语，间以用韵，声韵和畅，又用典丰富，故韵味醇厚。只有骈文而没有散文就会气壅而难疏，无有就会辞孤而容瘠。《国语》句式整饬，哲理深刻，气势充沛，形象生动。《国语》以议论为主，事理兼备，说服力强。人物的论述方式或是直接说理，采用比喻、引言、用生活事理，或是引言说理，或是用寓言说理。《国语》记言有通俗化、口语化的特点，生动活泼而富于形象。

一　修辞丰富

　　《国语》中所使用的修辞非常丰富。一方面是因为这些人物都是很讲

---

① 叶瑛：《文史通义校注》，中华书局2014年版，第1页。
② 谢昆恭：《先秦知识分子的历史述论》，花木兰出版社2006年版，第164页。
③ 同上书，第290页。
④ 刘大櫆：《读文偶记》，商务印书馆1980年版，第525—526页。

究语言艺术的贵族；另一方面也是因为他们要起到劝说劝谏的作用，必须在文辞上加以锤炼，让人信服。

《国语》中排比的使用十分广泛。如《国语·周语下》记载："太子晋谏曰：'晋闻古之长民者。不堕山，不崇薮，不防川，不窦泽。夫山，土之聚也，薮，物之归也，川，气之导也，泽，水之钟也。夫天地成而聚于高，归物于下。'"这一篇是错落排比，不是完全采用一种排比方式，先用4个"不"的句式排比，然后采用"之"的句式4个排比，后又用两个对偶句式，采用"聚""归""疏""导"等几个意思相近的动词，句式更加变化和灵活。《国语·楚语上》士亹和申叔时的对话也是如此。士亹以5个"有"句式排比先王有元德而有奸子，申叔时以9个"教之"排比国子教育的内容和意义。又说"摄而不彻"，连续用12个"明"的排比句式，来说明所教导忠信的各种品质。后又用十个"之"的排比句式，来说明其他的辅助教育方式。这样的形式《周礼》也有一些，《左传》则很少，《国语》很喜欢排句式，这样可以增加语言的感染力。

《国语》对偶句式也很多，大部分和排比结合使用，更强化了其表达效果和表现力，显得气势纵横。《国语·周语下》记载："疏为川谷，以导其气；陂塘污庳，以钟其美。是故聚邑也崩，而物有所归，气不沈滞，而亦不散越。前照应聚归，后照应疏导。帅象禹之功，度之于轨仪，莫非嘉绩，克厌帝心。皇天嘉之，祚以天下，赐姓曰'姒'、氏曰'有夏'，谓其能以嘉祉殷富生物也。祚四岳国，命以侯伯，赐姓曰'姜'、氏曰'有吕'，谓其能为禹股肱心膂，以养物丰民人也。"又《国语·周语下》记载："有夏虽衰，杞、鄫犹在；申、吕虽衰，齐、许犹在。唯有嘉功，以命姓受祀，迄于天下，及其失之也，必有慆淫之心间之。故亡其氏姓，踣毙不振；绝后无主，湮替隶圉。夫亡者岂繄无宠？皆黄、炎之后也。唯不帅天地之度，不顺四时之序，不度民神之义，不仪生物之则，以殄灭无胤，至于今不祀。及其得之也，必有忠信之心间之。"排句和骈偶的大量使用，加上押韵带来了很强的韵律美。《国语》中还有很多对比，不仅仅是人物、字句，甚至篇章结构上也会如此，对比是一种最简单有效的认识方法。"小心精洁，而大志重，又不忍人。精洁易辱，重债可疾，不忍人，必自忍也。辱之近行。甚精必愚。精为易辱，愚不知避难。"将今昔对比，以人言评断人言。《国语》会将同类或相近的事物进行类比，说一件事情时候会与古代的某个事情产生联系。说理都是通过理的类比，他们还经常引用《诗》《书》等经典文献，并结合日常的了解的话语来阐发。

二 生动幽默

《国语》记言之文有幽默风趣的地方，如《国语·晋语四》记姜氏与子犯谋醉重耳一段。姜氏和子犯谋划，趁着重耳酒醉用车子把他拉走，等到他醒了，非常生气，用戈追打舅舅子犯，还说："如果我不能回到晋国做国君，我一定生吃你的肉。"子犯却满不在乎，边跑边说，如果不能成功，我都不知道死在哪里，难道你要跟豺狼争抢我的肉吗？如果成功，你整天吃香的喝辣的，我的肉腥臊，你又怎么会吃？重耳和子犯二人对话，幽默生动，人物的性格和面貌都有所呈现。而《左传》记载这段文字的时候比较简单，只说"姜与子犯谋，醉而遣之"。

《国语·晋语八》记叔向谏晋平公事，滑稽讽刺。晋平公射鹌雀，却没有射死，让竖襄去抓，结果鸟飞了，平公大怒，想要把竖襄杀死，叔向听说了这件事，到了晚上去拜见国君，晋君主动告诉了他，叔向说："您一定要杀了他，我们晋国的开国之君唐叔在徒林涉猎犀牛，一箭射死，做成了铠甲，后来被封晋侯。现在国君您继承先君的爵位，射鹌雀而不死，抓又抓不住，这是宣扬您的耻辱。您一定要赶紧杀了他，不要让丑事传播出去。"晋平公感到惭愧，于是就赦免了竖襄。此外还有《国语·晋语九》记载董叔系援的故事。

三 富于哲理

《国语》人物话语富于哲理。《国语·晋语四》记载："文公问于郭偃曰：'始也，吾以治国为易，今也难。'对曰：'君以为易，其难也将至矣。君以为难，其易也将至焉。'"郭偃论治国之难易的话语体现了辩证法的思想，矛盾对立的两方面是相互转化的，当认为是"易"的时候，其实也在逐渐的向难的方面转化，而当意识到难的时候，也同样存在向易转化的可能。《国语·晋语九》记载阎没和叔宽劝谏魏献子辞梗阳人纳赂。贪心不足是人之常情，两人以一食三叹的方式，引起魏献子的注意，然后层层解释，最后以食物的满足来告诫魏献子要在财物上知道满足，人在没有得到的时候，总觉得自己还不够，得到了之后才发现，自己需要的其实并不多，要珍惜自己的清誉。作者运用借题发挥的方式，以生活中平常的吃饭来生动而委婉巧妙纳谏；叙述层次清晰，结构完整又合乎情理。

四 旁征博引

《国语》中的人物有时以"某闻""某闻之"的形式引出俗语、箴言或前代掌故以增强劝谏说服力。《国语》不仅喜欢记言，而且还喜欢以引人言以评证人言。以"闻之"句式领起，或是他人之言，或是他人之事。引出嘉言善语，如对曰："臣闻之，道而得神，是谓逢福，淫而得神，是谓贪祸。今虢少荒，其亡乎？"这些古语各种各样，有的是以当时人之口或是自己主观创造，后来这类越来越多，总之是一种引言的发语之辞。《国语·周语中》臣闻之曰："武不可觌，文不可匿。觌武无烈，匿文不昭。"《国语·晋语一》辞曰："成闻之：'民生于三，事之如一。'"主人公引言佐证，评价者也以引言评价。《国语·晋语四》荀息曰："吾闻事君者，竭力以役事，不闻违命。君立臣从，何贰之有？"丕郑曰："吾闻事君者，从其义，不阿其惑。惑则误民，民误失德，是弃民也。民之有君，以治义也。义以生利，利以丰民，若之何其民之与处而弃之也？必立太子。"多轶闻，字句上多"闻之"。《国语·晋语一》太子曰："吾闻之羊舌大夫曰：'事君以敬，事父以孝。'且吾闻之：甚精必愚。精为易辱，愚不知避难。虽欲无迁，其得之乎？"有的是道理，有的是话语。一人说了一句话，另外的人听到后也要说一些话，前者话语可能和后者有关，也可能无关。《国语·晋语一》记载"然吾闻之，为人子者，患不从，不患无名，为人臣者，患不勤，不患无禄"，闻可能是言语，也可能是事物的状态，两者的话语不在一个时段，说明这是作者创作，而非客观的记录。《国语·晋语一》仆人赞闻之，曰："太子殆哉！君赐之奇，奇生怪，怪生无常，无常不立。使之出征，先以观之，故告之以离心，而示之以坚忍之权，则必恶其心而害其身矣。恶其心，必内险之；害其身，必外危之。危自中起，难哉！且是衣也，狂夫阻之衣也。其言曰：'尽敌而反。'虽尽敌，其若内谗何！"申生战胜狄人而反回，谗言越来越多。君子曰："知微。"郑也闻之曰："'军败，死之；将止，死之。'"又对曰："臣闻之，爱亲明贤，政之干也。礼宾矜穷，礼之宗也。礼以纪政，国之常也。叔詹谏曰："臣闻之：亲有天，用前训，礼兄弟，资穷困，天所福也。偃也闻之："战斗，直为壮，曲为老。"

刘起釪《尚书学史》统计《国语》引《书》七篇28次，《今文尚书》二十八篇被引7次六篇，没有十六篇《古文尚书》，《书序》中篇被引4次两篇，先秦逸《书》逸篇5次五篇，引书、某书、逸句7次，某种特用称法所在不同篇章5次四篇。①"书"1次。"某书"曰1次，"夏书"4次，今文周书2次，不知道篇目1次，《西方之书》1次，《禹贡》1次，逸十六篇《汤誓》《盘庚》《说命》《太誓》《牧誓》《康诰》《无逸》各1次，《夏令》（命）1次（《国语·周语》），引卫成公懿戒1次（《国语·楚语》），引训语1次（《郑语》），引周制1次（《国语·周语中》），先王之教、先王之令各1次（《国语·周语》），引史佚言1次，引志2次。

春秋时期人们在论述道理的时候经常引《诗》来说明。《诗》在当时的社会有广泛的认同，诗乐是沟通神人的桥梁，乐官瞽矇能通达神意，他们传诵诗传史，知祖先之训，其思想代表周代社会的主流价值观念和道德标准。论说引《诗》断章取义，通过阐发《诗》义来阐发自己的观点。《国语·晋语四》在《周颂》曰："天作高山，大王荒之。"荒，大之也。《国语》中《周语》《鲁语》《晋语》《楚语》有引《诗》，《齐语》《郑语》《吴语》《越语》没有引《诗》。顾颉刚《诗经通论·序》说："古人习熟于口耳者惟《诗》，无往而不引，无事而不歌。"②《国语》的人物言论中还有不少古史传说。《国语·晋语八》记载："侨闻之，昔者鲧违帝命，殛之于羽山，化为黄熊，以入于羽渊，实为夏郊，三代举之。夫鬼神之所及，非其族类，则绍其同位，是故天子祀上帝，公侯祀百辟，自卿以下不过其族。今周室少卑，晋实继之，其或者未举夏郊邪？"《国语》论述时常用"昔""古""现""今"，"凡""语曰""典制曰""夫""是故""闻之曰""古人有言"连接篇章。《国语》以"昔"引古，来今昔对比。《左传》"昔"也有不少，古人论说皆不虚言，必要有所征，引用古代事迹典制来引证观点。有时候也不一定是真的听说，而是一种托词，可能是自己的主观的创作，但主要为引发论述。《左传》"先王"48次，"先王之"19次，"先王之制"3次，"先王之礼"2次，"先王之命"6次，"吾闻之"22次。《国语》先王58次（《左传》字数近乎《国语》3倍，有48次），先王之29次，先王之训4次（《左传》无）先王教3次，

---

① 刘起釪：《尚书学史》，中华书局1989年版，第49页。
② 姚际恒：《诗经通论》，上海古籍出版社1958年版，第6页。

先王之制 2 次，先王之命 1 次两者所记载先王略有差异，有不少是作句子谓语，而《左传》多是主语和宾语，不在话语内容部分。《国语》人物话语内容征引史料极为渊博，采用周王室和诸侯史官的史料，还有《诗》、《礼》、《乐》，童谣、谚语、钟铭以及民间的传闻。可以看出，《国语》中的人物多很博学，论述大量征引史事和文献。

　　《国语》的对话中大量征引前代人物故事、典章制度以陈兴亡之迹，以达到劝谏和教化功用。《国语·周语上》虢文公谏曰："古者，太史顺时视土，阳瘅愤盈，土……"周宣王丧南国之师，乃料民于太原，仲山父谏曰："夫古者不料民而知其少多……""古者，先王既有天下，又崇立上帝……必然无后。"《国语·周语下》景王将铸大钱，单穆公说："不可。古者，……"《国语·鲁语上》鲁宣公沉迷于在泗水钓鱼，里革断其罟而弃之曰："古者大寒降，土蛰发，……""古者，分同姓以珍玉，展亲也……"《国语·楚语下》记载观射父曰："古者民神不杂。……是以古者先王日祭、月享、时类、岁祀。"这些话语通常以"昔"为开头，有的是话语内容主体，有的简练概括，文字长短不一，但都是话语的重要部分。这些话语的内容夏商周时期比较多，尤其是西周，还有一些是三代之前，甚至更早的神话传说。《国语·周语上》周民族崛起时候后稷、不窋的人物事迹。周民族始祖弃于虞夏时期担任农官后稷之职，而夏末朝政混乱，到不窋统治时期就放弃了职官迁徙于戎狄之间，但仍不敢懈怠所务之业。

五　多用虚词

　　虚词大量使用是《国语》人物言论的一个特点。刘知几《史通·内篇·浮词》记载："夫人枢机之发，亹亹不穷，必有徐音足句，为其始末。是以伊、惟、夫、盖，发语之端也；焉、哉、矣、兮，断句之助也。去之则言语不足，加之则章句获全。"俞樾《古书疑义举例五种》记载句中虚字例："虚字乃语助之辞，或用于句中，或用于首尾，本无一定；乃有句中庸虚字而实为变例者。"[1] 袁仁林《虚字说》记载："盖天地间虚实恒相倚，体用不相离，至静之中而有至动之理，凡物皆然。"[2] 因为其

---

[1] 俞樾：《古书疑义举例五种》，中华书局 2005 年版，第 69 页。
[2] 袁仁林：《虚字说》，中华书局 1989 年版，第 131 页。

为话语的记录,多虚词可以使得语意的表达更加多变,语调富于变化,表达意思上也更为丰富,正如股肱之于关节,门户之于枢纽,能更好起到连接作用,显得不枯燥和晦涩。这些虚词渐渐的产生了模式化的趋势,如发论之开始则用"夫",而后用古(故)、"今"等。《国语》"夫"用在句首表示要发表议论。夫,张以仁《国语虚词集释》说:"《周语中》夫人奉利而归诸上,韦昭注,夫人,犹人人也。释词,《词诠》皆同韦注。夫,犹凡也。指示形容词也。韦注'人人',亦谓'凡人'也。《楚语下》'夫人作享,家为巫史',与此同例。《称代编》云:'夫人',夫作形容词,按由那些之意引申而出者。多是指德指示代词。夫,犹比也,指示形容词。"①

人们在很早的时候就讲究用字炼字,是文字使用技法达到一定程度的表现,甲骨卜辞"予""朕""我""余"同占出现而含义不同,甲骨文中有虚词"抑""执"。赵平安《对上古汉语语气词"只"的新认识》说:"《国语》用'也'不用'只',《诗经》和《左传》偶尔使用,而《国语》则完全不用'也'是比较早的,而'只'产生的比较晚。目前的史料显示'只'产生西周晚期,《国语》也承袭这种文法。"②《国语》多用虚词使语言有了弹性和张力,语气时而柔和委婉,时而气势浩然。连续使用虚词把复杂的意思浓缩以简短的句式之中增加其内涵,虚词的变化增加句子的文采,虚词能够让句式更加的灵活多变,产生奇异的艺术效果。钱基博说用虚字:"上古文字初开,实字多,虚字少。周诰殷盘,诘屈聱牙,虚字不多,木强寡神。至孔子之文,虚字渐备;《赞易》用'者''也'二字特多。而《论语》、《左传》,其中'之''乎''者''也''矣''焉''哉'无不具备;作者神态毕出,尤觉脱口如生。此实中国文学一大进步。盖文学之大用在表情;而虚字者,则情之所由表也;文必虚字备而后神态出焉!"③

《国语》虚词表示肯定、否定、语气、情态、谦敬、顺接、递进、转折的含义,连续的使用这在后代的古文写作中是极力避免的。《国语》一

---

① 张以仁:《国语虚词集释》,中央研究院历史语言研究所1968年版,第29—31页。
② 武汉大学简帛研究中心:《简帛》第三辑,上海古籍出版社2008年版;赵平安《对上古汉语语气词"只"的新认识》,第2—3页。
③ 钱基博:《现在文学史·明代文学》,商务印书馆2011年版,第25页。

篇之中不避重复，连续使用，这是记言文的特点，口语的方式可以增加文章生动性和通俗性。其实有些虚词是可以去掉，而且并不影响文意，甚至可以使得文章更简明，但这显然并不是作者想要的，这些虚词可以使得排偶的记事更加有韵律。《国语》通过虚词作为开语之辞。《国语》一句之内用好几个虚词，之3267次，以1690次，而1563次，其1372次，于1065次，也1596次，夫547次，则414次，为647次，者475次，何345次，焉322次，诸274次，所246次，皆124次，莫85次，十六个词，一千次数以上的六个，分别是"之""以""而""其""于""也"。虚词主要是在人物的话语中，话语上每个实词都被虚词围绕，皆可运腔蓄势。《国语》丰富却不详赡，非常适合讲诵，委婉曲折生动，每到虚词则加强语气，掷地有声。有些虚词不是《国语》这个时期很喜欢用的，而后来倒是常用，如"是故"引发总结。

六　循环模式

《国语》的记事、话语、人物、情节、结构、句式、用词等方面存在着排比回环和重复现象，就像是歌曲中回环重叠的模式。一方面是礼乐社会中诗乐的影响。这样的重复方便记诵，而且有利于强化教育，节奏简单便于接受，让人们更加关注内容。《国语》句式带有歌谣话语特点。另一方面是瞽的诗乐背景并与当时的史诗传统有关。瞽是乐官传要诵古史，为了文本的便于记忆和接受，对文本也有一定的影响。现在仍然留存下来的不少民族史诗也还是采用这种口头传诵形式，而《左传》不用考虑这些，《左传》文本更适合于阅读。《国语》回环重复和《诗经》的重叠类似，《诗经·芣苢》说"采采芣苢，薄言采之。采采芣苢，薄言有之。采采芣苢，薄言掇之。采采芣苢，薄言捋之。采采芣苢，薄言袺之。采采芣苢，薄言襭之"。《诗经》还有很多这样的例子。《国风》中每篇字句雷同的篇目占《国风》作品总数的60%多。[①]《国语》重复句式可能深受其影响。所以，后代有些学者诟病《国语》之烦冗和文气之不能振起。《国语》重复、回环话语模式重复的形式在后代的小说和戏剧舞台上有比较多的使用。黄永武《中国诗学鉴赏卷》认为，诗的音节不外乎同音相成的"重

---

① 李炳海：《〈诗经·国风〉生成期的演唱方式》，《中州学刊》2008年第1期。

叠"、异音相续的"错综"以及同韵相协的"呼应"三种。① 重叠在原有的意义的基础上进行了深化加工,形式参差错落。《国语·晋语一》说:"'事君以敬,事父以孝。'受命不迁为敬,敬顺所安为孝。弃命不敬,作令不孝,又何图焉? 有纵君而无谏臣,有冒上而无忠下。"朱熹《朱子语类》说:"《国语》文字多有重叠无义理处。盖当时只要作文章,说得来多尔。故柳子厚论为文,有曰:'参之《国语》以博其趣。'"《国语》和《诗经》的差别在文本上不是很大。在先秦时期诗文体材的分别,主要是体现在功用的不同。如果我们突破现代的体式观念,回到那时候人们的想法,更多是在表演形式上有所区别。《国语》中的语言和叙述特定模式和口传有关。王国维《与友人论诗书中成语书一》、《与友人论诗书中成语书一二》两篇,提出古人喜欢使用成语,其成语之意义,与其中单语分别之意义有不同。② 叙事结构上有的时候把多个事件对比叙事,如重耳流亡过程中各国国君对他的态度。勾践多次找范蠡谋划灭吴,连续几次都说未可,晋文公称霸时候狐偃也是如此。《国语·周语》记载虢公许诺,又记载《国语·晋语》秦穆公许诺。《国语》话语存在回环模式,重复对比而且层次上层层递进。《国语·晋语九》记载铁之战赵简子说:"郑人击我。吾伏瞍咯血,鼓音不衰。今日之事,莫我若也。"当郑国军队攻击我军时,我伏在弓袋上吐血,但是我击鼓的声音却一直未停。今天的战事没有人比得上我的功劳大。卫庄公是车右,他说:"吾九上九下,击人尽殪。今日之事,莫我加也。"主要记载铁之战之后三人夸各自功劳的事,三者对铁之战的自矜其功的言语。

《国语》人物事迹上前后对比。对举比较晋文公和晋惠公,晋文公的性格呈现一个发展的过程,当五鹿的野人"举块而与之"的时候,重耳"怒",而"欲鞭之",到了齐国,齐侯将宗室之女嫁给重耳,对重耳的待遇非常优厚,于是他就不想离开,打算在此度过一生,再无他志了,说"民生安乐,谁知其他",《左传》记载齐姜问重耳是否要离开齐国的事情,他急忙否认,等到子犯和齐姜合谋把重耳灌醉骗出齐国,重耳醒来"以戈逐子犯",还说"若无所济,吾食舅氏之肉,其知餍乎",完全展现了其安于享乐的心理,但长期的流亡生活和不公正的待遇,使他逐渐成长

---

① 黄永武:《中国诗学鉴赏卷》,台湾巨流图书公司1976年版,第168页。
② 王国维:《观堂集林(外二种)》,河北教育出版社2003年版,第32页。

为一个成熟政治家，当他来到楚国，楚王以对待国君的高规格礼仪来招待他，"九献，庭实旅百"，但接着楚王希望能有所回报，重耳机智应答说"若以君之灵，得复晋国，晋楚治兵，会于中原，其避君三舍，若不获命，其左执鞭弭，右属櫜鞬，以与君周旋"。到了秦国，秦穆公把怀嬴赠给他，他让怀嬴给他侍奉洗漱，"既而挥之"，怀嬴"怒"斥他，重耳又"惧"，赶紧"降服囚命"。归国之后是一个雄才大略、知人善任的政治家形象。还有人物事件的优劣对举。《国语·晋语三》记载晋国发生了饥荒，到秦国求粟，秦国君臣经过一番商量决定给予，"是故泛舟于河，归籴于晋"，而紧跟着秦国饥荒，秦国来求粟，晋国则不予。晋国受灾，秦穆公予籴，秦国遭灾，晋惠公不予籴，形成了鲜明的对比。《国语》对比人物言语，对于给不给粮食，两国的君主以及各大夫进行讨论，以及每方面的两个大夫的言论对，营造了不同时间的两个空间，不同人物和视角的对比呈现，不同时间的相同对话和相同时间的完全不同观点的话语进行对比。《左传·僖公十五年》言"晋饥，秦输之粟；秦饥，晋闭之籴，故秦伯伐晋。"没有具体的人物话语和记事，但也是采用这种对比手法，只是简略得多。《国语·晋语》很喜欢把晋文公和晋惠公事迹作对举来突出文公，而贬低也用大量的篇幅细致描写晋惠公，文公时期也发生了一场饥荒，晋文公也向大臣咨询该如何处理，箕郑"信于君心，信于名，信于令，信于事"。答之。国君和臣子的品德高下立见。但此处可见惠公记事实，而晋文公记事则虚。晋饥，公问于箕郑曰："救饥何以？"对曰："信。"公曰："安信？"对曰："信于君心，信于名，信于令，信于事。"公曰："然则若何？"对曰："信于君心，则美恶不逾，信于名，则上下不干。信于令，则时无废功。信于事，则民从事有业。于是乎民知君心，贫而不惧，藏出如入，何匮之有？"公使为箕。及清原之蒐，使佐新上军。《国语》将人物对话进行对比。公子重耳逃亡到了柏谷，想要占卜一下去齐国还是楚国，可是狐偃觉得不用占卜，因为齐楚都是大国，不能在落难的时候去，而且路途遥远，不如去狄离得近而且还能够接纳我们。而过了一年，公子夷吾出奔的时候也想要去狄，冀芮反对，也说得很有道理。还有秦穆公对重耳和夷吾的前后选择，吊丧重耳、夷吾的对举，各《语》并列对举，内容不同，即便有相同事件者在记载上也不重复。秦穆公要把女儿嫁给重耳，重耳分别征询三个臣子，大家都答应，但话语不同。《国语》叙事就有回环往复的特点，"王乃之坛列……"《国语·吴语》皆是回环"王乃命",吴王请求许成,和前对比,未允许,于是吴师起……也是对比着来叙述,"吴王惧……"对比、回环、重复在结构和对话上都有。韩厥和郤至从郑伯,词语和句式段落章节重叠。艺术手法的沿袭继承,采用戏剧手法。回环重复不断强化作者的观点,对比使得事件明显,是一种简单直接的表现手法。《国语》还有话语字句的重复。《国语·齐语》记载:"人与人相畴,家与家相畴,世同居,少同游。"韦昭注:"畴,匹也。"就是说比邻而居,"故夜战声相闻,足以不乖;昼战目相见,足以相识。"意思都是重复的言说。结构上和句子上都有这样的特点。话语上喜欢铺排,但不追求气势雄壮。《左传》中郑伯克段于鄢中也有这样一个情节,公子多次劝谏让出兵讨伐段,可是郑庄公不同意,几次之后才终于说出其想法,是想让段多行不义之事而"自毙"。回环可以增加情节上的传奇性,增加接受者的趣味性,此后世的小说中常见。

《国语·齐语》情节多是重复。在句式上也很整齐,士农工商一一以顺而言,字数相同,用字方式相同。《国语》是网状结构,《左传》是线性结构,《国语》勾连之处甚多,《左传》则如河水涛涛而进,《国语》回环之处比比皆是,有时也会让人觉得不耐烦。《国语·齐语》记载管子对曰"令夫士农工商,群萃而州处",四句句式相同,而第二字皆有差异。"农商则察四时,工则审,士则无四时之言。正月之朝,乡长复事。君亲问焉"云云,"有司已于事而竣。桓公又问,又对云云,有司已于事而竣。桓公又问,对云云","有司已于事而竣。正月之朔",又如是者三。鲍叔牙推辞连续的"弗若也"。《国语·齐语》就是以齐桓公和管仲的往复对话为基本结构,而其间不见的句式也不断的重复。《国语·晋语》主要是人物和事件比对着写。

《国语》叙事生动精练简洁,话语繁复充实,意蕴丰富,"话语风格"。奥古斯丁指出,凡旨在宣讲公义、圣洁和良善之事为目的的,要达到三个目标:"教导人、愉悦人、感动人"。西罗塞说:"以低沉的风格讲述中等之事,以便令人愉悦,以威严的风格讲述大事,以便动人的心灵。谁能做到这些,就是雄辩。"风格不同就要不同的语言风格来表述。《国语》的语言重复强调讽刺抽象具体。语言的目的和任务决定语的内容和风格。

七 通俗易懂

《论语·述而》曰:子所雅言,《诗》《书》、执礼,皆雅言也。郑玄注云："读先王典法，必正言其音，然后义全。"①《诗经》的雅颂部分、《尚书》的西周以及之前的是雅言，而《诗经·国风》《左传》和《国语》是文言。雅言在重要的礼乐仪式和古老的文体上使用，到了春秋时期以平白口语为代表的文言逐渐兴起。傅斯年说《诗经》与《国语》是文言，《论语》不至于这样，《左传·僖二十三年》，"子犯曰：……六月。"这些地方都可以看出，当时话语也要文饰。《论语》还记载子产创造辞令的过程："为命，裨谌草创之，世叔讨论之，行人子羽修饰之，东里子产润色之"（《论语·宪问》）。所以在《左传》《战国策》上所载各种的应对之辞，书使之章，有那样的"文"气，虽不免有后来编书者的整理，让当时话语显得很"文"。然则承接这样风气，诸子百家开始著作，所写者必有一种艺术化了的语言，又何可怪？战国时期注重话语形式，话语的实用性被加强，话语有很大的优越性。战国时期对之前的话语进行整理，使得学术化和文本化、经典化。傅斯年认为《诗经》的语法"与《国语》似乎不有大界限"，继这两部书而后者，如《庄子》中若干可信之篇，如《孟子》凡是记言之篇，略去小差别不论，大体是一种话。②

但丁《论俗语》中提出俗语与文言的分别，并且肯定了"俗语"的优越性：但对于文言"不是所有民族都有的。只有少数人才能熟悉第二种语言，因为要掌握它，就要花很多时间对它进行辛苦的学习"。③保尔·汤普逊《过去的声音——口述史》记载："口语对话更为灵活，真实，自由，反应人物本真，真挚的想法，相对来说受到的限制较小，更为直接，有针对性。"因为《国语》的特殊功用，其风格也比较独特，采用通俗的语言，话语论述繁复，道理深入浅出。《国语·晋语八》说"君忸怩"，是谐谑之语。《尚书·五子之歌》记载："郁陶乎予心，颜厚有忸怩。"孔传："忸怩，心惭。"李慈铭《越缦堂读书记·梅村集》记载："每叙及易代之际，格格阻碍，若因人笑褚公而并自贡其忸怩局蹐之状。"④《国语·周语下》单穆公谏景王铸大钟，就是平实自

---

① 魏源：《魏源集》，中华书局2009年版，第65页。
② 傅斯年：《傅斯年全集》第二卷，湖南教育出版社2003年版，第27页。
③ 朱光潜：《谈读书》，天津人民出版社1998年版，第190—191页；马奇：《西方美学史资料选编上》，上海人民出版社1987年版，第221—232页。
④ 李慈铭：《越缦堂读书记·梅村集》，上海书店出版社2000年版，第987页。

然的语言讲出精彩的道理。《国语·晋语八》有"人杀"之言，朱俊声《经史答问校证》"此俗言，人死有杀之始"。亚里士多德说："口语是心灵的符号，而文字是口语的符号"①《国语·鲁语》说"鳖于何有"，鲍叔牙说臣是供君主趋使的，君主有恩惠于我，让我不受饥寒，这实在是您的恩赐啊。如果要找治理国家的人才，那不是我所能胜任的啊，如果要找治理国家的人才，那个人一定非管仲莫属。我有五个方面不如管仲，"宽惠柔民"，"治国家不失其柄"，"忠信可结于百姓"，"制礼义可法于四方"，"执枹鼓立于军门，使百姓皆加勇焉"，这些方面都不如"弗若也"。也、乎，加强口语的语气。祭公谋父曰"不可"，《左传》"不可"常作"弗许"。

　　春秋时期文学作品主要是文言，战国时期日益趋于通俗化，《庄子》多用方言俗语和社会下层的语言。如运斤成风的故事有很强口语性。② 春秋时期主要还是文言，战国时期日益趋于通俗化，《庄子》多用方言俗语和社会下层的语言。如运斤成风的故事有很强口语性。③

　　《国语》和《左传》不同，《左传》中记载孔子尚文之言，作者也是持此观点，也是这么行文实践，《国语》不是用来阅读，其注意在言说，为了起到教育明德的功能不能太文雅，否则会使接受者产生距离感，语言生动而不枯燥、板滞，要字句流畅通俗，亲切明晰，赋予传奇性，爱憎褒贬分明，多虚词使得语气多转换。《国语》的作者是礼乐文化的维护者，他们为了客观的接受，尽量通俗和明白，在选材和方式上尽量能引起对方的趣味性。《国语》喜欢称颂胜利者，而贬低失败者，《国语》有意识化雅为俗，把典重文雅的典籍用通俗的比喻来阐释，注重叙事的生动。《国语》在口语基础上加工成的书面语。在语言上流畅通俗。有的时候还要故意创作成好像完全没有加工接近天然的样子，天然才符合自然之道。

　　刘咸炘在《推十书·刘咸炘学术论集（史学编）·春秋国语论》记载："文辞佚丽"，"恢张，杂子家之笔"。《国语·周语》记载"雅

---

① 方书春：《范畴篇·解释篇》，商务印书馆1986年版，第55页。
② 张显成、余涛：《论银雀山罕见中的俗字——见论简帛俗字的研究意义》，《汉语史研究集刊》2001年第10期。
③ 同上。

醇厚丽"。① 《国语》不像《左传》那样有文采,不显得古奥晦涩。《国语》各篇的风格不同,《国语·周语》《国语·楚语》《国语·郑语》崇尚典重文雅,《国语·鲁语》质朴狭猝,《国语·齐语》简洁明快,《晋语》清新,《国语·吴语》《国语·越语》流丽。

八 散韵结合

《国语》大量使用韵语。这些韵整齐而又灵活。顾炎武《日知录》记载:"古人用韵无过十字",②"五经中多用韵"。③《诗经》有的句句押韵,有的隔句押韵,双句中奇句不押韵偶句押韵,有的第一、第二、第四句用韵,第三句不用韵。历来人们总是用有规则搏动的韵律将诗歌与散文区别开来,这种搏动的韵律往往便成为口述史诗或长篇形式的言说节奏。章学诚《文史通义》说:"演畴皇极,训诂之韵者也,所以便讽诵,志不忘也;六象赞言,爻《系》之韵者也,所以通卜筮,阐幽玄也。六艺非可皆通于《诗》也,而韵言不废,则谐音协律不得专为《诗教》也。传记如《左》《国》。"④"文言者,折衷于文与言之间。"⑤ 经典的创立是"轴心时代"中国文化的重要成果,而经典中潜藏着东西周语言变革的基本事实。两周文化在语言变革的基础上,实现了从"旧体文言"向"新体文言"的历史性变革。⑥

《国语》韵律韵散结合,错落有致。钱基博说《尚书》《左传》《国语》,文属一类。皆散中带骈者也。⑦ 刘师培认为皆杂用偶文韵语者也。若《春秋氏传》以及《国语》、《国策》诸书,乃史官记言记事之遗,非杂用偶文韵语者也。至于诸子之书,有文有语。《国语》韵语,《吴》《越》尤多。《国语》骈俪形式已经出现,可是文辞却不是华丽。骈俪却不无节制的用,而是错落自然的用。加上文辞质朴典雅,且平易通

---

① 刘咸炘:《推十书·刘咸炘学术论集(史学编)·春秋国语论》,上海科学技术文献出版社2008年版,第95页。
② 栾保群、吕宗力校点:《日知录集释》,花山文艺出版社1990年版,第913—914页。
③ 同上书,第914—915页。
④ 章学诚著,仓修良编注:《文史通义新编新注》,浙江古籍出版社2005年版,第60页。
⑤ 钱基博:《中国文学史》,中华书局1996年版,第23页。
⑥ 同上书,第15页。
⑦ 钱基博:《钱基博学术论著选》,华中师范大学出版社1997年版,第448页。

俗，别有一番含蕴之美。古人不是一味地用韵文，那样会影响文章的品质。亚里士多德在《诗学》中指出"咏史诗体取稳重庄严的格律"。①《国语·周语》和《周颂》基本相同，句式错落，有韵而不滞。章学诚《文史通义·诗教上》说："后世之文其体皆出于战国，人不知：其源皆出于《诗》教，人愈不知也。"②传记如《左》《国》。王棻在阐释六经皆文的思想时说"骈文本于《周礼》、《国语》，有韵文本于《诗》，而《易》兼之"。③

《国语》中押韵是比较普遍的情况。在《国语》的文本中押韵是比较普遍的情况。很多是顶针模式：11A，A22。如《国语·楚语上》士亹的话语，有好几个善的重复（即顶针），也隔句重复。而后就是有的排比，有的重复是为了连贯文本都押韵，《国语·周语》和《国语·楚语》、《国语·吴语》、《国语·越语》更喜欢押韵，《国语·鲁语》《国语·晋语》《国语·郑语》则比较散。《国语》文本比较特殊，和先秦的其他文献相比，《国语》话语的最后一个字（不算占位的虚词），很多的韵母相同，而且很普遍。《国语》主要是散语，间以押韵，在结尾或是其他处。还用重复字句的方式押韵。叙事部分则很少押韵。

《国语·周语上》："穆王将征犬戎，……勤恤民隐而除其害也。"韵有"戎""颂""兵""动"，"可""戈""德""业""德""德""和"，"威""威""害""衰""害""夏""夏""大""玩""官""间""典""王""王""矢""之""稷""喜""务""绪""笃""牧""武""勤""信""人""民""辛""民""震""忍"。其中 EI 和 I 可合成一组，有一些是相连着的，有的则不是，还有一些主要不和最后一个字相对，这些同韵都是散落穿插，有些虽然不是相同韵母发音，但也比较接近，把这些最后的字归类就会发现，有很多都是一类，也就是说尾字的韵母很多都相同，而他们就像是一条条小线错综复杂的窜缩于文本之中，主要是以 e、in、u、a、ong、an、en（其实这三组可归为 n）结尾。这时候的韵组还比较少。《国语·周语上》"夫先王之制，……远无不服。"韵字为"制""服""服""服""服""服""祭""祀""享""贡""王""祭""祀"

---

① ［古希腊］亚里士多德：《诗学》，陈中梅译，商务印书馆1996年版，第197页。
② 章学诚：《文史通义》，浙江古籍出版社2005年版，第45页。
③ 贾文昭：《中国近代文论类编》，黄山书社1991年版，第402页。

"享""贡""王""训""意""言""文""名""德""刑""祭""祀""享""贡""王""敝""兵""备""令""辞""至""远""听""服"，主要是听组韵。看上去杂乱，似乎很有秩序，文本中有乐曲在流淌，前面比较整齐或重字，后半部分押韵 ing、i、ang（an），作者还使得其不死板，错落而有秩序。《国语·周语上》："今自大毕、伯士之终也，……自是荒服者不至。"韵字为"终""征""兵""听""征"，"顿""悖""固""我""鹿""服""王""狼"三个主要的韵组。《国语·周语上》恭王游于泾上，……一年，王灭密。"韵字为"泾""从""众""群""群""粲""参""粲""堪""堪""王""亡"，还故意的转换韵，有的不在结尾押韵。《国语·周语上》："厉王虐……乃流王于彘。"韵字为"言""川""川""言""川""言""川""雍""生""兴"。《国语·周语上》："厉王说荣夷公……王流于彘。"韵字为"难""专""难""难""行""鲜""用""利"，很多 I 结尾的字组，这个严格来说不是押韵，而主要通过重复来加强前后的联系。《国语·周语上》彘之乱，……宣王长而立之。韵字为"公""宫""围""怼""怼""怒""怒""王""长"三组。"宣王即位，不籍千亩。……土乃脉发。"这个很明显，都是 eng（ing）土和出也是押韵，"而""官"。"先时九日，……命农大夫咸戒农用。"蒸""动""告""动""卿""命""用"，隔句押韵，有的不仅仅押韵在尾部，也可以在句头部和中部，甚至多出一处起韵，多出应和。"先时五日，……庶人终食。韵字为"宫""行""从""从""省""功"。"是日也，……民用和同。连续之，"种""农""姓""功""动""农""同"，这些韵组相对固定，往往要重复用来建立这种押韵的关系。"是时也，……王不听。三十九年，战于千亩，王师败绩于姜氏之戎。"韵字为"农""农""功""农""功""用"。"鲁武公以括与戏见王，……及鲁人杀懿公而立伯御。"重叠用字类似顶针，"犯""犯""令""令""行""行""顺""顺""顺""上""上""事""事""诛""诛""诛""诛""是""是""是"。"三十二年，……乃命鲁孝公于夷宫。"韵字为"明""刑"，"问""问""咨""咨"。"宣王既丧南国之师，……及幽王乃废灭。"韵字为"料""少""少""料""料""少""少""料""料"。"幽王二年，……周乃东迁。"韵字为"蒸""震""震""镇""崩""征""崩""塞""塞""塞""塞""亡""亡""亡""纪""弃""纪"。这种押韵《国语·周语》用得比较多，可能是因为人物的长篇话语。《国语·鲁语》也有押韵情况但比较少，常是一两句点出关键部分的话语，不在句子中大量使用。《国语·齐语》结构和句式重复的情况十分显著，语言散句化，有押韵但重复和排比显然占据更重要的地位。《国语·晋语》为了达到韵调和谐目的，不是通过押韵，而是另外一种方式，用字句排比和重复的方式，几乎没有押韵。《国语·郑语》使用短句和长句结合的大句式。《国语·晋语》是中短型句式，句式短促激越，更加的散落，无意押韵散句式，文中大量的使用重复和排比来结构篇章，使得前后连接贯通。字的顶针重复、隔句重复，词组重复，句式重复，结构重复等存在很多。《国语·郑语》用的韵较少，文章使用长句，但也有一些押韵，几乎淹没在句中。这种话语形式很类似俗语中的俏皮话，朗朗上口，通俗易懂，又有一定的文采。第一段"桓公为司徒"，韵字"故""赂""土""固"。第二段"夫虢石父谗"，韵字"弃""逸""狱""欲"，相对于《国语·郑语》的内容来说算是很少。也可以看出来一种，韵文减少的趋势。《国语·楚语下》"爽""朗""降""主""服""主""穆""祝""物""主""度"。有的同一句话有好几个可和其他句末词呼应，有的则明显刻意回避韵字，有的则是在中间呼应。《国语·吴语》韵字为"种""庸""兵""成""命""戎""成""成""命"。《国语·越语上》韵字为"令""姓""政""舟""忧""求""求""后""有""谋"。《国语·越语下》"盈""倾""盈""倾""盈""盛""功""行""盈""盛""功""行""躬""听"，ing韵。可以看出这种押韵超越了《国语》篇章的共性。

　　甲骨文的韵语很少，铜器铭文中逐渐出现。商代铭文基本上用散语，周代铭文已有不少韵句，西周早期的武王大丰簋已出现韵语。之后喜欢用四字韵句的铭文逐渐增多，如西周中期的史墙盘和西周后期的虢季子白盘。……前半段记事，不规则押韵。后半段记言，隔句押韵风格与《尚书》有些相似。俞樾《古书疑义举例五种》曰："古书多韵语，多倒文协韵者。"[1] 变文以协韵者。[2] 刘开《与阮芸台保论文书》说："《国语》之修整。"《国语·齐语》记载："人与人相畴，家与家相畴，世同居，少同游。"第一句和第二句，句式相同，意义相近，三和四也是如此。四句几

---

[1]　俞樾：《古书疑义举例五种》，中华书局2005年版，第20页。
[2]　同上书，第21—22页。

乎是一个意思,只在节奏上做了些文章,就巧妙地整合在一起,而毫无重叠之感,韵律还很和谐。也可看出其烦琐的特点和不厌其烦的欣赏态度。《左传》似诗之言,为了便于通俗接受,有的时候还有韵。《国语·越语》记范蠡与勾践讨论进攻吴国战略时,使用了整齐的四言韵语,如:"臣闻之,得时无怠,时不再来。天予不取,反为之灾。"刘大櫆在《论文偶记》中说:"文章最要节奏。"

第六章

语体文学的发展演变

　　随着语体文学的发展，其内容越来越哲学化，从只是关注"仁""礼""忠""信"等礼乐概念，开始更加关注这些概念的意义和以及由此引发的人的存在问题，开始思考"性""亲""爱""欲""智""子""恶""喜""愠""惧"等概念和他们之间的关系，由孔子的理想现实主义变成了完全的形而上的哲学探讨。语言在历史叙事中起到画龙点睛的作用，是其核心和精髓所在，历史叙事中的话语往往寄寓作者的义理思想，如《春秋事语》。战国诸子文学对《国语》的内容和技法上既有继承也有发展。

第一节　《论语》与语体文学的哲学化倾向

　　孔子离世之前曾感叹："泰山坏乎！梁柱摧乎！哲人萎乎！"（《礼记·檀弓上》）感叹哲人的萎靡不振，这既是他对当时社会状况的描述，也是自身的比况。《诗经·大雅·抑》记载说"其维哲人，告之话言"，孔子想要做一个有智慧的哲人，用他的话语引导人们回归东周的时代。孟子眼中的孔子形象与《论语》中的孔子形象不大相同。《孟子》中涉及孔子的内容只有部分语录见于《论语》，更多的是对孔子的评价，也有假设从孔子的角度来分析问题。

　　王国维从西方学术体系角度出发中国没有纯粹的哲学。他认为："夫然，故我国无纯粹之哲学，其最完备者，唯道德哲学与政治哲学耳。之语周、秦、两宋间之形而上学，不过欲固然道德哲学之根柢，其对形而上学非有固有之兴味也。"① 中国人对思辨的形而上学的哲学不感兴趣，而对道德哲学和政治哲学比较感兴趣。王国维先生从几千年的学术发展的宏大视野做了上述的评论，不过从具体现象情况来观察，关于后者还是有很多思索，比如关于心性，《系辞》《荀子·解蔽》《性情论》《性自命出》《语丛三》都有比较深入的论述。

科林伍德说哲学是反思的，孔子就是个爱思考的人。他非常喜欢读《周易》，说"假我数年，五十以学易，可以无大过矣"。如果早一点研究《易经》就可以避免一些大的过错。他不谈玄之又玄的道理，不语怪力乱神，对待鬼神采取敬而远之的态度。孔子倡导的"仁""礼""忠""恕"抽象概念，有针对性的具体解释，如《论语》中对孝的解释，这种倾向在《论语》中有鲜明的表现。《论语》哲学化的倾向，体现了孔子的智慧和思想。

《论语》是以孔子和弟子言行为内容，继承了周代礼乐官学的德教思想。它依托庞大的儒家经典，作为思想精华搁在前面，让入门者先读。② 黄震说："圣人言语简易，而义理涵蓄无穷，凡人自通文义以上，读之无不犁然有当于心者。"③ "《论语》首章言学，次章即言孝弟，圣门之教人，莫切于孝弟矣。"《论语》中所体现的孔子的智慧和思想，应当成为知识分子的思想内核，研究《论语》也要更注重其蕴含的道义精神。

《论语》和《国语》有相关的内容。《论语》中出现了《国语·楚语下》中所记述的同一件事，甚至是同一语句。《国语·楚语下》记载斗且说"昔令尹子文三舍令尹，无一日之积，恤民之故也"。④ 《论语·公冶长》记载："子张问曰：'令尹子文三仕为令尹，无喜色；三已之，无愠色；旧令尹之政，必以告新令尹，何如？'"前者描述令尹财子文富很少，说明其原因是对于百姓的体恤，后者子文对舍弃权位的态度，以此作为一个评论的基点，两者有记载事件相同者。《国语·鲁语下》《论语·颜渊》都记载季康子问政事于孔子。

《论语》对《国语》的内容有继承和发展。《国语·周语中》在"以

---

① 王国维：《静庵文集》，辽宁教育出版社1997年版，第120页。
② 李零：《简帛古书与学术源流》，生活·读书·新知三联书店2008年版，第472页。
③ 何忠礼：《黄震全集·黄氏日抄·读论语》，浙江大学出版社2013年版，第5页。
④ 上海师范大学古籍整理组校点：《国语》，上海古籍出版社1978年版，第573页。

怨报德，不仁"。《论语·宪问》记载"以德报怨，何以报德，不如以直"。前者说不能以怨报德，后者孔子认为应该以德报德、以直报怨。前者只是对现象的评价，后者进一步说明了方法。《国语》子高曰："吾闻之，唯仁者可好也，可恶也，可高也，可下也。"《国语·越语》子西曰："唯仁者可好也。"《论语·里仁》也有类似的说法："唯仁者能好人，能恶人。"可以看出《论语》的内容是对《国语》内容的概括。

从以上内容看，《论语》的记语方式、意识、手法上可能受到了《国语》影响。但在思想内容上，《论语》和《国语》呈现出不同思维模式，《论语》体现鲜明的儒家思想，尚文且重思辨；《国语》体现原始的道家思想，崇尚道德与自然。《国语》和《论语》长期并行，上层贵族学习《国语》，《论语》则在下层士人中传播。到了战国时期春秋经师瞽说逐渐被注重现实的思想家们所反感，他们重做新语来传播自己的学术主张，汉代班马之后《国语》逐渐衰微。对于兴亡态度的不同，前者的出发点更多是为了保身存家，而后者更多是出于义，在义与自身利益之间做权衡。关于政治两者都有亲近人民倾向，但前者之民和后者不一样，前者是贵族后者是民众，前者目的是为了维护贵族统治，后者是维护贵族和人民共同利益。关于修身前者多是出于对立角度来评论，带有强烈主观色彩，存在有失偏颇之处，更重视外在的表现，而后者更重视内在因素。《国语》是最后一部春秋官学著述，《论语》是第一部私人著述。李零《丧家狗——我读论语》认为："在成书上我们可以参考《论语》，《论语》是中国第一部私学著述。"[①]

从《论语》的体式上来看，《论语》体式要比《国语》简洁，但大体的类型相同。《论语》"孟之反不伐章""子华使于齐"都是比较典型的事语。《论语》大多数是语丛，多是"子曰"某某、"弟子曰"某某的形式，部分有关于话语环境的介绍和语丛的背景缘由的叙事，是介于格言警句和问对对话的中间形态。《论语》的一些章节向着复杂形势发展。问对如子禽问于子贡关于孔子闻政，内容要丰富一些，既有问对的话语也可以进一步延展出对人物的评价。孟懿子、孟武伯、子游、子夏问孝。孔子回答的内容都有所不同，根据具体的情况而给予不同角度的解释，体现了孔子因材施教的主张，问对的形式得到一定的简化。而在《论语》其他

---

① 顾颉刚也有此说，见顾颉刚《中国上古史研究讲义》，中华书局2002年版，第3页。

篇章中语更加简化，更类似于语丛，如子贡问君子言行。有的省略了叙事而强化了语的部分，还有子谓冉有弗救与，省略了问的话语和问对的人，还加上了话语的动作，如《侍坐章》和《季氏将伐颛臾》。

　　《论语》中"子曰""孔子曰""弟子曰"的语丛是《论语》主体，还有不少是孔子和弟子及其时人的问对。通常是针对某一话题，或某一事件和现象进行的对话和讨论。既有弟子又有和公卿大夫们的对话，还有对孔子言行的概括，既有语丛也有问对、对话，有的是先说出弟子的观点和论断，然后引出孔子的话语的格言，有些语丛也交代前面的原委。"子曰""弟子曰"这种形式是明显的格言警句语丛。如"定公问孔子"，"哀公问社于宰我"，问对语逐渐蜕变成交代叙事，对话之后又出现了评判对语的话语，"子语鲁大师乐"，人物的言论在时空上得以延展，不仅限于一时间一地点，说了一人的前后的话语，再加上连接叙事，使格言语丛得到丰富、扩展并且趋于故事化。比如《论语·里仁》是很整齐的"子曰"句式。围绕语丛出现了情节的小故事，人物言语仍然是主要的部分，将格言语丛与问对结合。《论语·公冶长》有一种"子谓"的对话形式，通常是弟子人物后加叙事，人物的评语加上叙述的话语，这样就使语更加的叙事化。有的是对评价的更正，属于辩语的类型。《论语》各篇风格不同，多了一些孔子对晏平仲、臧文仲卿大夫的评语，主要采用评论的语言是这一篇的特色，其中不仅有孔子对弟子时人、事的评论话语，还有其弟子的评论话语，如子贡的评论语言也比较多，包括子贡评价孔子的话语。有的是人物观点记述，弟子对孔子的言行的概括。《论语·泰伯》连续的曾子记录并精心编纂。《论语·子罕》主要是孔子和弟子的语丛，《论语·乡党》主要是孔子平时生活的概括评价，很少对话而主要是叙述。《论语·先进》开始把单个的语丛组合在一起形成对话，内容主要是对子游、冉有、颜渊、子路、曾皙、冉有、公西华等弟子的评价。《论语·颜渊》篇记载颜渊的内容几乎都是问对，还记载了子贡驳棘子成文质之说。《论语·宪问》篇记载的问对比较多。《论语·卫灵公》卫灵公问陈于孔子，不仅仅局限于问对的本身，有的时候也介绍问对的后续情况。与其他篇比较《论语·季氏》有些不同，其他篇主要是采用"子曰"连缀的形式，而此章语丛全为"孔子曰"的模式。陈亢问于伯鱼的对话更是超越时空，将不同时段的话语组合。《论语》中有些不是话语或是语丛，而是记载的制度和行为。《阳货欲见孔子》一篇已经是成篇章的生动故事，将话语和生动叙事紧密融合。《子之武城》由一件事引出孔子和子游的对话，侧重已经不在于问对而在于叙事。《论语·微子》多是事语和品评话语，如柳下惠为士师。这类事语往往如带有人物对话的小故事，如楚狂接舆歌而过孔子。子路从而后遇丈人以杖荷蓧是概括的问对，发展成为因果翔实叙事生动连贯多重的复合结构。

王国维认为："古之儒家，初无所谓哲学也。孔子教人，言道德，言政治，而无一语及哲学。其言性与天道，虽诰第弟子如子贡，犹以为不可得而闻，则虽断为未尝言焉可也。儒家之有哲学，自易之系辞、说卦二传及中庸始。"[①] 王先生并不认为道德哲学和政治哲学是纯哲学。李泽厚《论语今读》也说："《论语》是'半哲学的'。不重思辨体系和逻辑构造，孔子很少抽象思辨和'纯粹'论理。而所有这些都并非柏拉图式的理性追求，也不是黑格尔式的逻辑建构，却同样充分具有哲学的理性品格，而且充满了诗意的情感内容。"[②]《论语》并符合西方纯哲学范式，但其中蕴含的哲学思想却对中国文化影响甚大。钱基博《钱基博经学论稿》认为："《论语》之有裨中国人生哲学，全体大用，具在于此！"[③]《论语》中的仁爱、忠孝、诚信的思想成为中国人几千年的生存智慧和法则。"《论语》一书，有衡评古者，有旁通诸子者，奚数不能尽；而文章之美，语言之工，足垂楷模于斯文，而树立言之准则。"[④]《文心雕龙·征圣》说"夫子风采，溢于格言""精理为文，秀气成采"。《论语》其书虽然是采用篇幅短小的语录形式，但在内容上很丰富，在语言上也工整有文采。

孔子能够辩证地看待问题。《论语·八佾》子曰："管仲之器小哉！……"而《宪问》子路曰："桓公杀公子纠，召忽死之，管仲不死。"曰："未仁乎？"子曰："桓公九合诸侯，不以兵车，管仲之力也。如其仁。"子贡曰："管仲非仁者与？桓公杀公子纠，不能死，又相之。"子曰："管仲相桓公，霸诸侯，一匡天下，民到于今受其赐。微管仲，吾其被发左衽矣。孔子称赞了他的治理国家的功劳，但又觉得其为人气量狭小，不节俭，不知礼。孔子还论述过可与未可的辩证关系，他说

---

① 王国维：《静庵文集》，辽宁教育出版社1997年版，第149页。
② 李泽厚：《论语今读》，生活·读书·新知三联书店2004年版，第3页。
③ 钱基博：《钱基博经学论稿》，华东师范大学出版社2011年版，第270页。
④ 同上书，第271页。

"可与共学，未可与适道；可与适道，未可与立；可与立，未可与权"，《论语》相对于《国语》而言，语的哲学思考得到深化与关注，《国语》从故事中总结出治国经验和教训，多数还只是经验的积累和思索，少有上升华到人生观、世界观等哲学的深度。之前的古籍中记载的也多为经验性的，到《论语》则更加日常生活化，体现士人的人生体悟和情怀。他们要求自己在朝野乡党谦逊，交友诚信，待人宽恕，孝顺父母，忠于君主，对大夫违背礼乐制度的行为予以批判。常以一个立场和思想背景来阐释和论说，又以"君子曰"的儒家立场为主，在此之前思想则比较复杂，呈现一种比较古朴的思想，也就是后来的道家，为官学主流的正统思想。

"仁""礼""忠""恕"等哲学概念的思考。"仁"是孔子思想的核心，"礼"起源于巫术和饮食有关由于对别人普遍而有差别的爱，所以需要礼制来约束，同时作为统治的方式。在乡饮酒礼的时候以长者为尊，地位依次而来，同时对其他人及成员之间的爱，通过宴饮使得内部和睦。忠是对国家而言，恕是从对社会角度来说。孔子思想有理想主义的色彩，但又深深扎根于社会现实，孔子出身于下层而对于上层社会的文化向往，引发出了理想和激进的表现，又因为其在社会底层深深的了解底层的疾苦、社会的现实，所以又是很现实的，两者的对立和统一表现了当时士人思想的挣扎和痛苦。

一 对仁的思考

《说文》说"仁，从人二"。仁，二人也，也就是以己度人，从自身的角度来考虑和衡量，设身处地为他人思考就如同思考自己的事情一样。《中庸》说："仁者，人也。"朱熹《朱子语录》记载："仁者，人也。合而言之，道也"，何如？先生云："人所以得名，以其仁也。言仁而不言仁，则不见理之所寓；言人而不言仁，则人不过是一块血肉耳。必合而言之，方见得道理出来。"因言："仁字最难形容，是个柔软有知觉、相酬接之意，此须是自去体认。'切问而近思，仁在其中矣。'"[①]

《国语》记载"为仁者，爱亲之为仁，为国者利国之谓仁"。西周金文很少提到"仁"。陈澧说《论语》最重仁字，[②] 古未有"仁"字先有

---

① 李道传：《朱子语录》，上海古籍出版社2016年版，第2页。
② 陈澧：《东塾读书记》，上海古籍出版社1998年版，第11页。

"人"字,则仁爱之"仁"亦作"人",其后则造"仁"字为仁爱之"仁",而"人"字乃专为人物之"人"。① 庞朴指出,孔子学说的核心是"仁"和"礼",仁主要是指内部的素养,礼主要是外部行为的规范。这一派的发展脉络从子思到孟子到《中庸》。②

《语丛三》说"丧,仁也",③ 重丧、隆丧也仁的表现。生者在仪式上受教化,重孝顺,序尊卑。《语丛一》说:"仁义为之泉,丧,仁之端也。爱善之谓仁。厚于仁,薄于义,亲而不尊。厚于义,薄于仁,尊而不亲。仁生于人,义生于道。或生于内,或生于外。由中出者:仁中信。由外入者,礼乐刑。礼不同,不丰不杀。德生礼,礼生乐。知礼然后知刑。礼因人之情而为之,节文者也。礼生于庄,乐生于度。礼齐乐灵。乐繁,礼灵,则慢。"在仪式上知道亲疏之别,然后才能知道用如何的差别仁爱去对待,才能知道行为的准则。"知己而后知人,知人而后知礼,知礼而后知行。"孔子以"仁"为人之极,为全德之名,可以统摄诸德,德包容于其中,所以最重要。

《论语·学而》子曰:"泛爱众,而亲仁。"孔子强调对仁义观念很重视。儒家以仁为核心,注重日常生活的道理和哲学,从日常生活的小事以见大道理,注重自身的修养。《论语·雍也》子曰:"回也,其心三月不违仁,其余则日月至焉而已矣。"在孔子的心目中颜回能达到仁。能够施行仁爱的人其行为也蕴含智慧。有一次宰我问孔子如果告诉有仁德的人说井里掉下去了一个人,他会下去救吗?孔子说为什么要这么做呢,这是欺骗,不能欺骗愚弄仁者。掌握技艺要"志于道,根据于德,依靠于仁"。《论语·雍也》子贡说:"如有博施于民而能济众,何如?可谓仁乎?"子曰:"何事于仁!必也圣乎!尧舜其犹病诸!夫仁者,已欲立而立人,已欲达而达人。能近取譬,可谓仁之方也已。"《论语·雍也》子曰:"若圣与仁,则吾岂敢?抑为之不厌,诲人不倦,则可谓云尔已矣",《论语·宪问》说:"克伐怨欲不行焉,可以为仁矣?"子曰:"可以为难矣,仁则吾不知也。"关于仁的培养,人初生条件千差万别,后天的影响差异很大,能够有如此的先天条件而又有志于此的人很少。孔子说仁很遥远吗?

---

① 陈澧:《陈澧集·东塾集》,上海古籍出版社2008年版,第63页。
② 庞朴:《孔孟之间郭店楚简的思想史地位》,中国社会科学出版社1998年版,第5页。
③ 刘钊:《郭店楚简校释》,福建人民出版社2005年版,第215页。

那个人只要想要它，它就能够达到。孔子也说自己对于"圣"和"仁"的称赞都不敢当，但他总是不倦的努力，只是如此而已。君子用深厚感情来对待亲族，老百姓就会走向仁。对不仁爱的人憎恨过度会出乱子。孔子很少讲自己的仁行和承认自己的仁。孔子还和司马牛说仁者说话迟缓，因为行动艰难，还说"刚毅木讷近仁"。伯夷、叔齐孔子认为是追求仁德的人，也最终成为了具有仁德的人，他们都是仁者。曾子说君子可以通过朋友辅助仁德的增长。从上层来说，如果有圣王的兴起，也一定在三十年才能使人都有仁心。原宪问耻说"好生""自夸""怨恨""贪婪"都没有，可以算是仁了吧，孔子说难能可贵，是不是仁就不知道了。君子也可以没有仁德。君子的道德有三，包括仁爱不忧愁。志士仁人不苟全性命而损害仁，宁肯牺牲生命来完成仁。孔子说凭借智慧料到，但是不能用仁心来坚持早晚要失去，凭借智慧料到也有仁爱之心，但不严肃也不会受到尊敬。即使有三者，而不遵循礼制也不够好。孔子说老百姓对于仁，比水火还重要。我看见走入水火而死的人，却没有见过实践仁而死的。追求仁，对老师也不必谦让。孔子认为皋陶、伊尹等古之有政绩之人属于仁者，伯夷叔齐为"古之贤人"，子产、叔向为"古之遗爱"和"古之遗直"也是仁者。仁，孔子回答樊迟说仁就是"爱人"，选择仁德人，不仁的就会远离。

王国维认为："孔子自天之观念演绎而得仁，以达平等圆满绝对无差别之理想为终极之目的。至其据对的仁，则非聪明睿智之圣人，不易达此境。欲进此境，必先实践社会的仁。社会的仁，忠恕是也。"① 孔子对日常生活中的言语原则提出了自己的看法。吕思勉说："孔子之言道，莫高于仁。"② 郭店简《五行》有智圣仁义礼的说法。《六德》说"子德为仁"。上博简《从政乙》闻之曰：诲而恭逊，教之劝也。温良而忠敬，仁之宗也。《礼记·儒行》说"温良者，仁之本也。"从《国语》到《论语》仁的内涵有变化。"己所不欲，勿施于人。""夫仁者，己欲立而立人。""仁远乎哉？我欲仁，斯仁至矣。"《国语》里面提到仁的地方很多，其中"仁，文之爱也""爱人能仁"，已经开始以爱言仁，确立了仁的慈爱的基本意义。不管甲骨文、金文有没有仁字，确定的"仁"的观念始

---

① 王国维：《王国维儒学论集·经学概论》，四川大学出版社2010年版，第42页。
② 洪治纲：《吕思勉经典文存》，上海大学出版社2008年版，第249页。

自春秋时代。此前周人德性论的叙述中有些。① 陈来认为，西周时期的仁以爱为本义，但到了孔子已经把爱亲发展为爱人，并把爱人之仁化为普遍的伦理金律，因此那种强调仁的血源性解释的观点对孔子而言是不正确的。② 上博简《孔子见季桓子》（三号简）"上不自辛亲仁而，闻其辞语逸人乎？"《论语·学而》说"泛爱众而亲仁"，仁者能行圣人之道（四号简）如子亲仁行圣人之道，则斯不足训，敢忘之（四、二十号简）③。郭店简仁上写"身"下写"心"。甲骨文、西周金文中没有仁字，④阮元说不见于虞夏商《书》及《诗》三颂、《易》卦爻辞，周初有此言而尚无此字。⑤必人与人相偶而仁乃见也。⑥《诗经》称人有男子气魄为仁。庞朴先生则认为"身心"是为了适应新理论、新术语的需要而出现的新文字⑦。西周制度建立在血缘宗法制基础上，从上到下都是血缘关系，统治阶层都是亲缘关系，为了处理好这个关系，所以周初就建立了一整套礼乐制度，来维持统治内部的友善和睦，但随着礼崩乐坏，贵族逐渐流落社会底层，他们把上层的思想也带到了下层，这个友爱的范畴自然也会变大，这个人与人之间的关系叫作仁。仁爱孔子所言的是百姓渴望的理想主义的爱，而《国语》中的仁如军伍中的仁爱是贵族阶层的大爱。

上博简《从政》中有五德之说，儒家的仁是"宽、恭、惠、仁、敬"五德之一，类似《国语》的思想。不仁则无以行政，为政权统治服务，而不是儒家说的修身。《国语》将"忠""信""仁""义"并列，和简帛中书的不仁则无以从政类似，而且角度相同。"勇而有礼，反之以仁。"在《国语》中"义"的概念比"仁"大，仁是义的一部分。"敬""忠""信"，之后才是仁，然后才是"智""勇""教""孝""惠""让"。其中所言的德行已经基本包含了五德，内容基本相同。"夫敬，文之恭也……夫子皆有焉。"仁只是众多品行的一个部分，这不是孔子说的仁，因为在

---

① 陈来：《〈原仁〉先秦思想中的"仁"的观念》，《中国文化》2014 年第 1 期。
② 陈来：《仁学本体论》，生活·读书·新知三联书店 2014 年版，第 16 页。
③ 陈伟：《竹书孔子见季桓子初读》，《简帛》第三辑，上海古籍出版社 2008 年版，第 100 页。
④ 梁涛：《郭店竹简与思孟学派》，中国人民大学出版社 2008 年版，第 61 页。
⑤ 阮元：《研经室集》，中华书局 1993 年版，第 179 页。
⑥ 同上书，第 176 页。
⑦ 见庞朴著《"仁"字臆断——从出土文献看仁字古文进而仁爱思想》，载《寻根》2001 年第 1 期。

统治者的眼里，妇人之仁有害于统治，那是普通百姓才会有的，他们只会宽厚的对待下属，统治者的仁也是一种手段。"吾闻申生甚好仁而，甚宽惠而慈于民，皆有所行之。"体察下属和百姓，而不是有爱心的意思。为仁与为国不同。"为仁者，爱亲之谓仁；为国者，利国之谓仁。"这个仁要比孔子只是爱身边的人就可，最大的限度也就是为国，杀身以成志，仁也。舍身成仁而已。吾闻之："仁不怨君，智不重困，勇不逃死。"这都是对语统治者而言的，仁是统治者和被统治者的关系，而不是人与人之间的普遍的关系。舅犯曰："不可。亡人无亲，信仁以为亲，是故置之者不殆。"待人诚信而主仆融洽，这也是小范围而言。重耳仁当然也不是说重耳有爱心，而是说对于国家和下属而言的，有执政的能力。"仁有置，武有置。仁置德，武置服。"有为了实行仁道而辅立别国国君的，有为了显示武威而辅立别国国君的。为了实行仁道就要辅立有德的，为了显示武威就要辅立服从听话的。"杀无道而立有道，仁也。"后来这属于义的范围，而《国语》却说是仁。"杀其弟而立其兄，兄德我而忘其亲，不可谓仁。"这也是义的内容，郤至说仁人不党。将"仁"排在"智""武"之后，看出郤至个人的特点，崇尚智慧和武功，不过他的仁说是不党，这和孔子的仁似乎没有什么关系。"威行为不仁"，把国君杀了是不仁，还是就统治阶层的秩序而言。韩献子说自己"仁不能救"，不能使国君免于危难，这是不仁，类似后代的忠，但这时忠是指下层而言的，国君的地位崇高，而且同贵族大多是一家人，所以用仁而不用忠，当时历史环境与早期民主因素和家族社会的结构有关。"其仁可以利公室不忘"，张老说魏将可以为公室办事而无私是仁，也是后来说的忠，不过这里还是对国君和统治者说的。范鞅说自己一定会"敬学而好仁"，对下属和同事宽厚一定会免于灾祸。仁指的是统治者统治的方式态度温和，在上者仁是对下属和百姓，百姓则是对统治者的忠诚，在卿大夫是善待下属和百姓，忠于国君。"为后世之见之也，其斫者，仁者之为也"，仁是符合礼乐制度的行为，否则是不合符礼乐制度。赵文子说"夫舅犯见利而不顾其君，其仁不足称也。"对于卿大夫而言，仁主要是指对于国君的忠信和利益的维护。智果说智瑶其狠在心，"如是而甚不仁"，不合时宜当一家之主，来统治百姓和下属，此处的仁是对施政的态度和方式的概括。申叔时说教育太子要"明慈爱以导之仁"，他的慈爱应该主要是对于统治者，而对于下属则要仁爱一些，这种差异性和孔子所说等差的爱很类似。楚王说鲁阳文子

"子之仁，不忘子孙"，念及子孙也要对君主忠诚和慈爱。子高说胜"爱而不仁"，爱和仁是有区别的，仁是内在的慈爱，而爱偏于外在的友好关系。"爱而不谋长，不仁也。"子高曰："不然。吾闻之，唯仁者可好也，可恶也，可高也，可下也。""好之不偪，恶之不怨，高之不骄，下之不惧。不仁这则不然。"这是仁的表现，其不仅仅包括爱的部分也包括上下的人的看法。申包胥认为仁对于作战来说不是首要的。"夫战，智为始，仁次之，勇次之。不智，则不知民之极，无以铨度天下之众寡；不仁，则不能与三军共饥劳之殃；不勇，则不能断疑以发大计。"臧文仲说，祭祀爰居仁德的人讲究功绩的评价，海鸟对人民没有功绩却祭祀它，不合乎仁德；思想内容和言语和《国语》都比较接近。《国语》中的话语单拿出来也是训诫的话语。"温良而恭敬，仁之宗也。"孔子的仁的进步在于其普世化价值，给予了下层更多的生命关注，慈惠仁爱太过，是不能不利于国家的。上博简《性情论》说："笃，仁之方也。仁，性之方也。"《论语》师门生活学习话语记录，问对、辩论是师生对话的记录。《语丛一》说："夫天生百物，人为贵。人之道也，或由中出，或由外入。由中出者，仁、忠、信。由外入者，礼。仁生于人，义生于道。或生于内，或生于外。爱善之谓仁。仁义为之臬。丧，仁之端也。"[1] 仁对亲近人有爱，对不亲近的人也爱，但对近处人的爱高于远处人的爱，两者有等级区别。周代是一家之天下，存在血缘关系，由近及远，从内到外，同时兼顾现实，爱生于性。《论语·乡党》说："厩焚。子退朝，曰：'伤人乎？'不问马。"马为财物，可是人的生命与财物相比较，还是以人为贵。当然在中国古典文本中，物的概念是宽泛灵活的，当其与人相对的时候，人不在物中，但当从天生百物的总体来看，人又在物中，不过是特殊的一物。仁体现了对人的价值的肯定和热爱。《语丛一》第一八简云："天生百物，人为贵。"《语丛一》第一八至二一简云："天生百物，人为贵。人之道也，或由中出，或由外入。由中出者仁、忠、信，由……"。关于仁的意义和价值，《性自命出》第三九简："仁，性之方也。性或生之。"来源于性，而非其他，简书第二二、二三简云："仁生于人，义生于道。或生于内，或生于外。"第四○简："唯性爱为近仁。"本性有爱最接近仁。《语丛三》第三五、三六、三七简云："丧，仁也。义，宜也。爱，仁也。义处之

---

[1] 荆门市博物馆：《郭店楚墓竹简·语丛》，文物出版社1998年版，第98页。

也，礼行之也。"丧是仁的最大的体现。出土文献说丧是"仁之端"，一般人通过丧礼就可以看出来是不是仁，宰我觉得守丧三年太长，孔子说："予之不仁也！子生三年，然后免于父母之怀。夫三年之丧，天下之通丧也。予也，有三年之爱于其父母乎？"子夏的儿子死了，他哭瞎了眼睛，曾子批判其以损害自己来表达哀伤不符合仁。

怎么才能达到仁，《语丛三》第三九简云"物不备，不成仁"，仁不是轻易能达到，他需要通过后天的努力，它与才华、品德、地位和功业无关，也可能受先天的影响，是一种崇高的人生境界。在行为上主要是本性使然，寻常之人只可适当引导。古往今来少有能称仁者，有的慈爱之心未必适逢际遇能付诸实践，有的能行小恩惠但无至爱之心，有的顺于现实而陨其质。才者，人皆有之，有大小、显隐之别，孔子说"君子不器"。怎么才是仁？《性自命出》说"瑾（笃），（仁）之方也。（仁），眚（性）之方也。"敦笃是仁之方，仁是性之方。"（爱）类七，唯眚（性）（爱）为近（仁）。""智（知）类五，唯宜（义）道为忻（近）忠。亚（恶）类参（三），唯亚（恶）不（仁）为忻宜（义）。""欣（慎），（仁）之方也，肰（然）而其（过）不亚（恶）。"谨慎由仁爱的生发，义是出于对不仁的痛恨。"非之而不可亚（恶）者，（笃）于（仁）者也。""上交近事君，下交得众近从正（政），攸（修）身近至（仁）。"仁人给别人的启示在于无形，善良和仁慈不符合自然法则，但确能让社会稳定，这是所有人共同的利益，是最大的仁。仁是最高的境界和行为准则，虽不一定彰显，却存于世人之心。崔述《崔东壁遗书》记载："昔者夫子讲道洙泗，示人以求仁之方。盖仁者天地之心，天地之心而存乎人，所谓仁也。"[①]

《周礼·大司徒》记载："以乡三物教万民，而宾兴之。"一曰六德：知、仁、圣、义、忠、和，仁在智之后。儒、墨、道、法家"仁"论说略，"仁"是中国思想史上一个非常重要的命题。[②] 余英时先生从构成的角度把仁理解为以各种方式组合在一起的理性和感性的混合物。学者们对于"仁"之本字的认定，从重视的部件而言有三类观点。从诸多学者所

---

① 崔述：《崔东壁遗书·洙泗言仁序》，上海古籍出版社1983年版，第616页。
② 张燕婴：《先秦"仁"学思想研究——儒、墨、道、法家"仁"论说略》，中国社会科学出版社2010年版，第12页。

忽略的"忈"字出发,指出仁字的各个构件同样重要。"仁"字的右半边是"心"的省文而不是"二",仁之本字为"忈"(不同于"伈")。谈到"仁"之本义,不能不提到"相人偶","相人偶"是一种表示君臣上下互致敬意的礼仪。仁字的诸种写法都以"人"为核心部分,是从"人"字脱胎而来的,表达了"人之所以为人"这一观念。[①] 儒家性论思想在先秦经历了从心、性分言到心性合一的模式。"心"字于西周时期很少与其他身体器官并举连言,其道德性亦不明显;春秋时期心的意涵得到丰富与拓展,逐步向标志主体性特性的哲学范畴演进。"性"字于先秦主要经历了从生到"眚"的演进,金文"眚"字既具有甲文"生"字状物、摹物之特点,又因其向"性"字的过渡而具有了"心""生"形体结合的某些特点。在郭店简阶段,尽管心、性皆为内在之物,而且用法也较为含混,但整体上仍然呈现出了心重于性、心性渐为合一的思想趋势;在孟子阶段,由于其以心善言性善的理路,使心、性范畴得以真正被联结了起来,从而让心性合一模式在此正式形成。[②]

《论语·学而》有子曰:"其为人也孝弟,而好犯上者,鲜矣;不好犯上,而好作乱者,未之有也。君子务本,本立而道生。孝弟也者,其为仁之本与!"对事物规律的认识和揭示,要认识事物的主次,就要知道其根本,而孝悌就是仁的本。子曰:"巧言令色,鲜矣仁!"认识事物的一般规律,透过现象认识事物的本质。仁在家庭关系上体现为孝,对待朋友要忠信宽恕,为学上体现为勤,在修身体现为慎,在政治上要正直爱民,这些都是从士大夫的角度来说,不主张激进,在认识上知与不知都要客观,孔子邻里居住的生活要和仁者居住在一起,对乡党要谦恭友善,对于他人设身处地的站在别人的角度上看待问题,即使不己知也不要怨恨,自己不想要的也不要给予别人,有错就改过,弟子要恪守本分尊敬师长,孝儿女的本分,臣子的本分忠,朋友的本分是义。在礼制上要恢复以前的传统的经典礼制,反对那些僭越的行为,尽管当时封建势力的发展是历史趋势,已经不可逆转,孔子从感情上来看待他,从教化角度和社会的稳定角度来看,而不是从现实的角度。

---

① 《庞朴文集》第二卷《古墓新知》,山东大学出版社2005年版,第76页。
② 李友广:《从心、性分言到心性合一——先秦儒家性论思想演变模式简探》,《文史哲》2012年第3期。

孔子认为仁很重要,《论语·八佾》说:"人而不仁,如礼何?人而不仁,如乐何?"没有仁爱之心,礼乐有什么意义呢,礼乐要抱以仁的心态,以仁为基础。只有仁者才能喜欢和不喜欢别人,评断别人的过失,而其他的人则不能,因为他们自身的标准就不准确,不能用一把不准确的尺子来衡量。如果一个人有志于仁,那不会有什么不好的。不仁的人不可以长久的守护自己的誓言,不可以长久的欢乐,仁者安于仁,知者利用仁。《论语·乡党》风格上严肃细致,甚至有一点刻板。

二 对礼的思考

郭沫若说:"礼,大概礼之起,起于祀神,故其字后来从示,其后扩展而为人,更其后扩展为吉、凶、军、宾、嘉的各种仪制。"① 王国维以为礼是"奉神人之器",他在《卜辞通纂》说:"礼的下半部是壴,即鼓的初文,似于祭祀乐舞。"②《十批判书·孔墨的批判》记载:"礼是后来的字。是金文里面,我们偶尔看见有用丰字的。从字的结构上来说,是在一个器皿里面盛放两串玉具以奉于神。《尚书·盘庚篇》里面所说的'具乃贝玉',就是这个意思。"郭沫若认为:"礼,大言之,便是一朝一代的典章制度;小言之,是一族一姓的良风美俗。"③ 陈梦家《殷虚卜辞综述》认为丰祭的对象是河神,记录以河神为祭祀对象的卜辞比较丰富。④《国语》记载了许多礼仪制度的内容,"昭明物则,礼也;非礼不顺。不敬王命,弃其礼也。"《礼记》也有制度的记载,却采用一种解释的话语方式,侧重在评判的标准,如"君子临政思义,饮食思礼,同宴思乐"。《国语》中有不少关于礼的记载,与《论语》相比,其内容重在说教,《论语》的礼则侧重思想。《国语》涉及"礼"的言论有122条,如"夫礼,国之纪也","礼以纪政,国之常也","夫礼,所以正民也"。

孔子小的时候就很重视礼,在家里玩耍常练习陈设祭祀用的俎豆礼器,后来去太庙对于其礼制也很感兴趣。他还对自己的儿子说"不学礼,无以立"。礼是为人处世的根本立足点。孔子对前代的礼制也很了解,对

---

① 郭沫若:《十批判书》,东方出版社1996年版,第96页。
② 郭沫若:《卜辞通纂》,东京文求堂1933年版,第54页。
③ 郭沫若:《十批判书·孔墨的批判》,东方出版社1996年版,第86页。
④ 陈梦家:《殷虚卜辞综述》,科学出版社1956年版,第598页。

礼制的使用和发展流变有所揭示。他认为各个时代的礼制存在一定的延续性，通过商代的礼制就可以了解夏代的礼制，当然其中会有一定的损益，周对商代的沿袭也是如此，依此类推，后世的情况哪怕是百世之后也可有所了解。反过来说，礼制也不是一成不变的，如孔子认为夏代的礼制和杞国并不完全一样，宋国也不是完全承袭殷商的礼制，往往也是因为文献的匮乏而失校。在孔子生活的时代礼制就已经发生变化，如以前用麻织造礼帽，而当时人们却改用丝帛，以前君臣相见，做臣子的要在堂下跪拜，然后再登堂跪拜，当时却很多直接上堂跪拜。

孔子认为礼制与国家管理密切相关。孔子还说礼制的约束要和道德的教化结合起来，这样百姓才能知道耻辱而且品格高尚。不要希望人们自己会明白礼让，如果那样还要礼有什么用。一个人孝顺，在父母健在的时候恭敬，死后按照相应的礼制下葬，以相应的规格祭祀。孔子说天下有道，则礼乐出于天子，反之，礼乐出于诸侯。在君臣关系上，孔子强调君主要按照礼制来任用大臣，大臣才会忠心为国君办事。管仲是春秋时期的政治家，可是孔子对他却颇有微词，因为他使用国君规格设立有反。孔子虽然重视礼仪却不是以此为道德审判，鲁昭公娶了同姓女子为妇人，实际上不符合礼制，孔子却说他知礼。孔子提倡既往不咎，而且在当时这样的事情也不少。况且有国家利益的问题，而此时又是在国外，与外人谈论自己国君的是非，更是不礼的行为。在情感上不过分，秉持中庸，对于过去的事情不要太过于执着。孔子说教要通过诗歌启发，而祛除蒙昧，立足于礼制教育来规范人的行为，使其合乎规矩而能与人和谐交往，通过音乐来达到灵魂的升华。当时有些士人沦落为贫民，他们先学习礼乐然后才能做官，而贵族子弟则是先做官，然后才学习礼乐，孔子认为还是前者比较好。以礼治国要从自身做起，子路言要以礼治国，却抢着发言，孔子笑他。

关于礼和仁的关系，孔子认为仁就是克己复礼，要想达到仁的境界就要使得自己的思想和行为符合礼制。如果一个人礼数很周全，却没有仁爱之心，那些礼数又有什么用呢。礼制的根本不在于形式，而在于内在，与其耗费大量的财物，不过通过简单的物品来达到目的，与其礼数周全不如内心的悲伤。所以子夏问孔子说："学礼要在仁义之后吗？"孔子说真是受到启发啊。孔子曾说礼啊，难道只是玉帛吗？但是孔子的仁爱并不是没有理性的，而是受到理性的制约，如一次子贡说用羊祭祀有点残忍，不如不用，孔子说你喜爱的是羊，而我更看重的是礼。还有一次颜渊去世后,其父亲想让孔子卖掉自己的车子给颜渊买个棺椁下葬,遭到孔子反对,他认为按照礼制大夫出行要乘车。

君子待人行为尊敬而没有过失,谦恭而有礼。孔子说君子只要广泛的学习文化,再加上礼制约束,就不会做出违背常规的事情。孔子说君子要以义作为自己的本质,而在行为上以礼行之。子夏说君子敬而无失,与人恭而有礼。行为不以礼符合礼制的人,不会是善良的人,人不能须臾脱离礼制而存在。孔子说,"礼乐不兴,则刑罚不中;刑罚不中,则民无所措手足。"统治者如果刑罚失当,人民不知道该采取什么样的行为。

孔子认为对百姓要培养礼制思想。孔子说:"上好礼,则民莫敢不敬。"只要居上位的君子能够这样去做,下面的人自然就会学着去做。子曰:"上好礼,则民易使也。"这样再管理百姓就容易得多。礼制要一定的时间,他的弟子认为丧礼三年太长,他说君子三年不为礼,礼必坏,可孔子却否定,认为这是符合人伦的。遵守礼制要注意一些问题,如恭敬但却遵循礼制则是徒劳,谨慎而无礼胆小,勇敢而无礼就会做出错误的事情,正直而无礼就会伤害别人,有违君子之道。孔子说君子"恶勇而无礼者",礼的应用的关键在于和。如果一个人知道恭敬那就很接近于懂礼,如果一个仪式中人们表现出的不是尊敬,这样的仪式是没有办法参与的。孔子也感叹富裕而后仍然好礼的人比较少。

《说文》说:"礼,履也。所以事神致福也。"礼的关键在于实践,《语丛二》说:"《礼》,交之行述也。"郭店简《五行》说:"礼形于内谓之德之行,不形于内谓之2行。""不远不敬,不敬不严,不严不尊,不尊不恭,不恭无礼。""不远不敬"。"远心也者,礼气也。质近者,□弗能□,□□□敬之。远者,动敬心,作敬心者也。左麋而右饭之,未得敬□□□"不敬不严",严犹= =, = =者,敬之积者也。""不严不尊",严而后己尊"。"不尊不恭","恭也者,[用上]敬下也。恭而后礼也,有以礼气也。""安而敬之,礼也""[行](安)而敬之,礼也。"既安之矣,而又愀愀然而敬之者,礼气也。□□□□天道□。""仁气,礼乐所由生也。"言礼乐之生于仁义□□□□□□。"行而敬之,礼也。仁,义礼所由生也,四行之所和也。和则同,同则善。""行而敬之,礼也。""既行之矣,又愀愀然敬之者,礼气也。"对礼概念的抽象化概括,再是把礼深入为心性的研究,将其与其他的仁、敬等问题的关系进一步阐发,明确了其价值和意义。

礼符合人的内在的需求。《语丛二》说"礼生于情,严生于礼",礼是恭敬庄严的要求,让每个人恪守规则和秩序。《语丛二》说"度生于礼,博生于度"。《语丛一》说"礼生于庄,乐生于亳。礼齐乐灵则戚,乐==礼灵则=="。《左传·昭公二十五年》记载"夫礼,天之经也,地之义也,民之行也"。《大戴礼记·本命》有:冠、婚、朝、聘、丧、祭、宾主、乡饮酒、军旅此之谓九礼。

《释名》曰:"礼,体也。言得事之体也。"《诗》曰:"相鼠有体,人而无礼;人而无礼,胡不遄死?"儒家思想强调以"礼"为行为的准则。《国语·晋语》叔向说:"会朝,礼之经也。礼,政之舆也。政,身之守也。怠礼失政,失政不立,是以乱也。"[①] 礼是统治者施政的载体。《左传·襄公二十一年》孔子"为国以礼",治理国家关键是依礼治国,《论语·先进》《礼记·祭统》说"治人之道,莫急于礼",让臣子百姓都遵守礼制,国家就会有一个良好的统治秩序。《礼记·礼运》说:"治国不以礼,犹无耜而耕也。"不依照礼法来治理国家犹如无耜而耕。在当时礼的划分很细致,《尚书·尧典》记载四岳"有能典朕三礼",郑玄注:"天事地事人事之礼也"。《礼记·祭统》说"礼有五经,莫重于祭",《礼记·昏义》说:"夫礼,始于冠,本于昏",《礼记·仲尼燕居》说:"郊、社之义气,尝……"礼的应用让不同的人产生和的共鸣,"礼之用,和为贵"(《论语·学而》)。《礼记·乐记》说"乐文同则上下和矣"。当然礼是有一定的阶级性,《礼记·曲礼上》说"礼不下庶人",也具有相对的稳定性。

三 对忠的思考

孔子培养学生成为士人,成为大夫的家臣,而做好一个士人最重要的品质就是忠诚。《国语》说"忠,文之实也"。忠诚才是根本,无论有多少才艺。子曰:"主忠信,无友不如己者,过则勿惮改。"《论语·里仁》曾子说:"夫子之道,忠恕而已矣。"孔子的思想用一句话来概括,曾子认为就是忠信。《论语·学而》曾子说:"吾日三省吾身:为人谋而不忠乎?与朋友交而不信乎?传不习乎?"士人对家主的任务一定要尽心尽力,小心谨慎,经常反思为其谋划是否有欠缺失当之处。朱熹《朱子语录》记载:"忠,只是尽己,与事上忠同体。信不过是一个实字意思,单

---

① 杨伯峻:《春秋左传注》第三册,中华书局1990年版,第1063页。

说处不同。"① 顾炎武《日知录》认为："夫子之道，不离乎日用之间。自其尽己而言，则谓之忠。自其及物而言，则谓之恕，莫非大道之全体。"② 忠诚的表现就是要恪尽职守，尽己所能。作为一个士人即使没有人任用自己，如果讲求忠信，去到偏远的地方仍然没有什么大碍。相反如果不讲求忠信，本乡本土也无法立足，所以要时刻按照忠信的标准来要求自己。

作为一个有道德的君子更要具有忠诚的品质，这样才能更好的领导百姓。《周易·乾·文言》说"忠信所以进德"。君子要想提高自己的品德提高自己的事业，就要讲求忠信。《左传·庄公十年》记载孔子曰："君子有九思"，其中就有"言思忠"。

有一次季康子问孔子，如何才能让百姓恭敬忠诚，孔子说："临之以庄则敬，孝慈则忠，举善而教不能，则劝。"孔子认为主要是要弘扬孝、慈两种美德，对待自己的父母孝顺，对待自己的子弟慈爱，人们自然会以之为楷模而争相效仿，这样百姓才能对其忠诚。

忠诚也是一种诚信。上博简《性情论》说："忠，信之方也。信，情之方也。"③ 诚信之人，必定忠诚其事，是一个忠诚之人。郭店简《忠信之道》说："忠，仁之实也。信，义之期也。"忠诚之人值得信赖，可与之相托。《尊德义》说"忠为可信也""不忠则不信"。所以说，忠郭店楚墓竹简《六德》说"忠，信也"，"忠与信就"。

四 对恕的思考

《礼记·中庸》说"忠恕违道不远"。注："恕，忖也。忖度其义于人。"子贡问曰："有一言而可以终身行之者乎？"子曰："其恕乎！己所不欲，勿施于人。"《论语》《大学》《中庸》等经典中"恕的观念被有意凸显、强调出来，而忠则作为前提条件而时常隐含于其中"。《国语》无"恕"字，而《左传》也很少，只有六例。在《国语》中恕是包含在忠的含义之内。《国语·周语上》曰"考中度衷以莅之"，《国语·周语下》也有记载。

---

① 李道传：《朱子语录》，上海古籍出版社2016年版，第948页。
② 顾炎武：《日知录集释·忠恕》，上海古籍出版社2006年版，第396—397页。
③ 马承源：《上海博物馆藏战国楚竹书·性情论》，上海古籍出版社2001年版，第267页。

孔子思想体系的核心是仁，其他"礼""忠""信""恕""孝"都是由此衍生出来。《论语》中的"忠""恕"一般被后人理解为"为仁之方"，从而成为人际交往过程中的行为原则。在形式上，"忠""恕"从两个侧面规定了以"立人"和"达人"为目的的成德行为要求，但在伦理实践中，"忠""恕"却需要"爱人"这一道德情感促成两者的实现。从这个意义上说，"忠"所表现的"笃实"与"恕"所表现的"以己度人"等特征都是因为有"爱人"作为其内核。因此，"忠""恕"的道德动力才能发生，有关"忠""恕"的道德行为才能实现。"忠""恕"的上述特色与孔子始终注重伦理生活中的道德自觉是分不开的。忠恕孔子谓曾子曰："吾道一言一贯之。"曾子释之曰："夫子之道，忠恕而已矣。"此非曾子一人之私言也。子贡问："有以言可以终身行之者乎？"孔子曰："其恕乎。"《礼记·中庸》篇引孔子之言曰："忠恕违道不远。"皆其证也。孔子之言忠恕，有消极、积极两方面，施诸己而不愿，亦勿施于人。此消极之忠恕，揭露严格之命令者也。仁者，己欲立而立人，己欲达而达人。此积极之忠恕，行以自由之理想者也。忠恕之道（朱熹注："尽己之谓忠，推己及人之谓恕"）忠恕是仁的两个表现，忠是主动性的仁，恕是被动性的仁，是仁在现实中的两个方面的体现，主要在现实中侧重政治事业，而孝则侧重家庭伦理道德。

第二节 《春秋事语》：历史叙述中的语言意义

《春秋事语》主要是记载当事人、当时的君子、后代的圣贤的评论话语。《春秋事语》内容充分体现了语在历史叙事中的意义，话语依然是历史叙事的核心和灵魂。闵子辛闻之曰："君以逆德人，怠有后患。"纪曹曰："刑不咎，使守布舟，留其祸也。"其话语主要是评断事理、预言吉凶、明辨是非，士说："蔡其亡乎，夫女制不逆夫，天之道也。"《春秋事语》关注的不在事件本身，而是圣贤对此事件的评论话语，也就是其中蕴含的义理。时代不断变化，用来发挥论述的历史事件很多都相同，而圣贤的评价话语不断丰富和变化，以至于甚至事件本身只是起到一个导引的作用，而其所蕴含的意义才最重要。《杀里克章》虽然残损严重，但我们仍然能看出其大概，先说杀晋公里克这件事，而后一个人发表了一番评论，人物大体是反对意见，还对未来的发展做了预测。《燕大夫章》写燕大夫子某率师抵御晋国,凯旋归来宴饮用乐,而他的弟弟子车发表评论,反对这么大肆的庆祝,他觉得燕国是小国,打败了强大的晋国,可能引来很大的祸患,应当居安思危,后来事情的发展证明他的担心是很有预见性的。《韩魏章》主要是说谋臣议论救赵反知的战略意义。《鲁文公卒章》东门襄仲假传君命传召惠伯,惠伯想要去,其宰公襄目人极力的劝阻,文本记载了二人的对话,主要是议论者对其观点的反驳。《晋献公欲得隋会章》人物言论有褒贬讽刺,还引用了古人之言。先秦人物的言论往往通过引言来佐证自己的观点,如谚语、俗语,值得注意的是"语曰"多为政明德之内容,不是鄙俗之言,在先秦其他的典籍也多见。《宋荆战泓水之上章》士匽指斥宋襄公完全忘记了自己战士的牺牲,对敌人讲道义,明显体现了底层人们的现实主义的思想,在春秋时期的礼乐背景之下宋公行为是君子之行,是受到肯定的,而《春秋事语》中士匽之话显然在立场上已经完全否定了春秋这种价值观,作者以人物的评论话语为自己代言。《春秋事语》每章首先记事,然后记述人物言论,一般字数较多,人物现在多不可知,在第六章、第十一章、第十五章中出现了"闵子辛闻之曰",唐兰、张政烺认为:"闵子辛此人它书不见,疑即闵子骞。《说文》三篇上:'辛,罪也,从干二,读若愆。'辛、辛形近,愆骞音同,闵子骞名损,愆和损义亦相应。"郑良树和吴荣曾也同意此看法。① 在孔门中以德行与颜回并称,孔子评价:"夫人不言,言必有中。"

先秦著作常以"君子曰"的形式来评论。葛志毅《今文经学与口说传业——试析古代的讲学传业及其文化历史原因》中说:"此口耳授受、诵说讲习的传业治学之法,与其时简册繁重难得的情况相关。故欲问学,不得不从师口授。往往仅老师一人有关册写本为讲授之资,弟子只能凭耳授、心诵、心记传习之。"② 阮元认为:"古人简册在国有之,私家已少,何况民间。是以一师有竹帛,而弟子口传之。"当时简册写本仅限于各家学说本文,之语诠释训解之义则存口说流传之中,不从师受,无由知之。《商君书·定分》说:"今先圣仁为书而传之后世,必师受之,乃知其所谓之名。不师受之,而人以其心意议之,至死不能知其名与其意。""名"

---

① 吴荣曾:《读帛书本〈春秋事语〉》,《文物》1998 年第 2 期。
② 葛志毅:《今文经学与口说传业——试析古代的讲学传业及其文化历史原因》,《历史教学》1994 年第 5 期。

指文字，所论即谓欲知书简文字所宣之义，当从师受其解释之言。最早原本没有书写者的主观态度和褒贬，主要通过叙事方式表达，后来以"君子曰"直接的表达自己的看法，但还只是只言片语，如《国语》中的"君子曰"记载，使用的次数还很少，到了《左传》就变得比较多，变成了篇幅较长的论述话语，类似《礼记·檀弓》中的模式。史苏朝，告大夫曰："二三大夫其戒之乎，乱本生矣！"后来骊姬果然作难，杀太子而逐二公子。君子曰："知难本矣。"申生胜狄而反，谗言作于中。《左传》曰"见微知著"。"知微"，事物的发展是具有预见性，《国语》君子曰"知微"。"君子曰"皆在《国语·晋语》。《国语·楚语上》有"君子曰"乃是引用，话语于君子的话语加上阐述之辞与《春秋事语》的很类似，却不如《左传》的精致规整。《国语》注意"知微""知难本""知谋"这些都不是特别符合儒家的思想。《礼记·经解》云："洁静精微，《易》教也。"孔颖达疏曰："穷理尽性，言入秋毫，是精微。""君子曰：'酒以成礼……'"[1] "君子曰"多数是嘉言善语。[2] 也有一些是概括的话语，如"君子以为知礼"。[3] 或者评断一翻的话语，"君子曰：让，礼之主也。"[4]"君子曰：官人，国之急也。"《逸周书》有官人一篇。《左传》和《国语》人物话语中多有嘉言善语，"君子曰"是对这些话语的提炼和总结。《汉书》论赞有袭用《史记》，也有不全用太史公之赞，也有引用太史公之言。同理这些"君子曰"也可能是一个长期的积累的结果。《国语》十一条，《左传》九十则，[5] "君子曰"，"君子谓"，"君子是以知"，"君子是以"，"君子以为"，"君子以……为"等形式，不再仅仅是评语，内容更为多样。[6] 后代史书基本保持论赞体例。刘知己《史通·论赞》说："《春秋左氏传》每有发论，假君子以称之。二传云公羊子、穀梁子，《史记》云太史公。"《公羊传》《穀梁传》则云"公羊子""穀梁子"。可见

---

[1] 杨伯峻：《春秋左传注》，中华书局1990年版，第221页。
[2] 同上书，第960页。
[3] 同上书，第999页。
[4] 同上书，第1022页。
[5] 张高评：《〈左传〉史论之风格与作用》，收于《左传之文韬》，高雄丽文文化事业股份有限公司民国八三年版，第101—107页。
[6] "君子曰"的分布主要见于《国语》《左传》《礼记》《韩非子》《荀子》《晏子春秋》《韩诗外传》《史记》《新序》。参考杨明照《学不已斋杂着》"春秋左氏传君子曰征辞"条，上海古籍出版社1985年版，第1—13页。

这种评论和他们的学术传承有关系。跟《左传》的凡例不同，凡例是《左传》呈现为文本之后的附属品，而"君子曰"为文本意义所在，是作者着意创作。胡念贻《论〈左传〉》认为，该书虽为左丘明作，但已不完全是他写的原本，尤其是被后人窜入二百余条解释《春秋》"义例"文字后，面貌变动更大。① 此外《晏子春秋》《战国策》也有君子的这类评论形式。② 杨向奎《清代的今文经学》说"君子曰"不是后人附议，《国语·晋语》一、二、四、六也有，和《左传》相同，而其他的没有，《国语·鲁语》言某人曰，《韩非子》和《史记》也有"君子曰"，知非附之也。③ 章学诚《文史通义》说："史家论赞，本于《诗》教……若马班诸人论赞，虽为春秋之学，然本左氏假设君子推论之遗。"屈原二十五篇作品，六篇有"乱曰"。《文心雕龙·颂赞》《文章辨体序说》《文章缘起注》诗人抒情志，而君子立义法和言论，史料只是一个凭借和依托，言论才是精髓。言论越来越丰富，也不仅仅限于评论、补充、体悟、杂感等。

张政烺说《春秋事语》"内容既有意见，也有评论，使人一望而知这本书的重点不在讲事而在记言论"，"这在春秋时期的书籍中是一种固定的体裁，称为'语'"。"《语》这一类的书虽以记言为主，但仍不能撇开记事，所以又有以'事语'名书的。"又说："《春秋事语》的性质，应当和《铎氏微》（《史记·十二诸侯年表》载："铎椒为楚威王傅，为王不能尽观《春秋》，采取成败，卒四十章，为《铎氏微》"）是一致的，所不同者在编者文化水平的高低。铎椒的书有条理，着意体现'微言大义'，《春秋事语》则显得分量略轻，文章简洁。张政烺说"它的编者大约是个头脑冬烘的教书先生。这样的书是当时儿童读本，讲些历史故事，学点语言，为将来进一步学习《春秋》、《世》、《语》等等做准备……"④ 裘锡圭先生说："这部帛书可能是《铎氏微》等书中的一种。据《经典释文·序录》记载铎椒是左丘明四传弟子。这部帛书虽然记有《左传》所没有的事，并且所引用的议论也往往与《左传》不同，但是所记的有关历史事实则大部与《左传》相合。"⑤

---

① 胡念贻：《先秦文学论集》，中国社会科学出版社 1981 年版，第 116 页。
② 参考高祯霙《史汉论赞之研究》，花木兰出版社 2006 年版，第 7 页。
③ 杨向奎：《杨向奎集》，中国社会科学出版社 2006 年版，第 326 页。
④ 张政烺：《春秋事语解题》，《文物》1977 年第 2 期。
⑤ 《文物》编辑部：《座谈长沙马王堆汉墓帛书》，《文物》1974 年第 9 期。

楚斌杰、谭家健《先秦文学史》记载："全书风格朴实无华，不假雕琢，与《国语》文风相近，它们都属于当时浅近的语体文。"① 谭家健先生认为"全系短篇故事，情节简单，语言质朴，先叙后议，语言与《国语》近"。体例、功用近似《国语》，而立场近似《左传》，都是儒家立场。随着官学没落，语体有风格世俗化和内容上泛化倾向。《国语》中人物评论者多是贤德者。

《春秋事语》的评论者都是些史书没有记载的下层士人，和《国语》相比学识修养、思想境界、语言艺术都有所差距，有一种从现实到理想，从政治到道德的发展变化。就拿闵子骞来说，其为孔子的弟子，距离庄公有一百多年的时间跨度，一个在春秋中前期，一个在春秋晚期，战国的语已经成为春秋学的一部分。语到春秋晚期就分成了两类，一是史官记录的语，一是儒家仿效的语，前者的立场和笔法与后者不同，而后者由于文献和学识的限制，主要是言义理。前者对贤者的记录也和后者不同，如《国语》中的孔子和儒家文献的孔子形象不同，《春秋事语》是儒家的语类文献，从孔子作《春秋》之后，《春秋》之学逐渐成为了儒家一家之学。《春秋事语》不是要说历史事件，而是替儒士立言，树立他们的价值观。这些评论的人和前端的叙事是由作者拼合在一起，这些言论是作者熟悉的。

一 《左传》中的语言在褒贬、叙事、写人的作用

《左传》主要是采用大事记加上人物言论的书写形式，这一点和《春秋事语》相同，人物的语言都起到了重要的作用。史官主要记载是大事概况。《春秋》以时系日，以年系月。孔子作《春秋》笔削在经而义理在传，所以不可不重视。② 岳麓山藏秦简《质日》，是行军日志简报，记载每天的工作进程。睡虎地秦墓竹简《编年纪》逐年记载秦昭王秦灭六国之战大事及墓主的生平经历等。③《春秋》是大事记，类似语书前后的事

---

① 楚斌杰、谭家健：《先秦文学史》，人民出版社1998年版，第252页。
② 马王堆汉墓帛书整理小组：《战国纵横家书》，文物出版社1976年版，第217—229页。
③ 李零认为"古代史书的基础是档案，档案的基础是日常记录。所谓编年，所谓大事记，都是从零散的记录汇编而成。只有经过事后的整理，才有系统的世次，系统的编年"。《视日、日书和叶书——三种简帛文献的区别和定名》，原载《文物》2008年第12期。收入《待兔轩文存·说文卷》，广西师范大学出版社2015年版，第404—417页。

语部分，以及《系年》部分内容。《双古堆·大事记》按时日记事。儒家的春秋学在历史上少有记载，从出土《春秋事语》来看，存在一个世俗化的发展趋势，走向了一般的士人，这些贤士和《左传》中记载的那些卿大夫无论是地位还是对历史的影响都无法相比。方铭教授认为《春秋事语》在《国语》与《左传》两者之中更近似《左传》。儒家把这些原来官学材料，实际应用到了具体的教学中，把《春秋》和儒家语录结合。没有议论褒贬和思想的表达语言也就没有意义。士人们通过历史叙事的话语来树立天地的道义，也增强了文学之色彩。《国语》对话乃是一人为主论述，其余为陪衬或不说，但是事件和《左传》同一事件的对话相对整齐简短，明显经过了裁剪。《国语》对话内容多是道德义理，不是单纯对话或是为了叙事，唯独《国语·晋语》和《左传》对话最为近似。[①]《春秋事语》在形制上比较整齐，现在所看到的《左传》是史官、乐官、贤士、儒生等多家的混合本，《春秋事语》无疑是儒家的本子，是春秋文化下行的一个体现。所以《左传》叙述吴会诸侯一事情节曲折，帛书则专欲突出子贡的议论，故将复杂过程用数语概括。

　　帛书所载后世人的议论，和《左传》一部分"君子曰"一样来自于儒家。张政烺先生已提到，其"某某闻之曰"的文例可对比《左传》成公二年的"仲尼闻之曰"。另外，《左传·襄公三十一年》有"仲尼闻是语也"，指子产论乡校之语，评论说："以是观之，人谓子产不仁，吾不信也。"当时孔子虽生，仅十一岁，所以也是后来对史事的议论。要指出的是，帛书《春秋事语》也有一条孔子的议论，见第十二章《长万章》，章首用很简洁的语言概述了宋闵公因对长万戏言被弑之事。作者的评断有导致失误的情况。《春秋事语》和《国语》人物话语褒贬明显。语书以人言语褒贬，或是崇礼之言，或是批判之言，或是"君子曰""书曰"，某人或某君子曰，及评价之言。《孟子·离娄下》说："孟子曰：闻者之迹熄而《诗》亡，《诗》亡而后《春秋》作。"《诗》中蕴含的旨意劝勉、讽谏、怨谤都寄寓在了《春秋》之中。

　　《战国纵横家书》和《春秋事语》相比多了一些凌厉，气势上细密而激越，《国语》则显得温和、平缓、质丽，《战国纵横家书》内容上常言

[①] 方铭：《春秋事语与左传类经学文体特征的再认识》，汤漳平：《出土文献与中国文学史研究》，河南人民出版社 2010 年版，第 112 页。

功利，情感亦多憎恶、伪诈、急迫、豪迈，常常言说功利和计谋。很少言仁、义、德、善、忠、信，言杀伐、恶仇、欲望、惧怕、取得、功劳的多，少言谋划、劝谏、问对，多言贱、苦、悔，春秋时期的作品采用文言，基本不用这些话语，新兴的语言多是俗语。春秋时期时候说劝谏，这时候说游说。《战国纵横家书》文章铺张细碎。

《左传》是春秋史记文献的集成之作，文字典丽有很强的文学性。《国语》"君子曰"评语起到画龙点睛的作用。在春秋时期人们对于客观现实总要有所表达，无论是人物的品评，还是对历史事件，或是发表独白，或是问对、论辩，或是主动的咨询他人的看法，或是独白话语。当时人从不保持沉默，也不怎么克制自己表达欲望，不避讳自己观点，对谁不满就控诉，孔子曾说冉有以及对当时时政，还有不少对国家和人物命运的预言，或是兴亡，或是其他内容，在后代来看是不可想象，后代人们越来越学会了含蓄和隐晦表达，没有了这样的率真和洒脱，人们用晦涩寓言或是用历史表达，或是托古人之口，就是不敢说自己的话，春秋时期人有这样的民主信仰和文化自信。他们表达以真诚、给人以希望，又与重视现实的积极人生态度和重行思想的相辅相成，也为后代提供了宝贵的历史经验和教训。

在《史记》之前历史存在于人物的言论著述之中，如《左传》《国语》《战国策》，没有人物的精彩论述，历史只是断烂朝报，而且从《尚书》以及之前记言，就是历史记述的主流，而记事是辅助和衍生出来，记言注重思想性和艺术性。《左传》和《国语》、《春秋事语》这种以评判话语来评判话语的模式，即言+言+他人评言的模式，已经是固定的体式。《国语》对人物言论和其他评价主要是通过第三方言论来说，而不是植入式议论，这一点比"君子曰"要更婉约，更容易接受，而"君子曰"又是另外一些人评论，从这个意义上说历史就是语的集合。先秦时期的《春秋》也就是这样体式，一段话语，一个故事，一段评语。到了左丘明那里都编排到了一起，孔子《春秋》也是按年系在一起。这两个都是私人的著述，用了一些《系年》材料。随着时代历史著作发展越来越多，所以要经常的整理，君主不可能都读，于是出现了比较多的选本，如《微》《撮》等。[①] 后来又衍生出来了司马迁的传记文学体式，"君子曰"

---

① 李学勤：《李学勤卷》，安徽教育出版社1999年版，第436—448页。

的评判之语在司马迁笔下传统方式被熔铸。《战国纵横家书》也引用言语，但所引的言语已经不像以前那么局限在嘉言善语，甚至是下层的一些普通人物的话语，以及俗语等，如苏秦谓陈珍章。

王树民说《左传》中保存的孔子评史之言虽然不多，而已足以说明因孔子对历史人物与事件的评议，促进了人们的历史观念的进步，并由评史得到启发，促进各种思想的深入完善。①《左传》主要是劝谏褒贬铺垫叙事、评判、凡例以及"君子曰"等作者的话几部分构成。这些话语《左传》的重要组成部分，如果去掉这些话语，《左传》就会变成琐事的连缀。隐公五年臧僖伯谏公这段文字风格和此段时期其他文字不同。隐公十一年郑伯论辩的话语，桓公二年臧哀伯劝谏论语，桓公六年申繻将起名字的对语。对话的事语也很多，问很多句话，对一两句话，可以是连续的问对，也可能没有问，而只是就事的简单对话，如桓公十一年楚屈瑕将盟贰，十三年春楚屈瑕伐罗，桓公十五年"祭仲专……"，在《左传》中比比皆是。而语被大段叙事裹挟，"桓公十六年，卫宣公烝"，"十七年，郑伯将以高渠弥"，"十八年春，公将……"。有的叙事相对较短，但前后比较规整，如"庄公八年，师及齐师围"。也有的叙事很少，如桓公十八年鲁人告于齐。春秋记言有其侧重，如对申繻记载好几次，臧氏族有多次。对臧氏的言论记载较多，《左传》叙事有比春秋更为简略者，庄公十三年，《左传》只是记载"宋人背北杏之会"。《左传》有大段的叙事，如"庄公十二年，冬十月……"。《左传》叙事而不说道理，将道理放在叙事的故事中使得更为生动。

胡念贻在《论〈左传〉叙事的倾向性》中指出："(《左传》)作者充分地利用了这部书的以事件为中心的这种写法上的有利条件。他对于每一比较重大事件的前因后果等各方面的线索都充分予以注意，通过一些人物的活动把它清晰地表现出来。因此，这部书在一些比较重大的事件中，既突出地描写了几个主要人物，也描写了不少和这事件有关系的其他一些人物，写出了他们的行动和他们的议论。"②《左传》中有不少人物评论的话语，如记载鲁孔子卒，鲁哀公前去吊唁时子贡发表了评论。这些君子的话语有的是评判话语，如"君子曰"，还有的起到解释说明的作用，如"书

---

① 王树民：《曙庵文史杂著》，《〈左传〉所载评史之言》，中华书局1997年版，第58页。
② 胡念贻：《论〈左传〉叙事的倾向性》，《江海学刊》1963年第2期。

曰"，有的为了体现作者的观点，如"君子以为"，时间上要晚一些。"文公二年，君子以为……"，鲁文公时期作者想要说的话比较多。此外还有"文公六年，君子是以知……"，"文公六年闰月不告……"作者主要是采用四言句式。从昭公三十一年来看，"君子曰"话语篇幅上越来越长。"名之不可不慎也如是。……"孔子评论齐候将为臧纥田，有孔子评论臧武仲的话语。文公六年作者直接发表了一段的感想，"十四年，春秋之称，微而显……"，用圣贤的话语作为评论。

综上所述，《左传》结构由史记、凡例、事语、论语、评断几部分组成。评断之语是作者的话语和揣测之言，有不少是后人话语，而语和史之所记的年代不同。文公十三年记载了有很多揣测之言，如"晋人患秦之用士会也"。还有解说之语，如"其处者为刘氏"。还有概括的话语和叙事。如"文十五年，于是申、息之北门不启"。"襄公三十年，我有子弟，子产诲之。……"前后两个诵对子产的态度截然相反。作者所抒发的道理不是直接表达，而是借助每个人的嘴说出来。有的人物话语还有一些特点，如都是采用四言句式，形式比较整齐。有写叙事性质的对话相对短小，由事语浓缩而成。《左传》中有单纯的叙事段落，文字中常常有三言连排的形式。史记的结构是日期加上所要记在的事件，而且通常只是一句话。

《左传》既注重思想家的书写，也有很多英雄人物的事迹记录。在原始社会歌谣中只有英雄，而诗人们传诵他们的事迹，但是渐渐这些英雄的故事中出现了诗人自身或者和诗人属性相近的思想者和学者人物。这些诗人和歌颂者的主体化，在春秋晚期达到了高峰，这是文人自我的觉醒。《左传》具有史官的英雄主义色彩，《左传》人物上的特色体现了士人的崛起，儒家的人物和痕迹逐渐浓重。《左传》人物话语简洁，无论是短章还是长篇，这些论语还可看出与《国语》的论语是一类。

史官记录历史不可能将历史全部细节都记录下来，主要是通过比喻的方式，将事件的象进行加工，通过这个已经有了一定主观性的"象"再来尽义，以求最大程度上的书写历史的真实，体现其书写的意义。"春秋笔法"是春秋史官发展出的一种价值评判方式，并在《春秋》中得到丰富。[①]春秋史官的职责是沟通天人，他所载录的内容是与礼仪相关的社会活动，

---

① 过常宝：《"春秋笔法"与古代史官的话语权力》，《北京师范大学学报》2003年第4期。

诸如即位、婚丧、征伐、献俘、结盟、朝会等，目的是藏之于宗庙，作为天命和礼仪的见证。随着天命衰落，礼崩乐坏，史官为了维护礼乐制度，就必须以传统的巫史职业为基础，假借天命鬼神的力量，赋予职业性。

《国语》与《左传》、《史记》不同，作者不加"君子曰"或"太史公曰"一类评语，所以作者的主张并不明显，而且相对比较客观，主要是通过人物的话语来代言。这些话语在一定程度上强化了人物塑造，表达了强烈的爱憎褒贬，对于推动情节的发展具有重要的作用。《左传》的记言和记事紧密结合。有的时候也有一些单独的叙事和对话来塑造人物。作者的意愿通过语言表达，记事达到了空前的高度，受到了对话的影响，对话的思想表现的更为明显，更加诗化和文化，突出表现人物性格，《左传》将其丰富和发展。凡例是解释"君子曰"，叙事的时间、地点、人物情况。刘师培说"今观《左传》所记载，若臧哀伯谏君之语，（桓公二年）……"有很多大段的内容丰富的话语。《左传》里面已经有很完整的文章，如《吕相绝秦》和《叔向与子产书》。钱钟书《管锥编·左氏正义》说："吾国史籍之之工于记言者，莫先乎《左传》，公言私语，盖无不有。虽云左史记言，右史记事，大事书写策，小事书简，亦只谓君……"① 《左传》对话分为两类：一类篇幅较短，经过作者裁剪为了推动实践发展，彰显人物个性，与叙事紧密结合；一类是长篇大论君子贤者之言，内容丰富，文字古朴醇雅，是比较原始的语书材料，左史之君子文采斐然，其中多保存前代的史志、人物事迹，和《国语》中的大段对话相似。还喜欢引用史诗，在思想上崇尚礼乐道德，可以单独成文，内容来源很广。此外"君子曰"也很有文采，句式规整，引用《诗》《书》，体现了叙事者的声音。

李零说："《左传》就是用事语类古书按年代改编。后世的纪事本末体是源自这类古书。《国语》是事语类古书。"② 史书先秦种类很多，特别是事语类古书，出土发现越来越多，不仅有语还有世系和其他史书。春秋时期是世卿世禄制度，以出身授予官爵，但那些沦落到下层的贵族，他们有远大的报复和优秀品质，而新兴的地主阶级看准了时机，破除礼制束缚，提倡唯才是举，他们自身就是极富智慧的能臣，而那些贵族顽固腐败。战国时期有才能者给了他们施展才华的舞台。记载当事人在事件中所

---

① 钱钟书：《管锥编》，生活·读书·新知三联书店2001年版，第271页。
② 李零：《简帛古书与学术源流》，生活·读书·新知三联书店2008年版，第47页。

说的话，也有当时或者后人的评论，后者大都不见于典籍。《左传》从宏观、中观、微观三个角度来进行叙事，分别讲述贤族世家，家族和邦国以及贤人。

《国语》结构和商代卜辞的结构很类似，也有叙辞、论辞、验辞几个部分。先记载发生了什么事，然后是人物的看法并预言会发生什么事，最后记载应验与否。论辞部分发展的更为复杂一些，多是采用对话的形式，内容不断丰富，论断会变得隐含，有的是对话和人物评论话语。《国语》具体分析放在最后，前面的言语务虚，后面的言语务实，前面语言风格比较粗糙，后面的比较细致，前面以感性切入，后面以理性收束。有的时候作者为了突出言语，在对之前会把叙辞细致描绘，不断的铺垫渲染。单襄公的论辞先说自然天象，说明事物的发展具有可预见性。以先王之教来说对郊野的建设和管理的重要性。

从文本结构来说，《左传》有大事记（史记），事语（主要指嘉言善语以及人物的问对话语），评论解释的话语三部分组成。以隐公元年为例，"初"之后到大叔出奔共为事语。之前为大事记，有解释评判话语，之后为评断话语，然后是颍考叔和郑庄公的事语，之后又是评断，后又是大事记，附凡例评断解释，最后叙述事件结果。《左传》是由大事记，如庄公称霸之前的记载事语故事，如庄公称霸人物话语和故事的记载，以及一些凡例解说、评价的话语"书曰""君子曰"等话语组成，有的放在大事记后面，有的单独放在事语后面，和事语不相混淆。从文本内容来看，还结合了《世本》和《系年》文献。《左传》中事语已经和各种文献混在了一起，被打乱融合。也还是事语那种事加上评论话语的模式，如"书曰""君子曰"等一类言语以及他人评判之语，有的不用评判之言而用寓言、梦幻神谕等，凡例也是如此。这些评断和凡例的话语正说明了《左传》的作用，因为那些事语一般来说可能是采取的材料，虽然有一些润色的痕迹，但大体还独立，作者的意思主要体现在这些评断的话语中，体现了最重要的义法和灵魂。庄公称霸这个大故事下还有很多小故事，具体的一步步发展。都是从郑庄公角度来写，而对共叔段始终没有正面描写。隐公三年郑武公、庄公为平王卿士的叙事，类似《系年》体式，《左传》在叙事之后也加上了评断的话语"君子曰"，一句话的史记还附评断，而后宋穆公和大司马孔父的一段事语，加上评断之语。公子州吁的一段事语却没有评断，不过石碏的话语不是其本人所言，而是作者的代言，道德说教如"君子曰"的体式,所以不必再评论,这种作者的意图有一种对文本的侵染。叙事之辞先说时间然后叙事,一般篇幅都不长,只有一两句话。《左传》这些事语和《国语》相比都不同程度的做了整理和简化,语言比《国语》更为简练,至于纯叙事之辞《国语》也有一些单纯的叙事不仅仅记言,而且语前后也都有叙事的铺垫,作者也很重视叙事,而从整个故事的演进来说,话语和叙事是一体的,话语也在叙事。

《左传》不是所有事语都有"君子曰"评断,隐公四年三个事语,只有石碏话语下面有,隐公五年公将如棠观鱼,有凡例"书曰"解释,于叙事之辞下面还附"君子曰",似是作者加上去的,否则不用出现"君子曰"字样,有的没有评断,而以简单以叙事来代替,考仲子之宫处只是说"于是初献六羽,始用六佾也",感觉有些突兀,是后人填上的。臧僖伯卒而后有隐公一段评语。解释是为了叙事,这是史官所注重的,而立义是刘歆重视的,因为要以此来解经。所以说《左传》中道德之辞和凡例评断不是左丘明所作,而是儒家的弟子或是刘歆作。隐公六年记载郑伯侵陈有"君子曰"评断。隐公七年陈及郑平叙事也要用第三方话语评断。有的还是预言甚至是诅咒,如隐公八年郑公子如陈逆妇陈针子的话语,齐候派人来告成众仲有论语,而后羽父卒又有论语。《左传》中的事语越来叙事化越明显,越来越整齐,如隐公九年北戎侵郑。所以说,春秋战国时期的文学作品大量以语体形式存在,春秋时期是语的辉煌时期。《左传》由很多的官书熔铸而成,目的是解释经书,以及出于文献保护的目的和整理的需求,或是实用性的目的,但进行了整理,加上了解释,凡例和一些主观评断话语,在文辞上进性了删改和简化,有很多的章节无有事语,而全部为记事。

大事记加上作者的话语,如隐公十年、十一年齐国要把许国给郑国,郑庄公辞让,对郑国于许国的措施,君子评论后又评断,诅咒射颖考叔的人,王给郑人苏忿生田,君子又出来评断,郑、息有违言,又有评论的话语。这里比较典型的事语结构,桓公二年夏四月鲁取郜大鼎于宋,臧哀伯的劝谏的一大段的话语,很类似《国语》的论语,而其铺排冗繁也和《国语》一致,只是语言精练了一点,而且完后也和《国语》的论语模式一样有个第三者出来评断,周内史听到了这番话语于是论说了一番。或者说春秋时期有的论语就是有这样固定的体式。桓公三年倒叙了通过师服两段事语讲述了晋国乱难由来。《左传》当中应带有一类记载人物官职的书，对人物的官职记载清楚，如桓公五年周郑交战的叙官情况，桓公四年无事语，只有大事记和评断的话语。桓公五年着重描写周郑交战的情况，《左传》对战争的刻画十分出色，既细致流畅又生动紧凑，这种战争事语有些地方艺术手法比较明显，但都不大可信，写的过于细致，可见传闻的色彩。桓公六年楚武王侵随事语无评断。齐侯欲以文姜妻太子忽，有"君子曰"。可以把《左传》分成以事语为中心的形态，大事记变成铺垫之辞。桓公问名申繻事语没有评论诗歌比较独特的现象。《左传》中也用了不少《国语》体类相同的材料。桓公七年都是大事记和评断，而写可以看出来这些事语有集合的特点，比如说在某一年应该许多国家发生事情，而只有某国某事，而不记他国他事，比如郑庄公称霸，楚王侵犯随，晋国骊姬之乱、重耳流亡，以及关于孔子事迹都是持续性的关注和书写。桓公八年又记载楚武王侵随事语。九年一段很短的事语记载享曹太子。很多的事语没有具体的时间，因为原本就是一个整体而被拆开，时间不好区分，就以"初"倒叙插叙形式插入，使得故事完整，不至于破碎，"桓公十年，初，虞叔有玉……"及"桓公十一年，初，祭封人仲足有宠于庄公……""君子曰"，桓公十二年，君子曰："苟信不继，盟无益也。《诗》云：'君子屡盟，乱是用长。'无信也。"桓公十三年，楚屈瑕伐罗事语。战争事语比较特殊，记事详细生动，绘声绘色。桓公十四年记载要大事记加上评断。十五年郑伯使婿雍杀祭仲事语为大事记。十六年倒叙卫宣公烝于夷姜的事语。桓公十七年记载齐人侵鲁疆的事语。十七年郑伯将以高渠弥为卿，引用君子曰和他人之言评断。十八年追叙家族和人物的事迹，其他家族不少也是如此如颖考叔、石碏、申繻。桓公十八年叙事也加上评语，以及倒叙过去的事以及评。

《左传》记载庄公时楚王伐随，从正式出征到战争结束一点点铺垫，叙述齐和纪国的恩怨。庄公开始传的内容评断话语变少，很多只是放了一些大事记。《左传》在某一段也会对某一国家特别的关注，如在这一时段对卫的变乱的关注。庄公六年楚文王伐申过邓，注重楚国扩张称霸过程。庄公七年、八年齐攻下了郕，发生了襄公立位等一些事语。《左传》经过专门的整理，把文献编年连接在一起，前后贯通，但有些"补丁"还比较明显。引用很多以前的事情，为何不在之前记录，而到了事件发生之时才增补。庄公九年齐人杀无知相关的事语，关于鲍叔牙的语，都是齐鲁长勺之战之前的铺垫，这是庄公时期的最核心内容。

《左传》越往后越注重文化,前面注重兴衰,中间注重称霸。《左传》主要是由事语组成,论语不是很多但是都很重要。《左传》的故事很多都是前后错乱,而由一个点引发,由此引出整个故事,从以前遗落到后来的结果。《左传》按年叙事,可是很多叙事都不记载,而是在话语中体现出来。后代的人物话语经常提到前代事情来补充前代故事。再有很多史官没有记录的东西,如此处晋文公为践土之盟,是后代人对此件事的评论。《左传》有集聚化倾向,如毁乡校,在这一年写子产的内容较多。《左传》是由语和史记等相关文献,加上作者的解释、凡例和评断编纂而成。襄公二十二年晋人征朝于郑,郑国派子产应对,语言细致且烦琐蔓延。

《左传》文风并不一致。襄公二十二年九月,"郑公孙黑肱有疾,归邑于公。召室老、宗人立段,而使黜官、薄祭。祭以特羊,殷以少牢。足以共祀,尽归其馀邑。……"《左传》成书经过了一个发展过程,最终的成书形态是为了解经,庄公二十六年公至自齐,直接解释春秋之文,二十六年"书曰"解释是后加上去,可能出自《左传》编纂者。只是简短的对话,无义理的评断,以及"君子曰"以及其他的君子之言、史记、凡例,主要是这三部分,语、史记、凡例也是作者后来加入,而语和史记是更早的官方材料。作者通过圣贤和他人之口来讲道理,有的时候通过"君子曰"直接阐释,有的时候甚至连"君子曰"也不说,直接说评论的话语。论语篇幅不大长,一般会引嘉言善语《诗》《书》,所言也是道德仁义礼之辞。如僖公二十年,臧文仲"闻之曰"评语。《左传》庄公时期的话语记载不多,僖公时期少长篇大论,文公时期多称君子是以知。哀公时期的文风,话语长度适中,词语清新流畅,不如前面古雅,对话的话语和叙事的话语融合得比较好,不过文风似不是春秋时期的特点,哀公时期的人物也明显发生了变化,之前是记载叔向、子产等圣贤之言,而哀公时期开始贤士的言语较多,关注的人物出现了变化,哀公时期各个事语的要素组合更为自由,先秦史书和著作主要靠这些要素组合成的,一些记载开始没有准确记载日期,如元年的最后两条,城三旬……有些《左传》内容变得很少,继续无具体日期。言语上有含而不露的倾向,类似《春秋》,不把具体事件和褒贬说出来,而只是说发生了什么事。加工越来越细致,如三年春二月的小故事,事语各要素完整,语言更为明白流畅,叙事越来越丰富,话语越来越短小,成为叙事一部分,经和传对不上的情况越来越多。很大程度上摒弃了道德仁义礼等礼乐内容和观点,只是从实际和现实利弊出发。语言简洁流畅清新，和前面语的结构相比，只有联系实际部分了。襄公时期"君子曰"和评断话语出现次数不多且啰唆，没有义理思想，但是体式完整，语言显得更为清新。秦哀公赋《诗》写的很草率，不像以前那样好。昭襄之后精彩者唯有一二语，语言倒是清新流畅，材料狭窄且义理不通。公叔文子曰：虽也说昔日之事，但无"昔"之字，文章和前代有些不同。昭公和襄公之前的《左传》读完之后会有一个大体的印象，但之后就不那么明显。昭公之后春秋写的比《左传》好。定公时期的《左传》总的来说写的不好。哀公元年写的特别好，和以前很像，故事结构完整，典故质密丰富古雅，又有所创新。整体比定公强一些，定公事和语不融，且材料较少。哀公时期和昭襄文风类似，但也不免有些离古，评论在文章中占得比重增加，不再只是铺排，简洁而不拖沓。法国罗兰巴尔特《历史的话语》说："历史的话语至少能在两个层次上有意义。在第一个层次上是历史内容所固有的——历史学家提供解释，或吸取道德的或政治的教训。"①

《左传》通过言语寄寓褒贬。《左传》写宋襄公的内容，以及多次记载子鱼、臧文仲、国人言论写其贪婪懦弱。惠公怀公之事迹评价的再认识，虽然也和他们的行为有关，也可能是受重耳的影响。惠公贪婪无信义无耻，《左传》事迹不少。公孙枝、申生、丕豹、庆郑没有称赞他的，然人品不能作为评定君主的主要标准，惠公之记《左传》详细于《国语》，注重人物特点。

二 评断——以《晏子春秋》为例

孔子赞晏婴"不以己之是，驳人之非，逊辞以避咎，义也夫"（《晏子春秋·卷五》），说他随和大度，注重自身修养品格。上博简《竞公病疟》记载了晏婴故事，"竞公病疟"篇题谓语第二简上段背部，满简书写大约五十字。内容记载齐景公从车千乘，好治宫室，随璧所欲，征敛无度，赏罚无章，民人藏怨为晏婴所善导。围绕齐景公疥且病虐，逾岁不已"第一简，病情迁延，年而未痊愈为中心，记载了因此引起的朝廷内部激烈争议之事。齐景公病甚，宠臣割病卷与梁丘据为了推卸责任，表明

---

① 汤因比：《历史的话语——现代西方历史哲学译文集》，广西师范大学出版社2002年版，第121页。

"吾币伯甚女微于吾先君之量矣，吾圭宝大于吾先君之……"

  晏子将使楚。楚王闻之，谓左右曰："齐之习辞者也，今方来，吾欲辱之，何以也？"左右对曰："为其来也，臣请缚一人，过王而行。王曰，何为者也？对曰，齐人也。王曰，何坐？曰，坐盗。"晏子至，楚王赐晏子酒，酒酣，吏二缚一人诣王。王曰："缚者曷为者也？"对曰："齐人也，坐盗。"王视晏子曰："齐人固善盗乎？"晏子避席对曰："婴闻之，橘生淮南则为橘，生于淮北则为枳，叶徒相似，其实味不同。所以然者何？水土异也。今民生长于齐不盗，入楚则盗，得无楚之水土使民善盗耶？"王笑曰："圣人非所与熙也，寡人反取病焉。"[①]

  可以看出来晏婴的橘枳之论是本段故事的核心，也通过这段话确立了晏子的人物形象，前面的话语都是铺垫和蓄势。

  齐景公看晏子很穷就多次赠金给晏婴，可是他坚决不收。还说："婴闻之，夫厚取之君而施之民，是臣代君君民也，忠臣不为也；厚取之君而不施于民，是为筐箧之藏也，仁人不为也；进取于君，退得罪于士，身死而财迁于它人，是为宰藏也，智者不为也。夫十总之布，一豆之食，足于中，免矣。"显示了晏婴忠义的品格。景公谓晏子曰："昔吾先君桓公以书社五百封管仲，不辞而受，子辞之何也？"晏子曰："婴闻之，圣人千虑，必有一失，愚人千虑，必有一得。意者管仲之失而婴之得者耶？故再拜而不敢受命。"对管仲和自己的行为做了品评。

三　立义——以《韩诗外传》为例

  人物话语虽然褒贬不同，但都说明《韩诗》着力于传，而非为了训诂。诸子多有"语曰"，《韩式外传》也有使用"传曰"，作为作者的论语，根据事实而发的议论和评价话语。语被吸收为传书的一部分内容，讲一段事语，再用一段对话和评论之语，有的篇幅短小，如《礼记·檀弓》。韩婴是个聪明而且办事精明强悍的人，文帝时期的博士，景帝时期常山王太傅，《汉书》记载有一次他和董仲舒辩论，"其人精悍，处事分

[①] 吴则虞：《晏子春秋集释》，国家图书馆出版社2011年版，第302页。

明，仲舒不嫩难也"，还有《韩氏易传》二篇，其学非齐鲁，而是宗荀子。《史记·儒林列传》记载："韩生推《诗》之意，而为内外传数万言，其语颇与齐鲁间殊，然其归一也。"① 齐鲁之学是以道德说教为方法，而荀子韩婴则重视《春秋》，在历史故事中阐发道理。徐复观《两汉思想史》记载："由先秦以及西汉，思想家表达自己的思想，概略言之，有两种方式。"《韩诗外传》所谈论的故事都是关于道德礼仪的内容，而且必以诗义解释，两者互为倚重，君子再以经义角度分析。

有一次鲁哀公问孔子智慧能否增加寿命，孔子说能，他说："人有三死而非命也者，自取之也：居处不理，饮食不节，劳过者，病共杀之。居下而好干上，嗜欲不厌，求索不止者，刑共杀之。少以敌众，弱以侮强，忿不量力者，兵共杀之。故有三死而非命者，自取之也。"《诗》云："人而无仪，不死何为！"行为符合礼仪自然不会招来灾难，也就可以延长寿命。

第三节 诸子文学时代与语体文学的转型

春秋之前就有嘉言善语流传，春秋时期各国语的体类有所不同，主要是事语、论语、辩语、对语、寓言几个类型。战国时期逐渐变化万端，诸子文学受其滋养，史官的"微""撮"都是其延续，汉初的著述文章颇受其影响。春秋时期语更文丽规整，由各国进行整理和施用，充分吸收了之前语的宝贵创作经验，而服务于礼乐活动，是礼乐制度产物，离开礼乐制度的土壤，就显得不那么雍容圆润，开始变得清新伶俐。战国时期思想内容、文学气象或是规范程度都不复从前，出土简帛文献上就可以看得出来，有的篇章很简略，语体一般结构的前后叙事被去掉，只是主要的人物言论，有的没有论说主体，只是保存的言论资料。在内容方面也变得复杂，形式上出现了不少短篇，诸子、史官把他们作为著作的原始材料。李零说："这种记诸子言语行事的体裁有时也叫'春秋'，如《晏子春秋》。还有刘向《新序》《说苑》列在儒家，虽然增加了'小说家言'的色彩，但毕竟是'采传记行事'而著，自有所本，与《国语》、《战国策》在性

---

① 司马迁：《史记》，中华书局 2013 年版，第 3768—3769 页。

质上仍有相近之处。"①

　　语体文学作品存在一定体式特征和规范，技法使用、文本结构都有章可循，如《国语》是先叙事然后论述再叙事结果，其中论的部分先引古人之言、文献制度，然后结合事理联系实际，最后就事论理得出结论，诸子文学的论述方式也是如此，只不过诸子文献体式又有所发展，把春秋时期语体的各个体式以不同方式组合形成复合语体文献作品，其组合方式各种各样，② 但其论理的基本结构还是没有变化。

　　随着礼乐社会结束语也消失了，后来在此基础上衍生出来百家之语已经和语在本质上不同，虽然他们关系密切。《汉书·艺文志》道家有《伊尹》五十一篇，小说家有《伊尹说》二十七篇，班固言"其语浅薄、似依托也"。语也存在这样的一个发展的情况。《国语·晋语》和《国语·鲁语》已经由"国语"变成"家语"，家训的话语记载不少，如公父文伯母之语、晋三家之语。章学诚《文史通义·上朱大司马论文》记载："春秋流为史学，《官礼》诸记流为诸子；论议《诗》教流为辞章辞命。其他乐亡而入诗礼，书亡而入春秋，易学入于官礼，而诸子言源委自可考也。"③ 到了战国时代语体文学发生了转型。语体文学的兴起滋养了战国时代诸子文学创作，诸子的作品不同程度的受到影响。同时战国时期的诸子也积极吸收语的创作经验，丰富其内容和形式，发展了语体文学。总的来说语越来越趋向于世俗化、多样化，逐渐破除原来相对固定形态，思想上也不像原来那么重教化，讲究道德仁义这些大道理，而是更加务实与理论化。语说后来就变成各种典故，散布在各种文献中。所以说诸子著述是语体文学范畴的延伸。诸子文学既对前代的创作进行整理，又储备资料供自己教学、游说之用。语体文学一直是中国文学的重要内容，只是一直以来我们忽视这一角度，单纯的从诗文角度来看待整个文学的作品，其实文学的整体来看，不是单纯的文本作品，这也是为什么文学中会不断衍生出新的非纯文本形式的文学形式的一个重要原因，因为文学自古以来就不是

---

① 李零：《李零自选集序》，广西师范大学出版社1998年版，第28页。
② 受到当时书写方式的影响，如一本书的结构一定是开放的，为什么？如果那部分遗落了，并不影响整篇的存在，修改也只要换掉那个坏的竹简就可以，这是竹简。木牍帛书也是如此。木牍也只有百十字，一般出来的东西都是小豆腐块。帛书多数长篇大论，甚至是丛书性质的，每个单元的容量很大，其本身容量也很大，内容丰富，一般有许多篇组成。
③ 章学诚著，仓修良编注：《文史通义新编新注》，浙江古籍出版社2005年版，第768页。

简单的文本形式。

章学诚《文史通义·诗教上》中说："战国者，纵横之世也。纵横之学，本于古者行人之官。观春秋之辞命，列国大夫，聘问诸侯，出使专对，盖欲文其言以达旨而已。至战国而抵掌揣摩，腾说以取富贵，其辞敷张而扬厉，变其本而加恢奇焉，不可谓非行人辞命之极也。"[1] 他说诸子之学"及其出而用世，必兼纵横所以文其质也"，认为战国是纵横之学盛行的时代，纵横家的游说辞是春秋辞令的进一步发展，战国诸子之文都带有纵横家游说说辞的色彩。段玉裁《潜研堂文集序》记载："诸子百家皆窃一端以有言，而言志有用者固多，言志偏致为流弊者亦多矣。"[2] 语是春秋时期的重要礼乐的教本，是礼乐思想的重要体现。

诸子继承和沿袭了《国语》基本体式，并促进其进一步发展。诸子也是采用语的模式，尽管有的已经把这种模式淡化，但还是能够看出来无论结构和体裁还是内容和形式。这种文体在战国很盛行，典籍中多问对形式。诸子著作是按照语的体式发展而来的。章学诚《文史通义》说到了战国文体已经齐备，战国时期是语体向着文体转化的一个重要的时期，语体最终演变成了文体。春秋是中国文化和学术发展高潮时期，诸子的学术根源是渊源于春秋官学，此外结合时代浪潮下的新变因素和自我的新探索。官学到私学的演变过程中史官日益家族化，贵族和先进知识分子进行收集。在春秋晚期儒家还没有兴起之前，学术界是官学的天下，对道家黄老之学的产生影响很大，后代的刑名法家、兵家等都包含其中，儒家也吸收了官学的优秀成果。从《国语·越语》和《黄帝十三经》重合，可以看出来，《国语》道家思想是主体。道家思想崇尚简单，以少总多，把什么都包括，所以显得比较杂。道家贵族气比较重，主要为统治者服务，下层不太了解和接受，儒家士人很容易接受并很快发展壮大，道家在统治阶层很受欢迎。

战国时期战阵与厮杀粉碎了权贵家族的荣耀，一些人流落到社会底层成为各个学派的代表人物，他们著书立说、批评时弊，推动了"百家争鸣"局面的形成。他们着眼于现实，很少提及春秋时流行的"天命"等

---

[1] 章学诚著，仓修良编注：《文史通义新编新注》，浙江古籍出版社2005年版，第45页。
[2] 钱大昕：《潜研堂文集》，上海古籍出版社1989年版，第1页。

思想。① 儒家喜欢讲唐虞三代故事，墨家喜欢讲夏禹故事，道家喜欢讲黄帝故事，来源就是这类传说。诸子以语录作为编纂形式，和弟子门人、大夫、君王及问答，表达自己所要说明的道理，其中也有一些是作者创作，寄寓着自己的思想，或通过他人话语来转述，有的是对话形式也有的是历史故事。诸子文学和语体文学的区别主要在于前者淡化了所言人物和语的特点，打破了语的格局和模式，规模上更加宏达，内容上更加虚拟化，更加强调立意。

李零《简帛古书与学术源流》记载："语"有言谈、对话、辩论之义，也有成语、典故、掌故之义（即"语曰"的"语"）。② 它可以分解、扩展，也可以保存、传递，作为文学体裁和史学体裁，主要是指故老传闻、前代掌故，含有传说和故事的意思，司马迁作《史记》，除利用档案也利用这类资源。语在先秦时期一贯发展，以史官为代表的文学时代随着春秋时期结束而远去，以诸子为代表的文学时代随之而来。官学中教师逐渐流落民间，把学术带到社会下层，官学下移把贵族的语也传到下层，诸子又接受了下层的平民文化。诸子从语中吸收营养，学习创作的技法和素材来丰富、提高自己著作的水平。"说"是语的通俗化演化，语是文言而说是俗语，语比说要雅正一些。

秦禁《诗》《书》《百家语》，把诸子著作看成语，《史记·秦始皇本纪》记载："非博士官所职，天下敢有藏《诗》、《书》、百家语者，悉诣守、尉杂烧之。"③ 诸子百家汉人称为百家语。王充《论衡·正说》记载："秦始皇下其议丞相府，丞相斯（李斯）以为越（淳于越）言不可用，因此谓诸生之言惑乱黔首，乃令史官尽烧'五经'，有敢藏《诗》、《书》、百家语者刑，唯博士官乃得有之。"④ 章炳麟《秦献记》记载："或曰：'秦焚《诗》、《书》、百家语在人间者，独博士如故，将私其方术于己，以愚黔首。'"战国汉代称诸子著述为百家语，这些学术的主要内容就是诗书和百家语。司马迁说"通古今之变，成一家之言"，先秦时期著述所论话语模式都是语的模式，如《孙子》论述的风格和话语的方式与论语

---

① 余嘉锡：《古书通例》，上海古籍出版社2013年版，第66页。
② 李零：《简帛古书与学术源流》，生活·读书·新知三联书店2008年版，第220页。
③ 司马迁：《史记》，中华书局2013年版，第322页。
④ 王充著，张宗祥校注：《论衡校注》，上海古籍出版社2010年版，第547页。

相同。诸子通过这些语的分析阐释建立了自己的语。

一 由即兴的语录体到自觉深刻的理论创造

"语"从即兴创作到自觉的有体系的创作，经历了一个较长的时间过程。《论语》《子思》《孟子》等儒家著作多是即时语录，《庄子》《韩非子》等都是理论创造。儒家的语录是由语丛发展而来的，道家的文学作品也体现了这个发展的过程，《墨子》在语丛的基础上变化了一些论述的方式，把问对、论语等结合组成了复合的文章结构，也是在语丛的基础上发生演化的，史官的集合文献如《左传》等也发生了这样的变化，语的发展变化经过了一个从语丛到复合组合的演变过程，这也是文献整理的要求，需要有丰富的文献资料，长期的发展形成，就显示日积月累的堆积而成后经过了编纂。即兴的话语会被记录传承和教育后代。

语的变异与传记文学的形成关系密切。《汉书·艺文志》记载杂记很多。记和内容无关，只是一种比较所以的文字记录形式。林庆彰《传记文学之形成》记载："传、说、记是战国到汉初最流行的解经方式，传和记的时代比较早，很多重要的经书，都有传和记，说出现的比较晚，且大都口头流传，保存不易。""经和传、记本来是各自成书的，从汉代至魏晋时代逐渐集合在一起。……"① 桂馥《札朴》记曰僖二年公羊传："宫之奇果谏。"记曰："唇亡则齿寒。"何休云："记，史记也。"馥按："记与志同，《左传》所称《前志》、《军志》、《史佚之志》，皆是也。"② 记也是一种古书的类型，诸子书也叫诸子传记。传是强调其传经，记是强调其记述。《瞽史之纪》的存在说明瞽史有记录之书，在当时就有《瞽史之纪》或只是口传的之记，说晋和商一样久，名显带有预测性质，他们是如此信从，可知其在当时的地位，有显明的巫术文化色彩。"语"是就内容和形制而言，"传"是就来源而说，"记"是就存在形态而言。《荀子》多引"《传》曰"，《韩非子》重语（记）。两者看上去和《国语》是不同文字风格，比《国语》时期要晚，但更明白如话。有言经书的内容，这点比较明显，可以看出是经师先生的作品。语的特点在思想内容上崇尚义

---

① 林庆彰：《传记文学之形成》，见何志华《先秦两汉古籍国际学术研讨会论文集》，社会科学文献出版社2011年版，第14—29页。

② 桂馥、赵智海：《札朴》，中华书局1992年版，第82页。

理，其功用在教育明德，交给统治者统治和施政的智慧，与政治统治息息相关。官学失坠之后《国语》等典籍流散民间，私学兴起，诸子对语的征引不言出处，不称名或不固定。

语由即兴的语录体到自觉的深刻的理论创造，形式和手法上由简单演变为复杂。《论语》多为简短语录，词约义丰，有的章节能够通过言谈举止表现人物的形象和性格。儒家著述主要是两个方式，一是语丛语录，一是语体文学的作品，前者如《论语》，后者如出土简帛中以及《礼记》还有其他诸子文献中记载，看得出来，原本儒家文献比较简短，可从《论语》到《礼记》逐渐篇幅变长，内容方面诸子附会的比较多。这些语体文学的对话中，儒家、墨家论辩体式内容都同于《国语》。冯友兰《中国哲学简史》记载："惯于用格言、警句、比喻、事例等形式表述思想。"①《庄子》的话语有很深的现实寓意的，增加了背景和话语的交互过程、结果，把寓意得名言变成寓意得故事。②

《孟子》所言多是利益、享乐、争霸，多引用战争武器等意象，所选取比喻对象都很激进，一是和金钱财产有关；二是有关战争的谈论和话题与比喻对象，伐、叛言论和论辩言语相关，此外还有一些问学对话和个人语丛。《孟子》大致是按照时间排序，内容各章不同，前面是从游说各国开始的几章，然后比较多涉及治学（《诗》《书》《春秋》）哲学（性命）。孟子喜欢《尚书》，气势浩然，善于辨析。诸子的创作方法与特色上，"子曰"引出一段语录格言，于是根据此段话语展开议论，常用日常和自然之理，比喻排比对偶等修辞，寓言等各种形式和内容。或是以问对的形式，把语丛和论语结合在一起，就一个问题展开问对和论辩，《韩非子》的文本在语的基础上融合以奏疏之体。

这种语的体式为儒家很好的继承，首先这和儒家的文献优势有关，孔子以官学教材和方式教育下层普通士人，儒家也继承这种文献编纂和传授方式，后来儒家传、记、注、疏、说、论等经传著作方式也是在此基础上发展而来的。其他诸子则没有这样传统和文献的优势，所以他们著述差异性很大，即使是同一学派内部，他们也多多少少受到了儒家和官学的影响，从中吸收和学习，在自己的著作中得到一定的体现，他们论述的方式

---

① 冯友兰：《中国哲学简史》，北京大学出版社2013年版，第15页。
② 同上书，第14—15页。

和技巧很多都由其中来。有时候作者也把这些名言直接放到自己的文章中，变成自己的言语。《墨子·所染》引用墨子的话，子墨子言见染丝者而叹，曰："染于苍则苍，染于黄则黄，所入者变，其色亦变，五入必，而已则为五色矣！故染不可不慎也！"然后举了大量的实例。强调王所染当，能够选择正确辅佐的都取得了盖世的功业，反之则国残身死。《墨子·所染》引逸诗"必择所堪，必谨所堪"。《墨子·法仪》子墨子曰："天下从事者不可以无法仪，无法仪而其事能成者无有也。虽至士之为将相者，皆有法，虽至百工从事者，亦皆有法，百工为方以矩，为圆以规，直以绳，正以县。无巧工不巧工，皆以此五者为法。巧者能中之，不巧者虽不能中，放依以从事，犹逾己。故百工从事，皆有法所度。今大者治天下，其次治大国，而无法所度，此不若百工，辩也。""大臣法，小臣廉，官职相序，君臣相正，国之肥也。"《汉书》引用为《记》曰，正式称呼为"语"，不正式称呼为"记"。道家老子主张无为，崇尚小国寡民。诸子经常提到孔子的对话，比较喜欢搜集孔子的对话。

二 诸子文本化倾向与体系性构成

孔子在政治上想要恢复周礼，但还不是完全的理论化，他是以生活化的话语和朴实的思想，来阐释深刻恶哲理。墨家主张兼爱非攻，老子在政治上主张无为。孟子主张"仁政""民贵君轻"，司马迁评价孟子说"迂远而阔于事情"。孟子思想对后世产生了重大影响，它是后世"民本"思想的重要来源。《荀子》主张人本性恶，需要礼制约束，在政治上宣扬王道思想。《韩非子》以法治国"以法为本""法不阿贵"；主张建立君主专制中央集权的封建国家。商鞅也是依法治国但强调法和术的结合，发展了法家的思想。开始只是有一些偏向于哲思，而到了战国时期形成自觉创造宏大的体系性建构。《孟子》的仁、义、礼、智四端。《孟子》中武王文王等周初的事情，《庄子》的自然主义，《韩非子》法家思想，杨朱重视个体的价值。《墨子》"兼爱""非攻""尚贤"，《墨子》诸子皆言体之文，墨子的行文方式就是话语的叙述和阐述，《墨子·亲士》说明亲近贤士、使用贤才的重要性，国君必须懂得识别敢于诤谏的贤人，能够容纳不同意见的大臣。孙诒让认为是说给国君的话。《墨子·修身》讲自我修养的重要性，其是一个人安身立命之根本，待人处世的原则。《墨子·所染》说一国选人才就像是染丝，就如同交友。《墨子·法仪》说百工皆有法度，故治理国家也有一定的法度。

到了战国时期人们对过度地修辞比较反感。《庄子》自不待言，《老子》也说不言，他们都比较反感论辩。"瞽说"也是一件令人反感的事情，从诸子的文章我们也能看的出来，尤其是《庄子》《荀子》《孟子》。官学下移之后这些瞽矇乐官及其传承者，一部分进入民间以饶舌鼓吹为业，每天说些不切实际大道理，以及一些历史故事，战国是一个重实用的时期，学术也讲求实用。《汉书·艺文志》说"诸子之言，纷然淆乱"①，这时期反对言之说已经开始抬头。

墨子是出生于小生产者阶层的哲学家，思想上反对战争提倡非攻，针对统治者的挥霍无度提出节用，提倡节葬非乐减轻人民负担，尚贤尚同，却相信鬼神。《老子》中有"道"、"有无"、"高下"等相对概念。荀子从人性的角度来说人是性恶的，可以通过学习改变，从国家角度来说主张要用礼法来约束社会秩序。韩非子是韩国的公子，荀卿的学生，法家的集大成之者，主张用人唯贤反对唯亲，主张法制反对礼治，还主张法与术和势结合。《韩非子》的议论篇章宏大，体系完整，是非常优秀的议论文章。已经由即兴的语录话语变成了自觉的深刻的理论创造。文章以大量事实做精辟分析，以严谨逻辑推导出论点，每阐述一个观点或论辩一个问题，努力抓到关键和要害，笔锋犀利，气势逼人，有强烈批判意识。其语言通俗流畅，质朴健美，善于用简洁概括的语言，并善于用各种修辞手段增强语言的和谐美和形象性，其中保存了大量的寓言，多是来自民间，也有主观创作，常以人们熟知和熟悉的事物来说，如守株待兔"欲以先王之政，治当世之民"，以买椟还珠说明以文害用。《韩非子》寓言数量很多，思想和艺术性也很高。《韩非子·初见秦》有几个"臣闻"，"臣敢言之"，且"臣闻之"来论说所要说的道理。韩非子主张语言要讲求实效，他说"夫言行者，以功用为之的彀"，否则"言虽至察，行虽至坚，则妄发之说也"，还说"循名实以定是非，因参验而审言辞"。（《韩非子·奸劫弑臣》）② 考察名与行的实际是否相符才能判断是非，只有通过比较验证才能判断言辞是否正确。"无参验而必之者，愚也；弗能必而据之者，诬也。"不经过比较验证

---

① 班固：《汉书·艺文志》，中华书局2009年版，第1701页。
② 陈奇猷：《韩非子新校注》，上海古籍出版社2000年版，第282页。

就做出肯定的判断是愚蠢，不能做出可定的判断就拿来作根据是欺骗。韩非子是战国时期的论说散文写的最好的作者，他的散文体制宏大，话语思辨能力更强，取典丰富，语言清丽，比较好的继承了春秋时期语的一些特点。《韩非子·说林》之前皆精粹论文，最后一篇有两个事语。《韩非子·说林》主要是春秋战国事语，《韩非子·内储说》中间的主要是论语。《韩非子·内储说》主要问对事语和寓言，与《韩非子·说林》不同，篇幅更长，前者比较真实，后者发挥较多，把事语按照观点和立意的不同而分类编纂，看出从语体文学到诸子文学的演变过程。《韩非子·右储说下》师旷和平公问对，《韩非子·难一》到《韩非子·难四》《韩非子·难势》为辩语，《韩非子·问辩》《韩非子·问田》《韩非子·定法》为对语，《韩非子·说疑》《韩非子·诡使》为论语，这时期的文不像语那么简单，有深刻的理论体系，很难再用语来概括，可称得上为论文，篇章精心撰写，不再有话语人物出现，以全篇立言而其精神实质相同。《韩非子·六反》《韩非子·八说》《韩非子·八经》《韩非子·五蠹》为论语，手法更为灵活多样。《韩非子·显学》《韩非子·忠孝》《韩非子·人主》《韩非子·饬令》《韩非子·心度》《韩非子·制粉》也都是典型的论语，如同《国语·周语中》人物的论语，只是去掉事件和人物而只保留论的部分。《韩非子》主要谈论"利""法""势""术""变""实"，认为人性本恶。《韩非子》中的说，多传说，而且主要是一些小事，同样是历史故事，史书有记载可以对照，明显有一些夸张和臆断，也有一些是历史没有记载，如《韩非子》君子爱秦伯嫁女的故事，其结果媵人受到宠爱，而秦伯之女受到冷落，如同街谈巷语之言。《韩非子》记载管仲施恩望报，史书没有记载，颇具有传奇色彩。《商君书》的文风和《韩非子》比较接近，同出于三晋而游于秦，也都是采用语的方式和手法。《商君书·更法》记载"《语》曰：'愚者闇于成事，知者见于未萌；民不可与虑始，而可与乐成。'郭偃之法曰：'论至德者不和于俗，成大功者不谋于众。'"[①] 这写话语类似语，是教人如何管理百姓。《韩非子》也是多言治官之道，如《韩非子·赏罚》《韩非子·用民》《韩非子·权谋》。

---

① 高亨注译：《商君书注译》，清华大学出版社2011年版，第370页。

三 形式和手法上由简单演变为复杂

除了一般诸子书,语对纵横家和小说家(这里的小说和后世的小说还不同,只是属于"丛谈琐语",比较类似后代的掌故笔记)的很重要,一是作为外交辞令,一是作为文学素材。桓谭《新论》记载:"小说家合丛残小语,近取譬论,以作短书,治身理家,有可观之辞。"[①] 如果能对先秦两汉的语类故事(如黄帝故事、尧舜禹故事、周公故事、太公故事、管仲故事、孔子故事)作分类研究,分析其扩展、演变,对了解早期的子学和史学都有帮助。李零《简帛古书与学术源流》记载:"当时的皇帝都很忙,脾气都很坏,谈话技巧很重要。如果我们对先秦口语和书面语的关系,以及当时的谈话技巧和书体风格进行研究,我们一定会对当时人的思想有新的了解。研究语类的故事,会有重复和雷同,喜欢分析年代的学者,他们老想从'谁抄谁'来定早晚。但我们不应该忘记的是,当时的'你抄我,我抄你'可能并没有早晚,因为这些'谈资'很可能是'资源共享',都来自一个'资料库'。"[②]

(一) 内容的扩展——从丛语记录变成长篇大论

语符合从简单到复杂的思维规律,事语就是一个基本的要素,在春秋时期为单独或是一两个单元组合,范式比较固定,主要是论语、事语、语丛、问对,但是后来演变成了语体的文学,也就是不同或相同的这四个元素的不同形式的组合形成一种语的复合形态。那时候故事的母题往往为人们都熟知,而语的可贵之处在于传达独到内容,如武王伐纣都知道有此事,而其中的内情、细节、人物言行就不那么容易知晓。到庄子的时候不那么说,他喜欢自由,不喜欢当官受约束,就算是说也是把要说的观点和意思寄寓在故事中,说的是更为高级的寓言,自然天成含味隽永而又高渺玄远。

先秦时期的文章结构属于平面模式多行结构,后代文呈现圆形结构模式,体现了从语丛来然后又退化成语丛过程,不完全的程序模式,还有语丛的痕迹。古人的创作散漫无明确目的性,古人的书有感则书,之后才有名字,在战国时期一些已经有了名字,只是大体的称呼。除了语的几种基

---

① 桓谭:《新论》已佚,佚文见《文选》江淹诗《李都尉凌从军诗》李善注引。
② 李零:《简帛古书与学术源流》,生活·读书·新知三联书店2004年版,第222页。

本模式，诸子还有一些用几种形式的组合模式，如《孙子》是语丛加论语模式。《墨子》前几篇也是这样的组合，其中的《经》篇是语丛形式。当把问对的模式作为文本基本结构的时候，篇章再融合语丛，论语长度就会大大增加。如《吴子兵法》，他的基本模式是问对加论语丛。语丛和论语结合，话语的内涵和长度有所增加，《司马法》的话语方式比较接近语，和《国语》论语的模式相同，以"古""故""凡"引起大段的论述，使用的频率明显有所增加，影响了文本的审美，文辞比较零散，多1、2、3概括语句，口语性很强，由问对和论语组合而成。《尉缭子》不少没有问对的论语，文本化程度很高，文辞整肃，《治本篇》只有一句问句，没有说是谁说的，把对话人省略，但语言方式上类似《国语》论语。《管子》论文已经很好，语言有文采，框架也很大，是优秀的说理文。《管子·事语》采用问对形式，没有格外的论述，人物的话语比较短。《商君书》是"谋议体"，无问对形式，多重复、对偶、排比句式，在论辩方面很出色。《韩非子》篇幅庞大，逻辑严密，结构精巧，为先秦论说文的最高峰。《韩非子·初见秦》采用问对形式，其他多论语。《韩非子·慎子》由一些小论语组成，多对话论辩的记录，有向人物传记转化的趋势。《庄子》的特色是寓言和文辞优美，文章的体制和《国语》不同。《国语》主要以三四句为主体。后代无论问题发生如何的变化，这些基本的模式都是核心架构。曾参喜欢发表议论，子思多引孔子语丛，而《孟子》很喜欢采用问对、论辩的记载，还有一些孟子的论语以及一些语丛，但没有大段的论语，采用了一些寓言的故事。

春秋时期只有语的几个基本形式，通常是由一个事情引出来的一段论，而诸子变得更长，形式上更加复合化，由一个思想引发的一系列语的组合，用道理将故事连接起来，这和之前故事引领下的说理正好相反。原来只引用"古人之言"、文献典故，在思想上崇尚古人，以比喻的方式，排比的形式，通过今昔对比，三四言句式间杂句，细致的事理分析，句式既整齐又古朴。复杂性还表现在内容的真实和非真实的复杂，有时候为了自己的学说和观点，大量采集传闻资料和民间的俗事来丰富文章，或者自己创造，句式上也多不是四言五言短句式，而是铺排说理的长句式，气势凌然雄辩。思想上已经不是义理为主，而已经有很强现实主义倾向。

《荀子》每章谈一个问题便形成一个完整的体系，主张"令行禁止"，建立以"天下为一"的中央集权为秩序的封建统治。强调"隆礼"和

"重法"是其"一天下"思想主要的内容。与《孟子》崇尚先王不同，《荀子》主张"法后王"，强调"以近知远"，要从社会现实出发考察过去的历史。把礼和法集合起来，强调礼法并用。在哲学观念上，《荀子》的思想是一贯的朴素唯物主义，反对唯心主义的天命论，批判"明于天人之分"①。天是无意志的自然界，统治者的政令不明才是出现乱世的根源。提出"制天命而用之"，按照自然规律行动，利用自然规律，"人定胜天"。《荀子·劝学》谈其教育思想，《荀子·修身》讲道德修养，《荀子·不苟》树立贵族的行为准则和道德观，《荀子·荣辱》说荣辱观，以上这四篇是从内在的因素来说的，先要学习而后修身，端正行为，明白荣辱，前后相互关联。《荀子·非相》批判唯心主义和复古主义思想，《荀子·非十二子》批判诸子之学说，尤其是思孟学派，这两个是针对现实的批判。《荀子·仲尼》王者的治国思想，《荀子·儒效》强调思想家政治家的作用，《荀子·王制》记载荀子政治思想，前四篇是铺垫这两个章节的批判，然后确立王者治国的思想，引起对方的兴趣，接着论说儒者的作用，陈说自己的责任和担当，最后《荀子·王制》提出提出自己的观点，《荀子》结构上层层递进。《荀子·富国》强调政治理想的实现需要经济的基础。《荀子·王霸》提出国家强盛、经济富裕，也就可以实现大一统。《荀子·君道》说要称霸统一必须要君行其道，尚贤使能。《荀子·臣道》记载大臣的作用和准则，《荀子·致士》主要是说选士用人的问题，《荀子·议兵》《荀子·强国》强调专治统治的重要，《荀子·天论》说思想的问题，《荀子·正论》批驳社会上流行的种种论调，保存有子宋子佚文三大篇，《荀子·礼论》阐明了礼的重要作用，《荀子·乐论》阐释音乐的社会作用，《荀子·解蔽》说明认识事物，《荀子·正名》论说名和实的关系，《性恶》提出本性恶的观点，这两篇开始文本的内容呈现哲学化趋向。《荀子·君子》强化君主的权威。这两个是从文学创作方式来阐述自己的政治思想。《商君书·禁使》两段不到六百字文本用了四个生动比喻，整体的故事性也更强。

先秦时期和语类似还有一种说体。《韩非子》之说和语不同，全是后人讲故事的语气，不是严肃的历史。《庄子》有《齐谐》，记载神怪传说故事。说是为了谈资作的储备，语是为了教育国子，是春秋礼乐制度的产

---

① 北京大学《荀子》注释组：《荀子新注》，中华书局1979年版，第269页。

物，以教育国子明德为目的。到了战国时期语下传，丰富了说的体式和内容。说在下层流传，由文人整理和收集。到了战国时期日益发张壮大，内容驳杂流俗诡异，语言通俗而又机智，故事富传奇性，或幽默诙谐。诸子对说有所吸收，这也是文化下移的表现。世俗流传的内容最终融入于汉代诸子作品，如刘向《说苑》《新序》，子书化的倾向明显，采用事语的模式形制和题材内容，是《国语》体式的小故事经通俗化口语化演变之后的形态，存在明显的夸张和敷衍，流俗比《史记》更甚，几于道听途说之小说，然说来倒挺生动。晋文公伐原把细节省略，而且还有讹误，语言上高度概括，但这种概括性一定在史实基础上才能产生。《新序》着意不在文本，而在说的效果。《新序》作者是很懂典故的人，"苏武者，故右将军平陵侯苏建子也"[1]。讲一个人的故事，这样的例子还有很多。而不是在于说理，只是故事的原材料，还没有经过加工成为语，没有凝练为理论思想和观点，这一点和《韩非子·说储》相同。在战国时期说体很盛行。诸子文学论述篇幅越来越长，有的还要分内外篇，甚至内外中还分左右，左右又分上下，如《韩非子》的《内储说上》《内储说下》。《庄子》分内外杂，现在有三十三篇，内七外十五杂十一篇。《庄子》鲁迅说："其问则汪洋辟阖，仪态万方，晚周诸子之作，莫能先也。"[2] 运用寓言讽刺，句式灵活多变丰富。阐述主要是以象类比，寻求两者的类似和关联性，来达到启发的目的性。说体的小故事和事语性质相近。

所以，诸子依然还是《国语》模式，只是内容和形式上略有变化。诸子《晏子春秋》、《韩诗外传》、《礼记·檀弓》（组合的还有单篇的）、《荀子》后几篇、《说苑》、《新序》、《新语》在体制上完全变化，虽然在内容上和手法吸收了《国语》经验。这些无论谁的作品，怎么改变其核心都是相同的，句子是长还是短，无论前面有叙事还是无，有说话人还是没有，无论文风和内容怎么变化，但这个核心不变，《新语》虽然可以看做一个大论作，结合《吕氏春秋》体例，对《淮南子》也有影响，体式相同还有一定的模式。诸子著述从纵向发展来分有语录，有论语，有问对，从横向分有论语为篇，论中有叙事讲故事，也有事语为篇，叙事中蕴含精辟之论。《韩诗外传》用这些小故事来解释诗句，可以看出其读了不

---

[1] 刘向、石光瑛：《新序校释》，中华书局2001年版，第1005页。
[2] 鲁迅：《汉文学史纲要》，人民文学出版社2005年版，第375页。

少的书籍和了解许多传闻。

（二）技法的完善——以三表、三言为例

《论语》记载孔子以及弟子的言论。《孟子》应对体式上继承语的模式和结构，以孟子语为主，思想上继承《论语》的思想并做了发展，提出了四端的说法。《韩非子》对话寓言立足现实，《庄子》则与演化虚幻空灵，实现超脱现实的自我升华，话语变得丰富，《孟子》对话内容丰富，气息连贯充沛，比较有文采。《论语》主要是即兴的语录，互相间没有多大逻辑和内容的联系，《老子》思想就前后比较连贯，用明白的话语论理甚多，内容多引生活事理，运用丰富比喻，围绕着一个无为的思想展开。《论语》呈现哲理化倾向，结构联系不紧密，这与其作者非一人有关。《墨子》篇章由小到大，连类比喻，逐层推理，质朴无华，遣词造句比较口语化，也有类似的语丛。《孟子》富于雄辩色彩，使用寓言，已经不是直接讲述道理，把要讲的道理寄予在故事之中，让听者和读者自己体会，显得意味隽永。三晋地区多法家和史家著作，而受《国语》影响较大。商君和韩非都是三晋的贵族知识分子，相比而言前者更为继承《国语》文法，两者都比较重视言。

1. 三表法

墨子生活在春秋末期战国初期，这段时期比较具有独特性，可以单独成为一个时段，在文化上颇具春秋时代特色，文化有一定的固守性，墨子属于文化遗民，所以也可以放在此处讨论。《墨辩》包括《经上》《经下》《经说上》《经说下》《大取》《小取》六篇。胡适认为，"故"与"法"是《墨经》中极为重要的两个概念。另外，其中的"三表法"也为后人所称道："言必有三表。何谓三表，子墨子言曰，有本之者，有原之者，有用之者。于何本之，上本之于古者圣王之事。于何原之，下原察百姓耳目之实。于何用之，发以为刑政，观其中国家百姓人民之利。"关于判断，《墨子》称为"辞""故"，关于推理墨子提出一系列的方法，如"或""假""效""辟""侔""援""推"等，是比较抽象的说法，这些方法在《国语》中都有体现。墨子如《尚贤》三篇、《三辩》以墨子的问对和论辩的言论来，《墨子·兼爱中》《墨子·兼爱下》也有"子墨子曰"收束的情况，《墨子·兼爱上》则直接的论理。有的要举故事的例子比较长。《非攻上》举例子（常是寓言故事）《中》《下》以"子墨子曰"引发议论。下又一子墨子的话语来论证。《墨子·尚同》三篇也是以"子墨子曰"开篇，有的还已"子墨子曰"的话语作收束和呼应。《墨子·节用上》用墨子的话来总结，《墨子·节用中》《墨子·节用下》以其话语为开端然后引出古代的驻地的来论证。《墨子·节葬下》既以墨子之言开端，也以其话语总结。《墨子·天志上》也是，《墨子·天志中》以"子墨子曰"开端，《墨子·天志下》以墨子之言开端和结论。《墨子·非乐》也是墨子开头。《墨子·非命》也是，《墨子·非命上》是"子墨子曰"开端和引论，还以其总结结论。《墨子·非命下》是开端和结论，到《墨子·非儒》就没有了，《墨子·非儒》把儒者的话语拿出来逐个批驳。《墨子·经上》《墨子·经下》《经说上》《经说下》《墨子·耕柱》是墨子和弟子的对话和语录，《墨子·贵义》记载墨子语丛，《公孟》是墨子和弟子和他人的对话，《公输》是墨子和公输盘、楚王的对话，虽然还都是由语丛组成但已然富于变化，各种对话形式都有而形成为一个故事。这几个语丛呈现一定的发展趋势，先是只言片语的语录，后来便是几句话问对和再到多个对话联排连续的复合对话，而这些对话也越来越富余变化性，如《墨子·公输》。《墨子·鲁问》记载墨子和诸侯弟子等人。诸子把问对话语和故事当成他们佐证的材料。这种以墨子的语丛开言和总结而中间间以寓言，三表之法的模式，就是墨子文的主要的方式。墨子的主张"兼爱""非攻"的观点，提出"尚贤""尚同"的原则，主张统治者要"亲士""修身"。

诸子的手法上很多和《国语》类似，在内容上多和《国语》重合者，但诸子从未有提到《国语》之名，有的说记有的说传，而且称名的很少。在内容上，诸子中某些对《国语》的征引内容大都不称来源，有的见于《左传》，也有只见于《国语》，《左传》未记载者。诸子所记载的内容今本《国语》从未记载，人物的称呼也有差异，《墨子》多不称谥号。有些记载侧重不同，对《国语》内容进一步扩展。《墨子·亲士》说"昔者文公出走而正天下，桓公去国而霸诸侯，越王勾践遇吴王之丑"[1]（见于《左传》）。《墨子·所染》说"齐桓公染于管仲、鲍叔，晋文公染于舅犯、高偃，楚庄染于孙叔、沈尹，吴阖闾染于伍员、文义"范吉射染于长柳塑、王胜，中行寅染于籍秦、高强，吴夫差染于王孙洛、太子韶，知伯摇染于智国、张武。子西、易牙、竖刁之徒也。昔之圣王禹、汤、文、

---

[1] 孙诒让：《墨子间诂》，中华书局2001年版，第1页。

武，兼爱天下之百姓，率以尊天事鬼，其利人多，故天福之……暴王桀、纣、幽、厉，兼恶天下之百姓……"《墨子·兼爱中》传曰："泰山，万方有罪，在予一人。"可以看出来在话语叙述上直接称引的少，化用类似内容多，《墨子》"国有七患""五谷者，民之仰也"。化用《国语·楚语》伍举论台的故事。而且还引贤者之言、箴语俗语、前代的典章制度、先王故事、诗书及其他典籍文献佐助自己观点，《墨子·亲士》吾闻之："非无安居也，我无安心也；非无足财也，我无足心也。"[①] 运用排比铺陈，以生活事理来类比譬喻，以话语的方式来行文，每章都确定一个主题，如《墨子·所染》《亲士》说明亲近贤士使用贤才的重要性，"是故""昔者"等固定用法的使用，如《墨子·亲士》很多的"是故"用于话语的承接，得出自己话语。《墨子·亲士》《墨子·修身》《墨子·所染》，论中有记，《墨子·兼爱上》《墨子·非攻》上中下是驳论体，《墨子·节葬下》也是立驳结合。《墨子·法仪》《墨子·七患》《墨子·辞过》记中有论，《墨子·尚同》三篇开头都要引墨子的言语。《墨子·节用上》《墨子·节用中》是论语。《墨子·天志上》中篇幅更长，论述更充分，引用古代君王事例更多，还有《墨子·诗书下》三篇都是记论，《墨子·非乐》《墨子·记论》《墨子·非命》《墨子·非命》是具有驳论性质的"非体"论语。《墨子·非儒下》为问对，《墨子·三辩》也是辩，《墨子·兼爱》质难辩语，辩论一种问对的变体，《墨子·兼爱》记载墨子的言语，主要是论辩诘难。《墨子·尚贤上》托古帝王之制，诸子对文献的整理，有的不是他们创造，是述而不作，战国时期的学识相互融合之迹象已显，诸子百家各言其是，标新立异又相互依辅。

2. "三言"

《庄子》在讲述故事的时候抒发自己的议论，和别人直接的论理不同，他会用一些比较有趣味的故事，以及身边熟悉的人和事物来说明，让人觉得既亲切有趣又然有味道。《庄子·逍遥游》记载北冥有鱼、蜩语学鸠、汤问棘、斥晏鸟、尧让许由、肩吾问连叔，惠子和庄子对话等故事。《庄子·齐物论》以子其和子游的对话引出议论和魍魉和影的对话，之前的对话是真实的历史事件，寓言里面的对话变成了虚幻，如庄周梦蝴蝶充满神秘的色彩。《庄子·养生主》这些看似是现实的故事也经过作者的概

[①] 孙诒让：《墨子间诂》，中华书局 2001 年版，第 2 页。

括整理，如庖丁解牛，公文轩和右师对话，引用生活的事理。《庄子·人世间》记载颜回见仲尼引用历史的故事和典故，又引用可颜回对孔子说的好几段话语，而叶公子高和仲尼、颜阖和蘧伯玉的对话，以历史人物之口说自己想说之理。有的名字就已体现是虚构，作者自己以虚言实，庄子把其论述主旨寄予在寓言之中，实际上议论之辞不多。《庄子·大宗师》先是议论而后引出子葵和子綦的对话。还有孔子与弟子的对话（前七篇七十子除了提到闵子、子贡各一次，后面还有子路，而颜回无论是篇幅还是次数上都占绝对多数，甚至其话语重视程度在孔子之上，有几个对话都是孔子给他做衬托）。《庄子·应帝王》有列缺问王倪、肩吾简接舆、无名人问天根（有时候干脆说是无名氏）、阳子居见老聃、神巫和季咸，列子与壶子等对话。《庄子》经常说这些先生的逸闻趣事。《庄子》要么不发论，发论必精警，如"无为名尸，无为谋府，无为事任，无为知主"。《庄子》中的人名有的自己创造，有的是历史人物，但也是经过其加工过。《庄子》的《天道》篇说："世之所贵道者，书也。书不过语，语有贵也。"其思想注重意而不注重言，为了这样的旨意可以虚构人物和故事。《庄子》易象体现了中国独特的论理模式。寓言开始是简短的寓意话语，后来衍生的越来越长变成故事，而只是因为用其意。《庄子》寓言方式之前已谈到，在内容上和数量上十分丰富，已经是成熟的文学作品，在此之前寓言来自话语，指蕴含话外之意话语，到了诸子中话语衍成了故事，甚至作品就是一个寓言，或是著作全由寓言组成，原本寓言是语中偶尔用之，用来一语双关，如师旷劝谏晋国国君、叔向系援等，采用一种巧妙的表达方法，为人们越来越推崇，从《庄子》如此篇幅长度和数量之多的寓言，显然在此之前的寓言应该有一个长期的实践和酝酿过程，《韩非子》寓言也比较多也可以作为印证。寓言在表达上婉转含蓄，这和赋诗言志其实也类似。《庄子》中记载《齐谐》书出于齐国，内容多诙谐怪异，故名"齐谐"，庄子不爱读正经书籍多用神话历史传说，记载生活的事理，如聚粮远行的例子、鸟儿在树枝筑巢、鼹鼠饮河，多用鸟、虫、狸、猫、犁、牛等动物植物说理。以寓言让鸟虫说话，已故的历史人物说话，让神仙说话，然后用自己看似癫狂的"胡话"阐释，言辞十分夸张。他说有个神仙餐风饮露，又说"方生方死，方死方生。方可方不可，方不可方可"，"白马非马"，"可乎可，不可乎不可"，还说大鹏是一种很大的鸟，由几千里的大鱼变化，很多这类"放浪之言"和梦幻之象，《庄子》

不是直接说理，而是用暗示象征的方式寓言说理，所涉及历史多不是真事。①《荀子》的寓言比较贴近生活，"言而非仁之中也，则其言不若其默也，其辩不若其呐也；言而仁之中也，则好言者上矣，不好言者下也。故仁言大矣。"《国语》中就已有一些很玄的道理阐释，到了《庄子》又向前推进，钱存训认为《庄子》本是寓言类书籍。

《庄子·天下》写其文辞风格时候："以谬悠之说，荒唐之言，无端崖之辞，时恣纵两不傥。""以卮言为曼衍，以重言为真，以寓言为广"，有很强文学性，对后代文学家产生了很大影响。《庄子》中许多生动形象和比喻都含义颇深，给抽象的概念赋予具体形象，具有一定的象征性。《庄子·应帝王》三个帝王故事一个拟人化的寓言，而他们的名字倏和忽本身都是迅速的意思。以寓言形象生动的比喻方式，说明了道家崇尚自然的思想，混沌自然无为的象，而倏忽却想为他们开窍，反而造成了混沌死亡。《庄子·秋水》惠施和庄子知鱼辩论。《庄子》从对话记录加工，到创造虚构对话问答。从论断有据到无中生有，举一反三，前面论断的一句常常是历史现实的事例、典章制度、现实话语，而后者的依据有的是建立在不准确数据基础之上，由道听途说而引发出的观点和说法，文献越来越不足，前代文献上还有一定的优势，能受到良好官学教育。《庄子·寓言》篇记载："寓言十九，重言十七，卮言日出，和以天倪。"《释文》说："寓，寄也。以人之不信己，故托之他人，十言而九见信也。"②……野人虽有常语，而缙绅未许易言。……③此类语皆如见象骨而想生象，……《管锥编》记载"穷理析义，须资象喻……。盖取譬设喻，寓言十九……"寓言有讽世之功"谓世俗常态……④"《庄子》《列子》寓言庄子："著书十余万言，大抵率寓言也。"⑤ 海德格尔《在通向语言的途中》说："它们全然忽视了语言的最古老的本性特质。因此，尽管这些观念是古老的和明确的，但它们从未把我们带到作为语言的语言那里。"⑥

《庄子·齐谐》记载"谐之言曰：'鹏之徙于南冥也，水击三千里，

---

① 曹础基：《庄子浅注》，中华书局2002年版，第2页。
② 陆德明：《经典释文叙录疏证》，中华书局2008年版，第418—419页。
③ 同上书，第452页。
④ 钱钟书：《管锥编》，生活·新知·生活三联书店2001年版，第58—59页。
⑤ 同上书，第723—724页。
⑥ [德]海德格尔：《在通向语言的途中》，孙周兴译，商务印书馆2004年版，第6页。

抟扶摇而上者九万里，去以六月息者也。'"灵物、小虫、神仙、自然现象、植物等都可入言，语言有的是作者主观的虚幻代言创造，以说理为中心，通过对话方式阐释，还有以历史人物之言得出自己想要说的道理。人物对话中有神话，还以完全虚构的历史人物来说理，以及为说理而造句对话，从民间和社会取材，使得内容上更复杂。诸子较早对官学文献进行整理，从初衷上看他们是为自己立说寻找依据，可是他们所学习的多少与侧重不同，有的还对文献有所曲解，搜集了大量野史杂说，虽然对于了解当时的情况有益，也让文献变得更加混乱。诸子也是以"闻之"引言，古人常引用话语或是文献、典章制度，而后来扩展为主观的看法和意见。话语的真实性开始不那么重要，符合主观寓意才可以。人物和话语事件无论真假，主要是抽象道理。篇幅越来越长，从短言丛语到一个故事，一篇有理论有思想文章，讲究文采布局。真实性变的复杂，从前无论是诗歌、历史小说虽然也有所加工，仍以立足现实历史事实为依托，而到了此时道听途说、街谈巷语、甚至主观创造日渐多了起来。"说"以前也有，说一种议论文的文体，可以直接说明事物或论述道理，也可以借人、借事或借物的记载来论述道理。诸子中也记载了不少说的内容。

参考文献

一 《国语》书目

上海师范大学古籍整理研究所校点：《国语》，上海古籍出版社1978年版。

（三国吴）韦昭注，明洁辑评，金良年导读，梁谷整理：《国语》，上海古籍出版社2008年版。

邬国义：《国语译注》，上海古籍出版社1981年版。

徐元诰：《国语集解》，王树民、沈长云点校，中华书局2002年版。

二 古籍书目

（东汉）班固：《汉书》，中华书局1962年版。

北京大学《荀子》注释组：《荀子新注》，中华书局1979年版。

曹础基：《庄子浅注》，中华书局1982年版。

陈奇猷：《韩非子新校注》，上海古籍出版社2000年版。

陈奇猷：《吕氏春秋校释》，学林出版社1984年版。

（晋）陈寿、（宋）裴松之：《三国志》，中华书局2006年版。

（宋）范晔：《后汉书》，中华书局2014年版。

方诗铭、王修龄：《古本竹书纪年辑证》，上海古籍出版社2005年版。

高步瀛著，曹道衡、沈玉成点校：《文选李注义疏》，中华书局1985年版。

（汉）韩婴、屈守元：《韩诗外传笺疏》，巴蜀书社1996年版。

何宁：《淮南子集释》，中华书局1998年版。

黄怀信：《尚书正义》，上海古籍出版社2007年版。

黄怀信：《逸周书汇校集注》，上海古籍出版社2007年版。

黄怀信等：《大戴礼记汇校集注》，三秦出版社2004年版。

（汉）贾谊、阎振益：《新书校注》，中华书局2000年版。

（宋）黎靖德编，王星贤点校：《朱子语类》，中华书局 1986 年版。

（清）刘文淇：《春秋左氏传旧注疏证》，科学出版社 1959 年版。

（东汉）刘熙撰，（清）毕沅疏证，王先：《释名疏证补》，中华书局 2008 年版。

（汉）刘向：《战国策》，上海古籍出版社 1995 年版。

（汉）刘向、石光瑛：《新序校释》，中华书局 2001 年版。

（汉）刘向、向宗鲁：《说苑校证》，中华书局 1987 年版。

（南朝梁）刘勰撰，范文澜注：《文心雕龙注》，人民文学出版社 1958 年版。

（宋）刘义庆著，余嘉锡笺疏：《世说新语笺疏》，中华书局 1983 年版。

（唐）刘知几撰，（清）浦起龙通释，王煦华整理：《史通通释》，上海古籍出版社 1978 年版。

（唐）陆德明撰，吴承任疏证：《经典释文叙录疏证》，中华书局 2008 年版。

钱穆：《论语新解》，上海三联书店 2002 年版。

（汉）司马迁：《史记》，中华书局 2013 年版。

（清）孙星衍著，陈沆注疏：《尚书今古文注疏》，中华书局 1986 年版。

（清）孙诒让：《墨子间诂》，中华书局 2001 年版。

（清）孙诒让：《周礼正义》，中华书局 1987 年版。

（东汉）王充著，黄晖校释：《论衡校释》附刘盼遂集解，中华书局 1990 年版。

王利器：《吕氏春秋注疏》，巴蜀书社 2002 年版。

王利器：《新语校注》，中华书局 1996 年版。

王利器：《颜氏家训集解》，中华书局 2013 年版。

（清）王聘珍：《大戴礼记解诂》，中华书局 1983 年版。

（东汉）许慎撰，（清）段玉裁注：《说文解字注》，上海书店 1992 年版。

杨伯俊：《论语译注》，中华书局 1980 年版。

杨伯俊：《孟子译注》，中华书局 1984 年版。

杨伯峻：《春秋左传注》，中华书局 1981 年版。

杨伯峻：《列子集释》，中华书局 1979 年版。

杨朝明、宋立林：《孔子家语通解》，齐鲁书社 2013 年版。

（东汉）应劭撰，王利器校注：《风俗通义校注》，中华书局 2010 年版。

张纯一、梁运华：《晏子春秋校注》，中华书局 2014 年版。

张舜徽:《说文解字约注》,华中师范大学出版社2009年版。
(东汉)郑玄著,孔颖达、吕友仁正义:《礼记正义》,上海古籍出版社2008年版。
(宋)朱熹:《四书章句集注》,中华书局1986年版。

三 研究性著作

晁福林:《夏商西周的社会变迁》,北京师范大学出版社1996年版。
(清)崔述撰,顾颉刚编订:《崔东壁遗书》,上海古籍出版社1983年版。
(清)范旭仑、牟晓朋:《谭献日记》,中华书局2013年版。
傅道彬:《诗可以观》,中华书局2010年版。
葛兆光:《中国思想史》,复旦大学出版社2013年版。
公木:《先秦寓言概论》,齐鲁书社1984年版。
顾颉刚:《春秋三传及国语之综合研究》,巴蜀书社1988年版。
顾颉刚:《古史辨》第三册,上海古籍出版社1982年版。
顾实:《汉书艺文志讲疏》,商务印书馆1945年版。
(清)顾炎武:《日知录集释》,上海古籍出版社2006年版。
郭沫若:《十批判书》,东方出版社1996年版。
过常宝:《先秦散文研究:早期文体及话语方式的生成》,人民出版社2009年版。
何晋:《战国策研究》,北京大学出版社2001年版。
何新:《思与行——论语新考》,中国民主法制出版社2008年版。
(宋)洪迈:《容斋随笔》,中华书局2005年版。
侯外庐:《中国思想史》,人民出版社1956年版。
(宋)黄震:《黄氏日钞》,浙江大学出版社2013年版。
(清)纪昀:《阅微草堂笔记》,中华书局2014年版。
(清)康有为:《新学伪经考》,中国人民出版社2010年版。
李慈铭:《越缦堂读书记》,商务印书馆1959年版。
李金松:《述学校笺》,中华书局2014年版。
李零:《李零自选集》,广西师范大学出版社1998年版。
李零:《中国方术考》,东方出版社2001年版。
李学勤:《古文献丛论》,上海远东出版社1996年版。
李学勤:《李学勤文集》,上海辞书出版社2005年版。

李耀仙：《廖平选集》，巴蜀书社 1998 年版。
李泽厚：《由巫到礼　释礼归仁》，生活·读书·新知三联书店 2015 年版。
李泽厚：《中国古代思想史论》，人民出版社 1986 年版。
刘师培、邬国义：《刘师培史学论著选集》，上海古籍出版社 2006 年版。
刘咸炘：《推十书》，上海科学技术文献出版社 2009 年版。
（唐）柳宗元：《非国语》，湖南人民出版社 1976 年版。
吕思勉：《吕思勉读史札记》，上海古籍出版社 2005 年版。
吕思勉：《先秦史》，上海古籍出版社 1982 年版。
罗根泽：《罗根泽说诸子》，上海古籍出版社 2001 年版。
罗家湘：《逸周书研究》，上海古籍出版社 2006 年版。
钱基博：《中国文学史》（全三册），上海古籍出版社 2011 年版。
钱穆：《两汉经学今古文平议》，商务印书馆 2001 年版。
钱穆：《先秦诸子系年》，商务印书馆 2001 年版。
钱钟书：《管锥编》，上海三联出版社 2008 年版。
（清）阮元：《揅经室集》，中华书局 1993 年版。
沈文倬：《宗周礼乐文明考论》，浙江大学出版社 1999 年版。
谭君强：《叙事理论与审美文化》，中国社会科学出版社 2002 年版。
（清）王国维：《观堂集林》，中华书局 1994 年版。
王懋竑：《读书记疑》，上海古籍出版社 2002 年版，续四库全书。
（清）王鸣盛：《蛾术编》，上海书店 2012 年版。
王树民：《曙庵文史续录》，中华书局 2004 年版。
王小盾：《中国的早期艺术与宗教》，东方出版中心 1998 年版。
（清）王引之：《经义述闻》，江苏古籍出版社 2000 年版。
徐复观：《两汉思想史》第二卷，上海华东师范大学出版社 2004 年版。
徐复观：《中国人性论史·先秦篇》，台湾商务印书馆 1987 年版。
徐复观：《中国艺术精神》，华东师范大学出版社 2004 年版。
徐建委：《〈说苑〉研究：以战国秦汉之间的文献累积与学术史为中心》，北京大学出版社 2011 年版。
徐仁甫：《左传疏证》，四川人民出版社 1981 年版。
（明）徐师曾、罗根泽：《文章辨体序说》，人民文学出版社 1962 年版。
杨公骥：《中国文学：第一分册》，吉林人民出版社 1980 年版。
杨宽：《西周史》，上海人民出版社 1999 年版。

杨宽：《战国史》，上海人民出版社2003年版。
杨树达：《积微居读书记》，上海古籍出版社2006年版。
杨树达：《积微居小学金石论丛》，上海古籍出版社2007年版。
杨希枚：《先秦文化史论集》，中国社会科学出版社1995年版。
杨向奎：《绎史斋学术文集》，上海人民出版社1983年版。
（清）姚鼐：《惜抱轩文集》，台北文海出版社1977年版。
（清）余嘉锡：《古书通例》，上海古籍出版社1985年版。
余英时：《士与中国文化》，上海人民出版社1987年版。
（清）俞樾：《古书疑义举例五种》，中华书局1956年版。
（清）俞正燮：《癸巳存稿》，万有图书发行有限公司2003年版。
俞志慧：《古"语"有之——先秦思想的一种背景与资源》，华东师范大学出版社2010年版。
俞志慧：《君子儒与诗教：先秦儒家文学思想考论》，生活·读书·新知三联书店2005年版。
张舜徽：《汉书艺文志通释》，湖北教育出版社1990年版。
（清）章学诚著，叶瑛校注：《文史通义校注》，中华书局1985年版。
赵光贤：《古史考辨》，北京师范大学出版社1987年版。
（清）朱彝尊：《经义考》，中华书局1998年版。
朱自清：《诗言志辨·经典常谈》，商务印书馆2011年版。

四　文学理论著作

［德］恩格斯：《家庭、私有制和国家的起源》，人民出版社1972年版。
［英］J.G.弗雷泽：《金枝：巫术与宗教之研究》，汪培基、徐育新、张泽石译，商务印书馆2012年版。
［德］伽达默尔：《真理与方法》，洪汉鼎译，商务印书馆1972年版。
［美］勒内·韦勒克、奥斯汀·沃伦：《文学理论》，刘象愚等译，江苏教育出版社2005年版。
［法］列维·布留尔：《原始思维》，丁由译，商务印书馆2004年版。
［美］摩尔根：《古代社会》，杨东等译，商务印书馆1977年版。
［加］诺思罗普·弗莱：《批评的解剖》，陈慧译，百花文艺出版社2006年版。
［英］泰勒：《原始文化》，连树声译，上海文艺出版社1992年版。

［美］韦恩·布斯：《小说修辞学》，付礼军译，广西人民出版社1987年版。
［意大利］维柯：《新科学》，朱光潜译，商务印书馆1989年版。
［英］维克多·特纳：《象征之林——恩登布人仪式散论》，赵玉燕、欧阳敏、徐洪峰译，商务印书馆2006年版。

五　出土文献研究

沉颂金：《二十世纪简帛学研究》，学苑出版社2003年版。
冯胜君：《二十世纪古文献新证研究》，齐鲁书社2006年版。
韩自强：《阜阳汉简〈周易〉研究》，上海古籍出版社2004年版。
胡平生、韩自强：《阜阳汉简诗经研究》，上海古籍出版社1988年版。
虎地秦墓竹简整理小组编：《睡虎地秦墓竹简》，文物出版社1990年版。
荆门市博物馆编：《郭店楚墓竹简》，文物出版社1998年版。
李均明：《古代简牍》，文物出版社2003年版。
李零：《长沙子弹库战国楚帛书研究》，中华书局1985年版。
李零：《郭店楚简校读记》，北京大学出版社2002年版。
李零：《简帛古书与学术源流》，生活·读书·新知三联书店2004年版。
李学勤：《出土简帛丛考》，湖北教育出版社2002年版。
李学勤：《初识清华简》，中西书局2013年版。
李学勤：《简帛佚籍与学术史》，江西教育出版社2001年版。
廖明春：《新出楚简试论》，台湾古籍出版有限公司2001年版。
刘钊：《郭店楚简校释》，福建人民出版社2015年版。
骈宇骞、段书安：《二十世纪出土简帛综述》，文物出版社2006年版。
钱存训：《书于竹帛——中国古代的文字记录》，上海书店出版社2006年版。
沈颂金：《二十几简帛学研究》，学苑出版社2003年版。
王重民：《敦煌古籍叙录》，中华书局2010年版。
张显成：《简帛文献论集》，巴蜀书社2008年版。
张显成：《简帛文献学通论》，中华书局2004年版。
郑良树：《竹简帛书论文集》，中华书局1982年版。

六　论文

傅道彬：《"变风变雅"与春秋文学的精神转向》，《文艺研究》2016年第

2 期。

傅道彬:《春秋：城邦社会与城邦气象》,《北方论丛》2001 年第 3 期。

傅道彬:《春秋时代的"文言"变革与文学繁荣》,《中国社会科学》2007 年第 6 期。

傅道彬:《古典文学研究的"二重证据"与"三重证明"》,《文学遗产》2006 年第 1 期。

傅道彬:《殷周革命的历史反思与礼乐文化建设》,《大庆师范学院学报》2011 年第 1 期。

傅刚:《略说先秦的语体与语书》,《中山大学学报》（社会科学版）2013 年第 5 期。

葛志毅:《史官的规谏记言之职与〈尚书〉、〈国语〉的编纂》,《文史》2001 年第三辑。

国家文物局古文献研究室等:《定州汉墓竹简·儒家者言》,《文物》1981 年第 8 期。

胡平生:《阜阳双古堆汉简与孔子家语》,北京大学中国传统文化研究中心《国学研究》第七卷,北大出版社 2000 年版。

黄丽丽:《〈国语〉的性质与价值——由出土文献引起的思考》,《江苏大学学报》（社会科学版）2006 年第 1 期。

李炳海:《关于中国古代文体的思索》,《学术交流》2010 年第 7 期。

李零:《从简帛发现看古书的体例和分类》,《中国典籍与文化》2001 年第 1 期。

李零:《论燮公盨发现的意义》,《中国历史文物》2002 年 12 月 30 日。

李零:《重见"七十子"》,《读书》2002 年 4 月 10 日。

李学勤、廖明春:《语丛与〈论语〉》,《清华大学思想文化研究所集刊》第 2 辑,清华大学出版社 2002 年版。

庞朴:《古墓新知》,《中国哲学》第二十辑,辽宁教育出版社 1999 年版。

骈宇骞:《帛书〈春秋事语〉与〈管子〉》,《文献》1992 年第 2 期。

裘锡圭:《帛书〈春秋事语〉校读》,《湖南省博物馆馆刊》2004 年第 1 期。

裘锡圭:《考古发现的秦汉文字资料对于校读古籍的重要性》,《中国社会科学》1980 年第 5 期。

裘锡圭:《座谈长沙马王堆汉墓帛书》,《文物》1974 年第 9 期。

沈文倬:《略论宗周王官之学》中,《学术集林》第十一辑,上海远东出版社 1997 年版。
王莉：《〈春秋事语〉研究二题》，《古籍整理研究学刊》2003 年第 5 期。
王青：《论上博简〈曹沫之陈〉的性质——兼论先秦时期"语"文体的起源与发展》，《学术月刊》2008 年第 2 期。
王树民：《释志》，《文史》1990 年第三十二辑。
吴荣曾：《读帛书本〈春秋事语〉》，《文物》1998 年第 2 期。
晓菡：《长沙马王堆汉墓帛书概述》，《文物》1997 年第 9 期。
肖毅：《慈利竹书〈国语·吴语〉初探》，http：//www.bsm.org.cn/show_article.php？id＝159，发布时间：2005 年 12 月 30 日。
徐仁甫：《论刘歆作〈左传〉》，《文史》1981 年第 11 期。
徐仁甫：《马王堆汉墓帛书〈春秋事语〉和〈左传〉的事语对比研究》，《社会科学战线》1978 年第 4 期。
徐中舒：《〈左传〉的作者及其成书年代》，《徐中舒历史论文选辑》下册，中华书局 1998 年版；又见《历史教学》1962 年第 9 期。
俞志慧：《〈国语〉的文类及八语遴选的背景》，《文史》2006 年第 2 期。
俞志慧：《〈国语〉周、鲁、郑、楚、晋语的结构模式及相关问题研究》，《汉学研究》2005 年第 2 期。
俞志慧：《语：一种古老的文类——以言类之语为例》，《文史哲》2007 年第 1 期。
张舜徽：《〈中庸〉七论》，傅道彬辑，《古籍整理研究学刊》2012 年第 4 期。
张政烺：《〈春秋事语〉解题》，《文物》1977 年第 1 期。
张政烺：《马王堆汉墓出土帛书〈春秋事语〉释文》，《文物》1977 年第 1 期。
郑良树：《〈春秋事语〉校释》，《竹简帛书论文集》，中华书局 1982 年版。
朱学良：《春秋"志"、"语"及其文化意蕴》，《殷都学刊》2013 年第 2 期。

索　引

《国语》　1-6，10-12，14，15，18，20-22，25，27，28，30，31，33，35，37，39-44，46，47，50-53，59，68，71-73，75，78，79，85，86，90-92，94，95，97，99，100，103，105-112，114-119，121，123，124，126，130-136，138-140，142，144，146，150，153，156，159-175，177，179-181，184，186-189，192，195，199，201-203，205-209，211，213-215，217，218，223，225-227，230

春秋　1-11，15，17-22，25-28，30-32，37，43，45-47，50，52-55，57，60，62，63，65，68-83，85-102，104，105，108，114，116，122，123，126，131-134，136-142，144，146-151，154，156，157，159，161，165，172，173，179，181，187，191，193，197-203，205，206，208，210，211，213-216，218，221-226

语体文学　3，4，8，9，11，13-20，26-29，49，67，97，108，130-132，179，214，216，218，221

语丛　8，10-17，19，20，25-29，35，97，101，119，124，144，181，182，217，218，222，223，226，227

神谕　30，32，88，207

训话　30，38，42

语录　13，15-18，21，23，24，27-31，46，52，54，74，98，102，135，157，179，183，184，195，202，216-218，220，225-227

古人有言　30，47，50，52，53，56，58，143，165

信仰　10，30，34，55-57，62，100，101，110，149，156，203

理论　4，29，63，77，83，95，114，136，187，214，217-221，225，231

转折　25，167

繁荣　4，13，27，30，67，69，70，92，97，108

城邦　56，58，62，67，69，70，73，77，78，92

尚文　55，74，75，82，173，181

思想　2，4，5，9，12-14，17，20，24，27，28，30-34，37，45，46，51，52，54-56，58，61，62，67，

索　引 241

69，71－77，79，82，83，86，88，95，98，99，102，103，105，110－112，114，117－119，125，126，130，136，140，147，149，152－154，156，157，159－161，163，165，175，179，180，181，183，184，187，189，190－195，197－199，201－206，211，213－220，222－226，229－231

语言的意义　67，78，152

编辑　15，90，108，138

类型　4，6，8，9，24，91，128，181，213，217

典型　20，23，69，84，123，132，181，208，221

示范意义

士人心态　4

知识背景　4，126

论说艺术

发展与演变

《论语》　4，8，9，10，11，13－15，17，22，28，31，46，47，52，66，77，100－102，132，135，151，167，172，179－184，189，192，196，197，217，218，226

哲学化　4，25，34，119，179，180，224

历史叙事　4，179，197，202

《左传》　2，3，12，20，27，31，37，39，41－43，47，50，51，53，56，61，68，69，73，76，81，84，89－93，95－97，99，104，105，107，110，112，114－119，121，122，127，129，133，134，137，138，140，145，150，152，153，157，161－163，165－169，171－174，178，196，199－211，217，227

《韩诗外传》　8，86，96，138，149，151，157，213，225

《晏子春秋》　8，20，26，31，60，101，200，213，225

诸子文学　1，4，179，213，214，216，221，225

后　　记

这篇论文整整写了四年，刚一入学老师就让我博士论文继续研究《国语》，这几年我经常在图书馆读书，尽量多的搜集查找资料，其中的内容很多是我的读书笔记。论文开始写了大量的草稿，所以我在写论文后期的主要工作就是删减，很多地方我都是把整篇的成文拿出来，这样不会破坏文章的整体性，也有的地方原来一个问题或者一段的论述简化为一两句话。研究综述也尽量精简，把《国语》作者讨论的和《国语》研究史的内容也拿了出来，而且我硕士论文也写了研究《国语》综述。当时写作的时候深受先秦文献写作体式和风格的影响。

首先要感谢我的导师傅道彬教授，论文的题目和纲领都是由他确定的。还要感谢李炳海、赵敏俐、左东岭、傅刚、杜晓勤、王秀臣几位答辩专家提出的修改意见。感谢预答辩和开题时段启明、方铭、尚学峰、鲁洪生、踪训国、张庆民几位专家的意见。感谢同门对我论文提出的宝贵意见。感谢博士同学对我的帮助。感谢徐佳超师弟对我论文的校对。感谢中国社会科学出版社责任编辑郭晓鸿女士、特约编辑骆珊女士的辛苦劳动。